新媒体·新传播·新运营 系列丛书

U0683853

# 新媒体
# 广告与文案写作

| 第2版 |

周颖　张文杰◎主编

朱晓虹　王娜　黄伟◎副主编

New Media

人民邮电出版社

北　京

图书在版编目（CIP）数据

新媒体广告与文案写作 / 周颖，张文杰主编.

2 版. -- 北京 : 人民邮电出版社, 2025. --（新媒体·新传播·新运营系列丛书）. -- ISBN 978-7-115-64804-4

Ⅰ. F713.8；G206.2

中国国家版本馆 CIP 数据核字第 2024YK6171 号

# 内 容 提 要

近年来，随着互联网信息技术、数字技术和移动终端技术的发展，广告营销的重心逐渐从电视、广播、杂志、报纸等传统媒体向新媒体转移。而传播渠道的变革、传受关系的变化，使企业对新媒体文案人员的要求也随之逐步提高。本书从新媒体广告策划与文案写作的角度出发，介绍了认识新媒体广告与文案写作、新媒体广告的类型、新媒体广告的策划、新媒体广告的运作、新媒体文案的写作方法、主流新媒体平台文案的写作、商务文案的写作等知识，以帮助读者更全面地掌握新媒体广告的策划与新媒体文案的具体写作，提高读者的策划和写作能力。

本书可作为高等院校电子商务、市场营销等专业的教材，也可作为从事新媒体广告与文案工作相关人员的参考书。

◆ 主　　编　周　颖　张文杰
　　副 主 编　朱晓虹　王　娜　黄　伟
　　责任编辑　连震月
　　责任印制　王　郁　彭志环

◆ 人民邮电出版社出版发行　　北京市丰台区成寿寺路 11 号
　　邮编　100164　电子邮件　315@ptpress.com.cn
　　网址　https://www.ptpress.com.cn

　　大厂回族自治县聚鑫印刷有限责任公司印刷

◆ 开本：787×1092　1/16
　　印张：12.5　　　　　　　　　　　2025 年 1 月第 2 版
　　字数：302 千字　　　　　　　　　2025 年 6 月河北第 2 次印刷

定价：54.00 元

读者服务热线：(010)81055256　印装质量热线：(010)81055316
反盗版热线：(010)81055315

# 前言
## FOREWORD

为了适应高等院校新媒体、电子商务、广告设计等专业相关课程的需要，培育精准对接市场需求的全面型人才，我们于2020年组织了具有丰富编写经验的作者团队编写并出版了《新媒体广告与文案写作》，该书自出版以来，深受广大院校教育工作者的喜爱，并受到了广大读者的好评。但随着新媒体行业的发展，以及院校教学需求的变化，教育理念、教育方式也在不断进步和创新。同时，党的二十大也明确提出了"必须坚持科技是第一生产力、人才是第一资源、创新是第一动力，深入实施科教兴国战略、人才强国战略、创新驱动发展战略，开辟发展新领域新赛道，不断塑造发展新动能新优势"。为此，我们特意对书稿内容进行了升级改版，在保留原版优点的基础上做了以下3个方面的改进。

（1）增加新媒体广告的内容，精简新媒体文案写作的相关知识。随着新媒体行业的快速发展，越来越多的企业或品牌倾向于通过新媒体广告来推广产品和塑造品牌形象。因此，本书提高了新媒体广告相关知识的比重，详细介绍了新媒体广告的策划与运作等关键知识点，同时精简了营销软文、电商文案等文案写作相关的知识点，以便更高效地满足读者在新媒体广告学习方面的需求。

（2）更新知识点和引导案例。基于当前新媒体的发展和岗位需求的变化，本书更新了陈旧的知识点，新增了热门的视频文案和直播文案，以及活动文案和AI文案。并且，此次改版更新了案例导入的内容，选取了新近发生的案例作为示例，以供老师教学和学生学习参考。

（3）融入了素质教育。为帮助读者培养职业道德、法律法规和国家安全意识，增强读者的创新意识、社会责任感和公民意识，本书新增了"素养课堂"栏目，以求提升读者的思辨能力和综合素质，帮助他们成为优秀的高素质人才。

### ◎ 本书内容

本书设计了7个项目，第1个项目主要讲述新媒体广告与文案写作的基础知识，接下来的3个项目详细介绍了新媒体广告的类型、策划和运作，最后3个项目则讲解了新媒体文案的写作方法、主流新媒体平台文案的写作、商务文案的写作，详细介绍了各类新媒体文案的写作方法和技巧。读者在学习过程中要循序渐进，注重理论与实践相结合，以便更好地掌握本书的内容。

```
                                                    ┌ 广告的含义、构成要素、特征、分类
                                                    │
                    ┌ 认识新媒体广告与文案写作（项目一）─┤ 新媒体广告的含义、特征、分类、传播特点、
                    │                                │ 计费方式、传播媒介的选择
                    │                                │
                    │                                ├ 新媒体文案的概念、特点、常见类型
                    │                                │
                    │                                └ 主流的新媒体文案发布平台
                    │
                    │                                ┌ 搜索引擎广告、移动App广告、微信广告和微博
                    │                                │ 广告、视频广告和直播广告、其他新媒体广告
                    │                                │
                    │  新媒体广告的类型、策划和运作      ├ 新媒体广告策划的作用、原则和流程
┌───────────────┐  ├ （项目二～项目四）              ┤
│ 新媒体广告与文案写作 │──┤                                ├ 新媒体广告市场分析
└───────────────┘  │                                │
                    │                                ├ 新媒体广告的创意
                    │                                │
                    │                                ├ 新媒体广告策划书的写作
                    │                                │
                    │                                └ 新媒体广告预算、策略和效果评估
                    │
                    │                                ┌ 新媒体文案的写作方法
                    │                                │
                    │                                ├ 微信文案的写作
                    │                                │
                    │                                ├ 微博文案的写作
                    │                                │
                    │                                ├ 短视频文案的写作
                    │                                │
                    │                                ├ 直播文案的写作
                    │  各类新媒体文案的写作             │
                    └ （项目五～项目七）              ┤ 社群文案的写作
                                                    │
                                                    ├ 产品文案的写作
                                                    │
                                                    ├ 品牌文案的写作
                                                    │
                                                    ├ 活动文案的写作
                                                    │
                                                    ├ 营销软文的写作
                                                    │
                                                    └ AI文案的写作
```

## ◎ 配套资源

（1）拓展资源。本书在需要重点讲解的内容处配有二维码，以二维码形式提供的内容是对知识的说明、补充和拓展等，读者使用手机扫码即可查看并学习。

（2）赠送资源。本书提供了丰富的配套教学资源，包括PPT课件、教学大纲等，有需要的读者可登录人邮教育社区（www.ryjiaoyu.com）网站下载。

## ◎ 编者留言

本书由山东传媒职业学院的周颖和荣成市融媒体中心新媒体编辑部主任张文杰担任主编，由山东传媒职业学院的朱晓虹、王娜和黄伟担任副主编。由于编者水平有限，书中难免存在不足之处，欢迎广大读者、专家批评指正。

编　者

2024年12月

# 目录

CONTENTS

# 项目一

# 认识新媒体广告与文案写作

## 学习目标

【知识目标】

● 了解广告与新媒体广告的基础知识。

● 掌握新媒体广告的传播。

● 掌握新媒体文案的基础知识。

【素养目标】

● 培养创新意识和创新思维，注重新媒体广告的内容创新、传播创新等。

● 培养劳动精神和工匠精神，在新媒体广告与文案写作相关岗位上发光发热。

## 学习导图

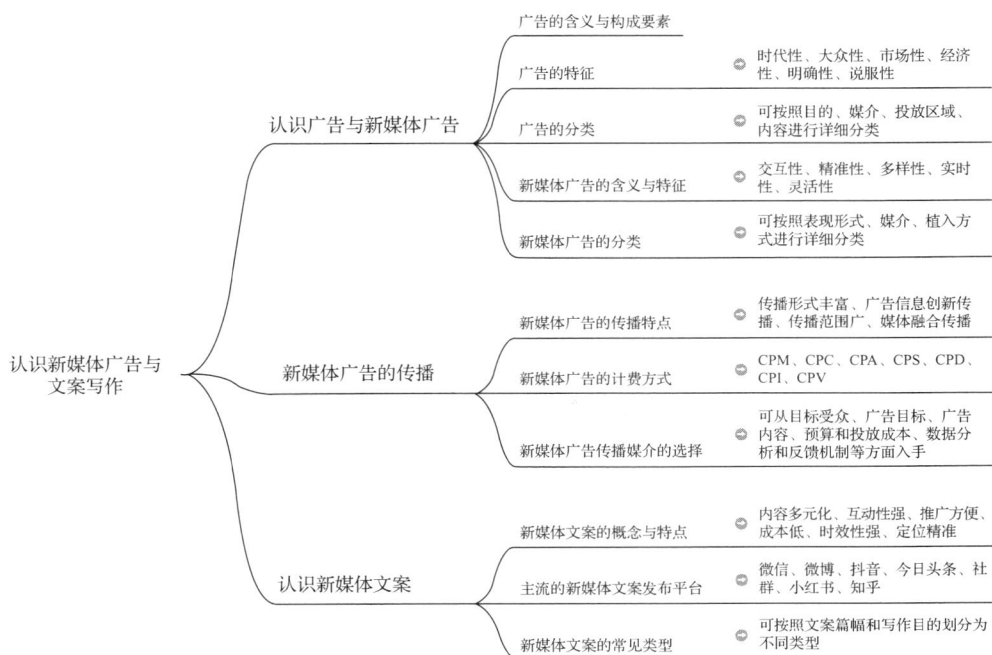

秋天是丰收的季节，也是我国古代文人喜爱咏诗颂词的时节。"空山新雨后，天气晚来秋""风催暑去荷花谢，秋爽云高雁自来"等都是比较有名的描写秋天的诗句。2023年的秋天，某品牌发布了一则暖心的新媒体广告，很好地传递出品牌的温暖和关怀，在气温骤降的秋日为人们带来温暖和感动。

早在2007年，该品牌凭借"暖暖的，很贴心"的广告语走进大众视野，多年来，该品牌始终围绕该定位打造新媒体广告，因此建立了一个有温度、有情感的品牌形象。该品牌在2023年发布的《有你真好》新媒体广告，从友情的角度切入，以短视频的形式讲述了3个小故事，诠释"朋友是什么"的主题。第1个故事主要讲述不幸残疾的主人公在朋友们的陪伴和鼓励下，从格格不入到牵手歌唱、从垂头丧气到兴致高昂的转变，诠释了"朋友就是和你并肩在一起"；第2个故事主要讲述导盲犬与其主人从初遇到离别的过程，展示了人与动物之间的感情，诠释了"朋友就是想永远守护你"；第3个故事主要讲述退休的宿管张姐与同学们之间的暖心片段，如提醒同学们下雨记得带伞等，诠释了"朋友就是默默地关心"。通过该新媒体广告，品牌表达了其对朋友的理解，用情真意切的文案内容引发受众内心深处对友情、陪伴的思考，如"朋友就是，不失联地守候""朋友就是，此刻想起的那个人""朋友就是，总会及时出现"等。同时，该广告采用歌曲《朋友》作为背景音乐，不仅契合广告主题，还能很好地引起受众的情感共鸣。在广告结束时，则通过字幕的方式展示品牌在受众日常生活中的角色——即便不会时时刻刻出现，但只要你需要，就一定会暖暖地陪伴你，从而巧妙地传递出品牌的长情和温暖陪伴。

这并不是该品牌第一次以友情为主题创作新媒体广告，近几年该品牌还发布过《云聚会》《想你的999天》等与友情相关的新媒体广告。此次品牌关于温暖与陪伴的演绎，在新媒体平台中收获了较高的热度和讨论量。利用新媒体广告，该品牌很好地在受众心中树立起陪伴者的形象，将品牌与受众的单向输出关系转变成双向奔赴的朋友关系，不仅拉近了与受众之间的距离，还强化了品牌形象，实现了品牌价值的长效赋能。

【思考】

（1）该品牌发布的《有你真好》新媒体广告的作用是什么？

（2）《有你真好》新媒体广告中的文案内容有什么特别之处？

# 任务一　认识广告与新媒体广告

广告在人们的日常生活中随处可见，从街边的叫卖、店家的招牌到户外的屏幕广告，广告出现在人们身边的每个角落，影响着每个人。随着新媒体的快速发展，新媒体广告越来越受到企业和广告主的青睐。要想成功完成广告的创作，广告人员就必须对广告本身和时下流行的新媒体广告有一定的了解。

**课堂讨论**

针对下列问题展开讨论。
（1）谈谈令你印象深刻的广告和广告语。
（2）广告常出现在哪些地方？
（3）你有没有单纯因为某个广告而购物的经历？若有，该广告是如何打动你的？

# 一、任务目标

经过长时间的发展和变革，广告业呈现出多样化、高频化、新颖化、高技术化的发展趋势，人们对广告的研究也逐渐系统化、规范化、多元化，广告学由此建立并不断完善。本任务将先介绍广告的含义、构成要素、特征和分类等知识，再对当前主流的新媒体广告的含义、特征和分类进行说明，以帮助相关从业人员更深入地认识、了解广告与新媒体广告。

# 二、相关知识

## （一）广告的含义与构成要素

早在人类社会形成之初，人们就已开始有意识或无意识地开展广告活动。随着时代的发展，广告逐渐成了独立的行业——广告业，并形成了独立的学科——广告学。深入了解广告的含义和构成要素对相关从业人员来说是至关重要的，相关从业人员不仅需要具备完整的知识体系，更需要针对广告建立系统化的认知。

### 1. 广告的含义

顾名思义，广告即"广而告之"，这说明了广告的根本任务就是传播信息。随着广告的不断发展，很多人和组织对广告进行了界定。

- 1948年，美国市场营销协会将广告定义为：广告是一种公众性的信息交流，它以付费的方式通过各种传播媒介向公众介绍产品、服务或观念，本身具有说服力。
- 《中华人民共和国广告法》中将广告定义为：商品经营者或者服务提供者通过一定媒介和形式直接或者间接地介绍自己所推销的商品或者服务的商业广告活动。
- 厦门大学某教授认为：广告是指一种由广告主、个人或组织机构将经过编码的特定信息以适当的符号，通过一定的传播媒介反复传达给目标受众以达到影响或改变目标受众的观念或行为的公开的、非面对面的、有偿的信息传播活动。

广义的广告是指某主体有意识地通过某一传播媒介向目标受众传递特定信息的活动，而本书采用的广告概念是"广告是指商业性主体通过传播媒介向目标受众传播产品、劳务、市场、观念等方面信息的活动"。

### 2. 广告的构成要素

根据广告的含义，可以归纳出广告的4个构成要素，即广告信源、广告信息、广告媒介和广告信宿。这4个构成要素有机结合，缺一不可。

- **广告信源**：广告信源即广告信息的发布者，包括广告主和广告制作者。其中广告主是指广告活动的发动者，对广告活动起主导作用；广告制作者可以是广告主，也可以是广告代理公司、广告制作公司、广告设计公司等广告信息的直接制作者。

- **广告信息：** 广告信息是广告信源通过广告媒介，向广告信宿传达的内容，是广告信源意志的表达，被广告信宿接收。广告信息可以是文字、图像、音频、视频等人们所能感知的信息。
- **广告媒介：** 广告媒介即进行广告宣传的物质手段和工具。广告的发展很大程度上就是广告媒介的发展，从原始的语言媒介到平面媒介、印刷媒介，再到电波媒介、数字信号媒介，不同形式的媒介对广告信息的表现形式、传播效果及传达范围都产生了重大的影响。需要注意的是，广告媒介现在处于且以后也将处于更新换代中。
- **广告信宿：** 广告信宿即广告信息的目标受众，是广告传播过程中的末端，是广告活动能否取得成功的决定性因素。只有当受众将广告信息理解并转换成对他们有意义的信息时，广告信息才算传达成功。当受众受广告信息的影响采取符合广告主意志的行动时，广告活动的目的才算达成。

## （二）广告的特征

广告具有悠久的历史，虽然经历了很大的发展和变革，但有些特征贯穿广告发展的始终，这些特征包括时代性、大众性、市场性、经济性、明确性、说服性等。

- **时代性：** 广告是时代的产物，广告必然带有时代的印记，同时广告也能体现时代的风貌。在一定程度上，广告可以用来探求对应时代的社会情况、大众的偏好和价值观等时代信息，也可以通过广告体现的时代性来判断该广告发布与流行的时代。
- **大众性：** 广告的传播是针对大众的，这主要指两个方面：一是广告的传播不能设置太高的门槛，不同的人可以借由传播媒介平等地接收到广告信息；二是广告主一般会希望广告传播的范围尽可能大，接收广告信息的人尽可能多。
- **市场性：** 广告一般都有明确的目标市场和目标受众群体，应该遵循市场规律，满足市场需要，刺激受众的现实需求或者潜在需求。
- **经济性：** 大部分广告的主要目的是取得经济效益，广告要么展示产品的优势，要么树立品牌的形象，要么突出企业的实力，以获得受众的认同，促进产品或服务的销售，帮助广告主获取经济效益。
- **明确性：** 广告信息一般会指明广告主，让受众能够通过广告信息知道广告所宣传的是哪家的产品或服务，这样才能达到广告的目的。同时广告主也要对广告信息的真伪，以及因该广告产生的问题负责任。
- **说服性：** 广告需要影响受众并促使其采取广告主预想的行动，如购买或者二次传播该广告等，所以广告需要具有说服性，能够影响受众的行为。

以上几点是综合大部分广告归纳得出的较为普遍的特征，而不是由广告内涵得出的科学性规律。例如，有些广告刻意淡化或违反某些特征，反而取得了不错的广告效果。

## （三）广告的分类

广告发展至今，其形式和种类愈加丰富。按照分类标准的不同，广告可以分为多种类型，常见的广告分类主要有4种。

## 1. 按照目的分类

按照广告目的，广告可以分为商业广告和非商业广告。

- **商业广告**：商业广告是指通过宣传产品或服务等来达到获取利润目的的广告。商业广告又称为经济性广告，是当代广告业的主体。图1-1所示为某品牌在微信朋友圈中发布的广告，目的是宣传品牌产品，是非常典型的商业广告。

- **非商业广告**：非商业广告是指与商业目的无关、不以营利为主要目的的广告。它的目的不是推销任何产品或服务，而是为社会公益、道德教育、文化宣传等非商业性的目的服务。非商业广告通常由政府机构、公益组织、文化机构等发起，并通过各种传播媒介和渠道向公众传递信息。这类广告的主要特点是强调公益性、社会责任感和良好的社会形象。其内容通常涉及环保、交通安全、防灾减灾、健康教育等方面，旨在引导人们树立正确的社会价值观念和行为准则。图1-2所示为北京消防发布的宣传海报，其就是典型的非商业广告，旨在宣传森林防火知识。

图1-1　商业广告

图1-2　非商业广告

🎓 **专家指导**

> 非商业广告并不只由政府机构、公益组织、文化机构等发起，部分品牌为了提升品牌形象，也会发布非商业广告。品牌发布的非商业广告通常不直接推销产品或服务，而是注重传达品牌的价值观、社会责任感，以及与受众相关的社会问题，通过倡导特定的社会价值观，在受众心中树立积极正面的形象。

## 2. 按照媒介分类

广告的传播依靠媒介。按照传播媒介，广告可以分为口头广告、印刷广告、电视广告、广播广告、网络广告、户外广告等。

- **口头广告**：口头广告是一种通过口述、口碑传播等方式来推荐或宣传产品、服务或品牌的广告。口头广告常出现在人际交往、社交媒体宣传、口碑评价和口耳相传等场景中。

- **印刷广告**：印刷广告是通过印刷技术将广告信息印制在各种纸张、材料或其他媒介上，以传达特定的宣传信息和促销内容的广告。印刷广告是一种传统的广告形式，常见于报纸、杂志、传单、海报和宣传册等媒介中。

- **电视广告**：电视广告是在电视上播出的广告，通常在电视节目中间或间隔时段播出，以吸引受众的注意力并传达产品或服务的特点和优点。电视广告是一种较为昂贵的广告，但也是一种很有效的宣传方式，因为电视具有广泛的覆盖面和较强的影响力。

- **广播广告**：广播广告是通过广播媒体（如无线电广播等）传播的广告。广播广告以音频形式呈现，通过声音和语言来传达广告信息，包括商业广告词、音乐和声效等元素，多在广播节目中间或间隔时段播出，或通过电台等渠道传播。

- **网络广告**：网络广告是通过互联网媒体进行传播的广告，是目前主流的广告形式。网络广告可以在各种网络平台上出现，如搜索引擎、社交媒体、视频网站等，具有精准定位、投放灵活、实时反馈等优点。

- **户外广告**：户外广告是在公共场所、户外环境中展示的广告。它利用各种媒介进行传播，如广告牌、灯箱、霓虹灯、电子屏幕、公交车身等，多出现在道路、商业街区、公共交通站点、建筑物外墙等多个场所，如图1-3所示。

图1-3　户外广告

### 3. 按照投放区域分类

按照广告投放的区域，广告可以分为国际性广告、全国性广告和区域性广告。

- **国际性广告**：国际性广告又称全球广告，是指面向不同国家、跨越国界的广告。为了保证国际性广告的影响力，广告主通常需要与国际广告代理公司合作，以获取跨国广告策划、翻译、文化咨询等专业支持。这类广告通常由跨国公司和国际知名品牌设计，面向全球范围内的受众。

- **全国性广告**：全国性广告是在全国范围内展示的广告。全国性广告面向全国市场和受众。这类广告宣传的产品一般具有销量大、通用性强、使用范围广等特点。

- **区域性广告**：区域性广告通常覆盖多个省份、城市或地区。区域性广告的传播对象是某个特定区域的受众。一些企业受经营区域和地理文化环境的影响，同时为了配合差异性市场营销策略会选择发布区域性广告。

✎ **素养课堂**

党的二十大报告提出"加强国际传播能力建设，全面提升国际传播效能，形成同我国综合国力和国际地位相匹配的国际话语权"。品牌是国家竞争力的综合体现，品牌影响力关系国家在全球产业链价值链中的地位，体现着国家在国际舞台上的影响力和竞争力。经多年发展，我国打造了许多国际知名品牌，如华为、海尔、格力等，其广告在国外也随处可见。强化中国品牌建设，不仅有利于经济发展，还能为我国在国际经济合作和竞争中累积更多实力、赢得更多主动。

### 4. 按照内容分类

按照广告内容，广告可以分为产品广告、服务广告、品牌广告、公益广告和社会广告等。

- **产品广告：** 产品广告是以产品为主要宣传内容的广告，旨在向受众传递产品特点、功能、优势和价值，促使受众购买产品。
- **服务广告：** 服务广告是针对服务业务的广告，旨在向受众宣传和推广某项服务。与产品广告不同，服务广告侧重于传达服务的特点、质量、效益和可靠性等方面。
- **品牌广告：** 品牌广告以塑造和推广品牌形象为目标，将品牌的核心价值、品牌个性和差异化特点传递给目标受众，提高品牌知名度和品牌忠诚度。
- **公益广告：** 公益广告以社会公益事业为核心，旨在呼吁社会参与、提倡社会责任、改善社会环境等。
- **社会广告：** 社会广告是涉及社会问题、社会意识的广告，旨在引起公众对特定社会问题的关注和思考，如环保、健康、道德等。

## （四）新媒体广告的含义与特征

近年来，新媒体迅速发展，并逐渐成为人们获取信息、沟通交流的重要渠道。传统的广告在逐渐适应新媒体环境的过程中，也逐渐衍生出了具有全新特性的新媒体广告。新媒体广告利用新媒体的独特优势，如交互性、实时性、个性化等，实现了更精准、更有效的营销传播。如今，几乎每位受众都会接触到新媒体广告，这让我们不得不思考：新媒体广告究竟是什么？它具备怎样的魅力？

### 1. 新媒体广告的含义

新媒体是相对于传统媒体（如电视、广播等）的一种新兴媒体，一般是指利用数字技术，通过网络渠道，以计算机、移动终端、数字电视等智能设备为终端，向受众传播信息的媒介。目前，常见的新媒体包括微博、微信、知乎、今日头条、抖音、门户网站等。

新媒体广告则是指使用新媒体作为传播媒介的广告。新媒体广告以数字化技术为基础，能够运用多媒体平台整合优势资源，采用多元互动的方式，向受众精准传递广告主的产品、服务和品牌信息等。

### 2. 新媒体广告的特征

传统媒体广告极易受到时间、空间的限制，具有策划时间长、刊播排期紧、预算门槛高、传播范围小等缺点。与传统媒体广告相比，以新媒体为载体的新媒体广告则呈现出五大主要特征。

- **交互性：** 交互性是新媒体广告区别于传统媒体广告的一个明显特征。传统媒体广告的传播是单向的、线性的、广播式的，只能在特定时间内由信息的发布者向受众传播，受众只能被动接收信息，无法主动选择接收、拒绝接收或反馈意见。新媒体广告不再被动地呈现给受众，而能够与受众进行实时的互动和交流。例如，新媒体广告通常以社交媒体作为传播载体，受众可以通过转发、评论、点赞等操作与广告发布者进行互动，从而提高受众的参与度和扩大广告的传播范围。

- **精准性：** 传统媒体广告面向大众，受众不明确，无法实现精准投放，而新媒体广告则很好地解决了这一问题。基于互联网、大数据等技术，广告主可以根据地域、阅读兴趣、点击习惯甚至上网时点等因素对受众进行精细的划分，实现新媒体广告的精准投放。另外，广告主借助权威的访客流量统计系统统计出来的数据，能够准确地评价广告效果，并进一步优化广告投放策略，还能利用互联网的互动性和实时性等特点，根据需要随时变更广告的形式和内容。

- **多样性：** 新媒体是多种媒体的综合体，同时具有文字媒介、声音媒介和视觉媒介的功能。所以，新媒体广告可以采用多种形式，如文字、图片、音频、视频等，从而呈现出丰富多样的广告，更好地吸引受众的注意力。

- **实时性：** 新媒体广告可以实现实时的投放和反馈。借助互联网和社交媒体平台，广告主可以即时发布广告，并通过实时数据监测和分析来了解广告效果。这种实时性使得广告主能够及时调整和优化广告，以更好地吸引受众的注意力，优化广告的效果。

- **灵活性：** 新媒体广告在内容创作、投放方式和时间安排上更加灵活。一方面，新媒体广告人员可以根据受众的特征和需求进行个性化的内容创作；另一方面，广告主可以选择在社交媒体平台、搜索引擎、视频网站等多种渠道上投放新媒体广告。另外，新媒体广告人员可以根据受众的上网习惯和活跃时间灵活选择投放时段。

## （五）新媒体广告的分类

新媒体广告可以根据表现形式、媒介和植入方式的不同，划分为多种类型。

### 1. 按照表现形式分类

按照表现形式的不同，新媒体广告可以分为文字广告、图片广告、视频广告、直播广告、音频广告和H5（HTML5，第5代超文本标记语言）广告等。

- **文字广告：** 以文字为主要表现形式的新媒体广告。这类广告中，文字所占的篇幅一般较大，能够很好地表现产品、服务等的营销信息。营销软文、文字链接广告、搜索引擎广告（见图1-4）均属于比较典型的文字广告。

- **图片广告：** 以图片或图形为主要表现形式的新媒体广告。横幅广告（横跨于网页上的矩形公告牌）、弹窗广告、宣传海报等均属于典型的图片广告。

- **视频广告：** 以视频形式进行展示的新媒体广告。不管是将整个视频内容制作为一个广告，还是在视频中插入广告，都属于视频广告。

- **直播广告：** 以直播形式进行展示的新媒体广告。直播广告伴随着直播平台的出现而出现，主要通过在直播间中展示产品或品牌信息，吸引用户的关注，促使用户采取购买行为，从而获取盈利。

- **音频广告**：以音频形式进行展示的新媒体广告。音频广告通常出现在广播、音乐平台、语音助手等场景，可以是广播广告、音频插播广告等形式。

- **H5广告**：H5广告是一种基于HTML5技术开发的网页广告，与图片广告相比，其具有更强的交互性和动态效果。H5广告可以提供多种互动方式，如滑动、翻转、扫描二维码等，能够更好地吸引受众的注意力和提高互动率。例如，图1-5所示的腾讯云发布的H5广告《我是黄河文明唤醒师》，其以多个城市的文化内核作为基础，让受众成为非遗的唤醒师，唤醒非遗在受众心中的生命力，并最终引流到非遗数字馆、非遗文创馆，实现非遗知识的普及，为非遗传承人增加经济收益。

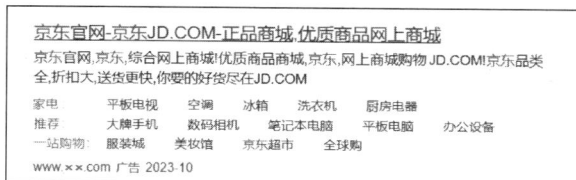

图1-4 文字广告

图1-5 H5广告

## 2. 按照媒介分类

按照媒介的不同，新媒体广告主要可以分为搜索引擎广告、社交媒体广告、移动App广告和门户网站广告等。

- **搜索引擎广告**：搜索引擎广告是一种在搜索引擎结果页面中展示的广告。当受众在搜索引擎中输入特定的关键词或短语，点击搜索按钮后，搜索引擎会显示相关的搜索结果，其中可能包含针对这些关键词设置的广告。搜索引擎广告常见于各大搜索引擎，如百度、搜狗等。

- **社交媒体广告**：社交媒体广告是一种在社交媒体平台中展示的广告。目前主流的社交媒体平台主要包括微信、微博、QQ等。

- **移动App广告**：移动App广告是在移动应用平台上展示的广告。移动App广告伴随着智能手机和移动应用的普及而出现，是当前各大广告主推广产品、品牌和服务的重要形式。

- **门户网站广告**：门户网站是提供网上信息检索、交流、发布、交易等综合服务的网站，门户网站广告是在门户网站上进行展示的广告。门户网站广告是较早出现的新媒体广告类型。

- **电子邮件广告：** 电子邮件广告是一种通过电子邮件向受众发送的广告。它将电子邮件作为传播媒介，向受众发送商业推广、产品促销、品牌宣传等内容。
- **户外新媒体广告：** 户外新媒体广告是数字技术、互联网技术和传统的户外广告媒介相结合的新兴广告形式。例如，在车站、机场、商业区等地的广告牌和LED显示屏上的广告就属于户外新媒体广告。

### 3. 按照植入方式分类

按照植入方式的不同，新媒体广告可以分为硬广和软广。

- **硬广：** 硬广是指通过媒体渠道直接展示的广告，清楚直白、开门见山。例如，在视频片头或片尾播放的广告（见图1-6），移动App中展示的开屏广告等。这类新媒体广告通常以直接推销产品或服务为目的，通过展示明确的广告信息来吸引受众的注意力。
- **软广：** 软广是采用更为隐蔽、间接的方式将信息融入媒体内容中的广告。例如，在社交媒体上分享品牌创始人故事、在科普文章中植入产品信息等。这类广告通常不直接介绍产品或服务，而是通过与媒体内容相融合，以更为自然的方式向受众传递广告信息。例如，图1-7所示的文章就将产品巧妙植入让孩子养成好习惯的科普文章中，达到“润物细无声”的营销效果。

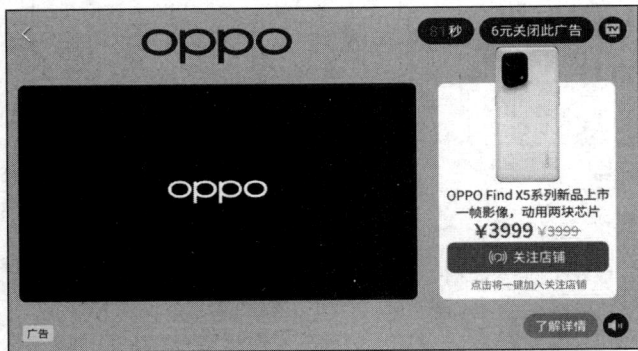

图1-6　硬广

文中提到了“需要对孩子进行边界引导、每个家庭可以根据自己的养育期待和家庭规则来执行”，有时候，家长仅靠语言和孩子沟通，年纪小的孩子可能较难理解，这时可以借助一些工具，还能增加亲子互动的趣味性。

比如关于孩子的习惯养成，怡禾设计了一款 **好习惯养成表**，为了让产品能更好地为大家服务，去年售出后我们做了一期用户调研。在收到大家真实的使用反馈后，我们对好习惯养成表做了全新升级：

✔材质从挂历式硬纸板优化为软磁力板，方便粘贴和收纳；

✔任务磁贴卡从12个增加到40个，更贴合3～8岁孩子的日常生活；

✔任务栏从5个增加到10个，星星奖励从48个增加到75个

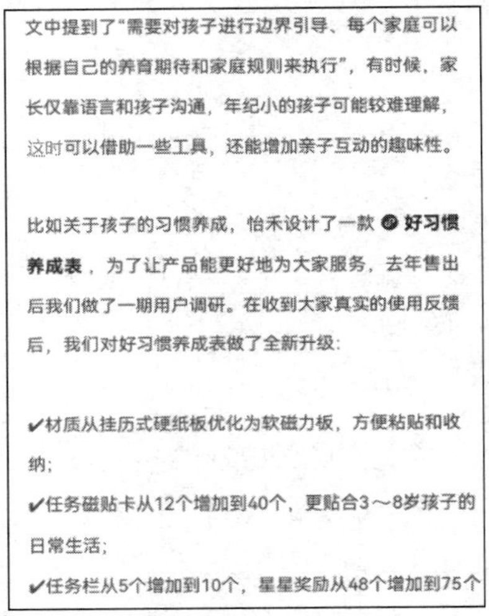

图1-7　软广

**专家指导**

**新媒体广告的分类并没有明确的标准和界线，随着技术的不断进步和广告形式的演变，新媒体广告的形式和种类在不断增多。另外，按照不同的维度划分新媒体广告，其结果也可能存在重合的情况。例如，微信App中的朋友圈广告，既属于社交媒体广告，也属于移动App广告。**

## 三、任务实训

观察图1-8所示的新媒体广告和图1-9所示的评论内容，熟悉新媒体广告的特征和类型，并分析新媒体广告明显区别于传统媒体广告的地方。

图1-8 广告内容

图1-9 评论内容

### 1. 实训目标

（1）掌握新媒体广告的特征。

（2）掌握新媒体广告的类型。

（3）掌握新媒体广告与传统媒体广告的区别。

### 2. 实训要求

（1）分析图1-8所示的新媒体广告属于哪种类型。

（2）依据图1-9所示的评论，分析该新媒体广告具有什么特征。

（3）依据图1-8、图1-9，分析新媒体广告明显区别于传统媒体广告的地方。

### 3. 实训思路

STEP 01 分析图1-8所示的新媒体广告的类型，可以从广告的表现形式、媒介和植入方式3个维度进行分析，如从表现形式来看，其属于视频广告。

STEP 02 依据图1-9所示的评论分析新媒体广告的特征。新媒体广告主要有五大特征，从评价内容来看，可以从互动性和精准性两个方面进行分析。

STEP 03 依据图1-8、图1-9分析新媒体广告明显区别于传统媒体广告的地方，可以从传播渠道、交互性和表现形式等方面进行分析。

## 四、任务考核

扫描右侧二维码，阅读并分析不同的新媒体广告，填写表1-1并上交。

新媒体广告

表1-1 任务考核

| 序号 | 考核内容 | 分值 | 说明 |
|------|----------|------|------|
| 1 | 归纳这几则广告的主要信息 | 25 | |
| 2 | 简述这几则广告的趣味性 | 25 | |

续表

| 序号 | 考核内容 | 分值 | 说明 |
|------|----------|------|------|
| 3 | 对比这几则广告的隐蔽性 | 25 | |
| 4 | 分析这几则广告有什么优点 | 25 | |

## 任务二　新媒体广告的传播

在当今数字化时代，新媒体的传播方式愈发多样化和高效化。随着互联网和社交媒体的兴起，信息可以通过新媒体以更快的速度传播，触达更广泛的受众群体。基于此，新媒体广告的传播也越发灵活、多样和快捷。

**课堂讨论**

针对下列问题展开讨论。
（1）什么样的新媒体广告更能引发受众自动传播广告信息？
（2）如果发布的新媒体广告呈现出不好的传播态势应当如何处理？
（3）微信公众号推文中的"在看"功能对微信广告的传播有什么促进作用？

### 一、任务目标

在新媒体的发展基础上，新媒体广告呈现出多对多的传播态势，这让广告信息瞬间"刷屏"成为可能。本任务将介绍新媒体广告的传播特点、新媒体广告的计费方式、新媒体广告传播媒介的选择等知识，以帮助相关从业人员更深入地掌握新媒体广告的传播，从而设计出传播效果更好的新媒体广告。

### 二、相关知识

#### （一）新媒体广告的传播特点

近年来，许多品牌利用新媒体广告以较低的成本，在较短的时间实现了产品和品牌的传播，加深了受众对品牌的认知，提高了产品和品牌的美誉度。在新媒体时代，新媒体广告的传播主要呈现4个特点。

#### 1. 传播形式丰富

随着科技的进步和网络的普及，新媒体广告的形式和种类不断丰富，具有多种传播形式，包括文字、图片、视频、音频、H5等。此外，在新媒体技术的加持下，新兴的创意广告形式也逐渐崭露头角，如虚拟现实（Virtual Reality，VR）广告、增强现实（Augmented Reality，AR）广告等。例如，某机构曾发布过一个融合VR技术的新媒体广告，图1-10所示为广告部分截图，受众点击"开始签到"按钮后便可进入VR界面，选择任一展馆就能在线上参观展馆，科技感十足，为受众带来沉浸式的体验，大大提高了广告的吸引力。新媒体广告丰富的传播形式，使广告的传播更加快速，广告的覆盖范围更加广泛，同时也为广告主提供了更多的选择和创新空间，提高了受众对广告的接受度。

图1-10 某VR广告部分截图

## 2. 广告信息创新传播

传统的广告往往只是单向的信息传递，简单而直接。随着信息的爆炸式增长，人们对广告信息的接触量也大幅度增加，在这种信息过载的情况下，单纯的广告信息传递已经无法引起人们的兴趣。因此，广告主纷纷寻求新的路径，通过内容与形式的创新，打破广告同质化与单一化的局面，以便有效地传播广告信息。例如，在内容上，众多广告主越来越注重挖掘产品或服务与受众之间的情感共鸣，精心策划故事性的广告内容，激发受众的情感共鸣；在形式上，广告主不断探索和尝试新的广告形式，开拓传播渠道，如利用受众生成内容的方式，鼓励受众参与互动，增加广告信息的可信度和影响力。

通过内容与形式的创新，广告主能够更好地吸引受众的关注和参与，有效传达广告信息，优化广告宣传的效果，从竞争激烈的市场中脱颖而出，赢得更多受众的认可和信任。

### 素养课堂

党的二十大报告提出"坚持创新在我国现代化建设全局中的核心地位""培育创新文化，弘扬科学家精神，涵养优良学风，营造创新氛围"等要求。创新作为引领发展的第一动力，随着我国进入新发展阶段，创新也从量的积累进入质的提升新阶段。广告人员作为民族和国家的重要人才，更要与时俱进，积极发挥创新精神和创造力，利用新媒体广告弘扬优秀传统文化，为建设社会主义文化强国贡献力量。

## 3. 传播范围广

新媒体广告的一大显著特点就是互动性强，相比于传统媒体广告的一次传播，新媒体广告可以通过互动元素、互动活动（如转发抽奖、问卷调查、投票活动）等形式吸引受众主动参与和互动，从而形成二次传播、三次传播，甚至病毒式传播。一方面，广告主会借助新型的传播手段和技术加强新媒体广告的影响力与传播效果。另一方面，新媒体广告会被投放至各大新媒体平台，触达较为广泛的受众群体，当受众接受新媒体广告后，还可能主动传播广告信息，从而进一步扩大新媒体广告的影响范围。

### 4. 媒体融合传播

为了增强新媒体广告的传播效果，广告主会利用多种传播媒介进行广告传播，如同时在微信、微博、抖音、官方网站、搜索引擎中发布新媒体广告，这使得新媒体广告呈现出媒体融合传播的特点。这种传播模式打破了传统媒体的壁垒，形成了全方位、多层次的传播。例如，图1-11所示为某品牌在不同新媒体平台发布的同一条广告信息，很好地实现了广告信息传播效果的最大化。

图1-11　某品牌在不同新媒体平台发布的同一条广告信息

媒体融合传播为广告主提供了更多创意和传播方式，使得广告能够触达更为广泛的受众群体，加强广告的传播效果和影响力。但是，在利用媒体融合传播进行广告推广时，还需要注意广告信息的质量、真实性和合规性，以确保新媒体广告的良性传播，构建健康、正向的传播环境。

## （二）新媒体广告的计费方式

新媒体广告有多种计费方式，不同计费方式会对新媒体广告的成本和传播效果产生不同的影响。广告主在选择计费方式时，需要根据实际需求和营销目标进行选择，并通过对多种指标进行综合分析，不断优化推广策略，加强广告传播效果。

- **按展现计费（Cost Per Mille，CPM）**：CPM是指按照广告每1000次展现计费，即如果CPM出价为6元，则意味着一则广告被展现1000次将收取6元。CPM是目前主流的计费方式，广泛适用于门户网站广告、移动App广告等类型的广告，且多用于品牌宣传和提高知名度的广告活动。
- **按点击次数计费（Cost Per Click，CPC）**：CPC是指广告按照受众点击次数计费，常用于希望获得更多点击量和流量的广告活动。CPC适用于门户网站广告、移动App广告、搜索引擎广告等类型的广告。

- **按行动计费（Cost Per Action，CPA）**：CPA是指按每个访问者对广告所采取的行动收费。这里的访问者行动包括达成一次交易、成功注册和点击一次广告等。这种计费方式通常需要更精准的定位和目标设置。
- **按实际销售计费（Cost Per Sale，CPS）**：CPS是指按照实际销售来计算广告费用，适用于购物类、导购类等注重转化率的企业。
- **按天付费（Cost Per Day，CPD）**：CPD是指广告主按照广告在指定时间内展示的天数来支付费用。无论广告被点击多少次，费用都是固定的。这种计费方式适用于那些希望在特定时间段内进行品牌宣传或推广活动的广告主。
- **每次安装付费（Cost Per Install，CPI）**：CPI是指广告主只有在受众通过广告安装了App时才需要支付费用，适用于App推广。
- **每次观看/收听付费（Cost Per View，CPV）**：CPV通常用于视频广告和音频广告，只有广告视频/音频被受众观看/收听（通常需要达到一定的时长或百分比）才计费。

## （三）新媒体广告传播媒介的选择

新媒体广告的传播媒介类型日趋丰富，费用也日渐高涨，如何以较低的投放成本获得较好的广告效果，是广告主非常关心的问题。广告主在选择新媒体广告的传播媒介时，可以综合考虑5个方面。

- **目标受众**：了解目标受众的特征和行为习惯是选择新媒体广告传播媒介的基础。通过确定目标受众的年龄、性别、地域、兴趣爱好等信息，可以确定哪些媒介更符合目标受众的使用习惯和获取广告信息的方式。
- **广告目标**：广告目标是广告主选择新媒体广告传播媒介时应当重点考虑的因素。总的来说，新媒体广告的目标主要有提高品牌知名度、推广产品或服务、提高产品或服务的销量、提高受众参与度等。不同的广告目标对应不同的传播媒介。例如，新媒体广告的主要目标是提高品牌知名度，那么可以选择较为热门的新媒体平台，如微信、微博、抖音等，这些平台有着庞大的用户群体，能够实现更广泛的品牌曝光，并且能够根据用户的兴趣和行为等信息实现精准投放；如果新媒体广告的目标是推广产品或服务，可以选择淘宝、京东等电商平台或转化率较高的直播平台等。
- **广告内容**：不同篇幅、特点的广告内容对应不同的新媒体广告传播媒介。例如，新媒体广告需要传递复杂的信息，可以选择文字较多的传播媒介，如微信公众号、微博的头条文章、今日头条、知乎等。如果新媒体广告具有突出的视觉效果和故事性，那投放在抖音、哔哩哔哩、小红书等平台可能更适合。根据新媒体广告的特点确定传播媒介，可以增强广告的传播效果和吸引力。
- **预算和投放成本**：选择新媒体广告传播媒介还需要考虑预算和投放成本。不同媒介的广告费用不同，广告主需要根据自身的预算情况进行选择。有些新媒体广告传播媒介提供灵活的计费方式，如按点击次数计费、按展现计费等，广告主可以根据预算选择新媒体广告传播媒介，控制投放成本。
- **数据分析和反馈机制**：选择一个有较好的数据分析和反馈机制的新媒体广告传播媒介，

可以帮助广告主评估广告效果并优化广告策略。借助新媒体广告传播媒介提供的数据统计和分析功能，广告主可以了解广告的展示量、点击率、转化率等重要指标，从而进行后续投放计划的调整和改进。

# 三、任务实训

## 实训一：分析新媒体广告的传播效果

图1-12所示为某品牌针对同一款手机产品发布的新媒体广告，请观察并分析广告的传播效果，并说明该广告体现出新媒体广告的哪些特点。

图1-12　某品牌针对同一款手机产品发布的新媒体广告

### 1. 实训目标

（1）认识新媒体广告的传播。

（2）掌握新媒体广告的传播特点。

### 2. 实训要求

（1）分析该品牌发布的新媒体广告的传播效果。

（2）依据图1-12分析新媒体广告的传播特点。

### 3. 实训思路

一般而言，热度越高，新媒体广告的传播效果就越好，而转发量、评论数、获赞数就可以反映新媒体广告的热度。新媒体广告的传播特点主要有4个，在结合图1-12进行分析时，可以从广告的内容和形式、广告传播媒介等方面入手。

## 实训二：为品牌选择合适的新媒体广告传播媒介

佳宜是一个食品品牌，旗下的主营产品包括果干、饼干、糕点、卤味熟食等。临近"双十一"大促活动，品牌推出了满99元减20元的促销活动，旨在促进产品的销售。为此，品牌还安排工作人员设计了新媒体广告相关的物料，主要有促销活动相关的宣传海报和预告短视频。

请试着为品牌选择合适的新媒体广告传播媒介。

### 1. 实训目标

（1）了解新媒体广告的传播媒介。

（2）掌握新媒体广告传播媒介的选择。

### 2. 实训要求

（1）罗列品牌可以选择的新媒体广告传播媒介。

（2）结合新媒体广告的目标选出合适的新媒体广告传播媒介。

### 3. 实训思路

在为该品牌选择新媒体广告传播媒介时，首先，可以围绕广告内容进行初步筛选，如宣传海报可以发布在微博、小红书等新媒体平台中。其次，结合新媒体广告促进产品销售的目标进行最终选择，那么选择的新媒体广告传播媒介要能直接促进品牌产品的销售。

## 四、任务考核

扫描右侧二维码，阅读其中的新媒体广告的内容，试着分析广告，然后填写表1-2并上交。

新媒体广告具体
内容

表1-2　任务考核

| 序号 | 考核内容 | 分值 | 说明 |
|---|---|---|---|
| 1 | 说明3则广告内容的特点和优势 | 40 | |
| 2 | 分析3则广告的传播特点 | 30 | |
| 3 | 分析3则广告的传播效果 | 30 | |

## 任务三　认识新媒体文案

随着新媒体行业的蓬勃发展，新媒体文案作为一种广告展示形式展现出强大的竞争力。新媒体文案本质上是一种广告文案，是企业或品牌为了达成商业目的，基于新媒体平台创造的一种营销形式，因其经济实惠、趣味性强和表现形式多样等优势而得到了广泛应用。

### 课堂讨论

针对下列问题展开讨论。

（1）你有印象比较深刻的新媒体文案吗？记忆点是什么？

（2）你通常会在哪些平台浏览新媒体文案？

（3）哪种类型的新媒体文案更能引起你的注意？

## 一、任务目标

新媒体文案的兴盛，不仅使当前的广告营销方式和内容发生了改变，更对当前的职业类别产生了冲击。为了顺应社会发展潮流，更好地满足社会需求、实现自我价值，文案人员一定要熟悉新媒体文案的相关知识。本任务将对新媒体文案的概念与特点、主流的新媒体文案发布平台、新媒体文案的常见类型等知识进行介绍，以帮助文案人员了解新媒体文案，更好地掌握新媒体文案的写作。

## 二、相关知识

### （一）新媒体文案的概念与特点

新媒体文案主要依赖于网络环境和新媒体平台，承担着传达信息和促成交易的重要功能，是当前商业模式下的重要产物。

#### 1. 新媒体文案的概念

知名广告学家H.史载平斯曾说"文案是广告的核心"，广告的本质是传递信息，而文案起到相同的作用。文案是在媒体渠道中用来吸引受众的一种广告表现形式。很多时候，受众并不能触摸到产品实物，只能通过企业、品牌提供的文字或图片等了解产品，所以文案就成了受众了解产品或服务的一个渠道，承担起传递信息、促成交易的责任。

新媒体时代的到来，使得文案逐渐发展为基于网络平台，以商业目的为写作基础并进行传播的内容，这种内容不再只是语言文字，还涵盖了图片、视频、超链接等元素，以使文案更能适应互联网时代的需要。由此可见，新媒体文案实际是在互联网的基础上借助新媒体平台生成的广告创意文案。

#### 2. 新媒体文案的特点

新媒体文案是在当代社会环境的变革下发展出来的一种文案类型，它更符合现代受众的阅读习惯，也更能适应媒体传播的需要，其主要具有6个特点。

- **内容多元化**：内容多元化是新媒体文案的一大特点，内容多元化不仅体现在内容的形式上，还表现在内容的主题和风格等上。在内容形式上，新媒体文案的内容形式除了文字、图片等，还有音频、动画、视频、直播等形式；在内容主题和风格上，严肃的时政新闻、轻松的娱乐八卦、风趣的专业知识讲解等，都是比较常见的内容主题和风格。

- **互动性强**：新媒体文案多发布于社交、娱乐及资讯平台上，受众可以自由发表自己的看法、评价，发布者可以回复相关评论，与受众进行交流、互动，这就使新媒体文案的传播不再是单向的。此外，文案人员还可以在新媒体文案中设计问卷调查、投票或抽奖活动等，吸引受众参与活动，或鼓励受众分享新媒体文案，提高新媒体文案的互动性和受众参与度，与受众建立积极、有趣的互动关系。

- **推广方便**：得益于网络的便捷性和移动终端的普及，相比于传统媒体文案，新媒体文案的推广渠道更多且方便。当前，受众多使用移动终端查看新媒体文案，其操作简单、分享便捷，更便于新媒体文案的宣传和推广。以微信公众号文案为例，一般情况下，受众可以通过扫描文末的二维码或点击相应的卡片关注该微信公众号或其他推广的微信公众号。例如，图1-13所示为某微信公众号推文中附加的卡片，受众点击该卡片后，就可以在打开的界面中关注该微信公众号或浏览其他文案。除此之外，受众还可以点击右上方的…按钮，打开图1-14所示的界面，然后进行转发、分享等操作。

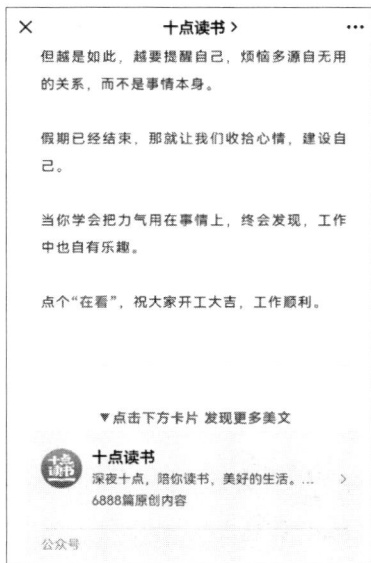

图1-13 附加的卡片

图1-14 转发、分享

- **成本低：** 相比于传统的广告，新媒体文案的发布成本相对较低。新媒体文案不仅可以发布在多个新媒体平台，在文案写得足够精彩的情况下，还会有受众自发地传播与分享文案，扩大新媒体文案的传播范围，加强营销效果。需要注意，随着加入新媒体文案创作的企业和品牌数量的增加，获取流量的成本也在增加，想要获得更好的营销效果，通常需要投入更多的新媒体广告推广费用。

- **时效性强：** 互联网上信息传播的速度非常快，受众逐渐表现出碎片化阅读、乐于追求新鲜信息与话题等行为特点，为了吸引受众关注，许多新媒体文案往往会融入时事、热门话题、网络流行语等，这就使得新媒体文案具有很强的时效性。但是一旦相关信息过时，新媒体文案就很难打动受众。

- **定位精准：** 随着大数据等相关技术的成熟，各大新媒体平台都开始在分析受众行为数据的基础上，根据受众的个人喜好和阅读习惯等来为受众推荐其感兴趣的内容，实现了个性化推荐。在这样的大背景下，新媒体文案逐渐呈现出定位精准的特点，文案人员在写作新媒体文案时一般会以目标受众的需求和内容偏好为出发点，并且还会植入目标受众关注的关键词。

## （二）主流的新媒体文案发布平台

新媒体文案通常发布在新媒体平台上，如微博、今日头条、抖音、微信等。不同平台的特点和其受众群体有差异，要想引起受众的兴趣，引发受众大量点击、转发和评论，文案人员需要在了解新媒体平台的基础上，根据营销需要和新媒体文案的内容选择发布平台。

### 1. 微信

微信是基于智能移动设备而产生的即时通信软件，也是一个可以及时与用户互动的社交媒体平台，支持用户通过网络即时发送文字、图片、语音或视频等。微信是新媒体文案发布的一个热门平台。很多企业会注册一个或多个微信公众号专门发布营销与推广性质的新媒体文案，这样积累的受众的忠诚度和文案转化率都比较高。

在微信中，文案人员可以通过个人微信号、微信公众号、视频号等发布新媒体文案，但要保证文案内容的质量，这样才能吸引更多的受众关注并转发。同时，文案人员可以使用微信提供的推广功能，在新媒体文案中鼓励用户转发、分享，或点击"在看"按钮。例如，只要有好友点击了某篇文案的"在看"按钮，或者点赞了某个视频作品，该文案或视频就会出现在其所有微信好友的"看一看"中，如图1-15所示，扩大新媒体文案的传播范围。

图1-15　好友"在看"的文章

### 2. 微博

微博是一个通过关注机制分享简短实时信息的社交媒体平台，能够以文字、图片、话题、视频等媒体形式，实现信息的即时分享和传播互动。

微博注重信息的时效性和多样性，受众可以随时随地在微博中发表看法和意见，并搜索所需信息或关注微博账号。若受众关注了某一微博账号，就成了该微博账号的粉丝，微博账号发布的每一条文案都能被粉丝看到，粉丝还可能成为文案的传播者。此外，微博账号可以与粉丝保持良好的交流互动，培养坚实的粉丝基础。如果微博账号拥有数量庞大的粉丝群，发布的新媒体文案可以在短时间内传播给更多受众，甚至形成病毒式传播。

### 3. 抖音

抖音是目前短视频、直播领域的主流平台，日活跃用户数过亿，支持用户通过短视频分享互动、通过直播营销推广等。同类型的平台还有快手、西瓜视频、微视、秒拍等。与其他新媒体平台不同，抖音这类短视频、直播平台的新媒体文案是视频式的，文案的主题和主要内容大多隐藏在视频中，受众观看完视频才可能领会文案主旨。例如，图1-16所示为某品牌在推广非物质文化遗产主题信用卡时发布的视频式文案。

### 4. 今日头条

今日头条是北京抖音信息服务有限公司开发的通用信息平台，可以通过个性化推荐引擎技术，根据受众的兴趣、位置等多个维度的信息为他们推荐财经、科技、娱乐等热点内容，图1-17所示为今日头条首页展示的相关文案。与今日头条性质相同的新媒体平台还有简书、百家号、搜狐号、一点资讯、豆瓣等。

在今日头条中，文案是受众关注的焦点，文案的质量决定阅读量，而文案的质量会影响文案被推荐的次数，所以文案人员要特别重视文案的质量。在发布文案时，文案人员应当遵守平台内容发布的规则，如今日头条允许创作者在文末留下微信号，但禁止在文中留下联系方式等，否则创作者可能会被封号。

图1-16　抖音视频式文案

图1-17　今日头条首页展示的相关文案

### 5. 社群

社群指由具有相同兴趣、价值观和目标的个体组成的群体。这些个体在社群中相互交流、分享信息、建立联系，并形成共同体验和认同感。社群主要通过群内成员之间的互动分享来调动成员的积极性，进行产品和品牌的营销变现。在移动互联网快速发展之后，各大社群开始涉足移动阅读App、电商、社交等不同的领域，移动社群开始兴起。常见的移动社群有QQ群、微信群、抖音粉丝群、淘宝店铺群、微博兴趣群等，这些利用群成员的共同爱好而建立起来的交流群在一定程度上也可被称作社群。社群文案主要通过优质的内容或话题来吸引受众，维系企业或品牌与群成员之间的联系，或者以优惠活动及抽奖活动等进行产品或品牌宣传。

### 6. 小红书

小红书是一个生活、购物分享的社区平台，通过分享内容来实现"种草"，进而促进产品的销售。小红书的文案以图文、视频、直播等为主，其中，图文类的文案也被称为笔记。在撰写小红书文案时，可以直接在文案中展示产品，也可以从好物分享的角度写作。在发布小红书文案时，为加强小红书文案的推广效果，可以联合多个账号发布不同类型的文案，达到"种草"的目的。

### 7. 知乎

知乎是一个高质量的问答社区和创作者聚集的原创内容平台，知乎中的内容基本上以问题和答案的形式呈现，企业或品牌发布的带有营销和宣传意味的回答便是新媒体文案。与知乎具有相同性质的平台还有百度知道、搜狗问答、360问答等。

企业或品牌若想在知乎中发布优质的新媒体文案，首先要找到一个高质量的问题，然后在此问题下发布高质量的答案，为增强说服力，答案应理性、科学、逻辑性强以便吸引受众的关注。除此之外，企业或品牌也可以在知乎中发布文章和想法，但需注意发布的内容要符合账号定位，且内容要有价值、趣味，以便引起受众的阅读兴趣。

## （三）新媒体文案的常见类型

根据文案篇幅和写作目的等的不同，新媒体文案可划分为不同的类型。了解新媒体文案的常见类型可以帮助文案人员更好地认识新媒体文案，写出更加符合受众需求的文案，达到促进产品销售、加强品牌建设等目的。

### 1. 按文案篇幅分类

根据文案篇幅，新媒体文案可分为1000字及以上的长文案和1000字以下的短文案。长文案可以详细、全面地展示信息，还可以展开大的故事场景，如微信公众号文章、微博头条文章、今日头条文章、知乎中的长文章等，图1-18所示为知乎中的长文章。短文案侧重快速触动受众，重点在于表现核心信息，如朋友圈文案（见图1-19）、海报文案，以及微博中的短微博等。

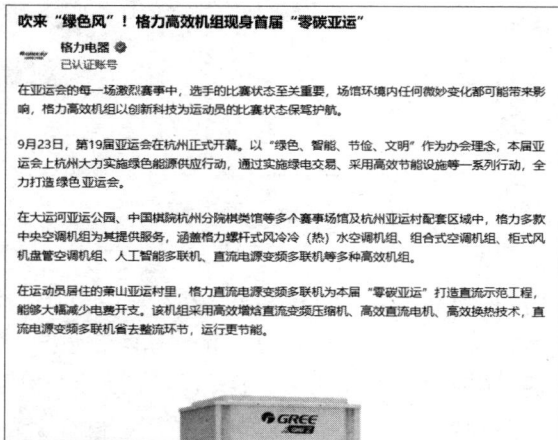

图1-18　知乎中的长文章

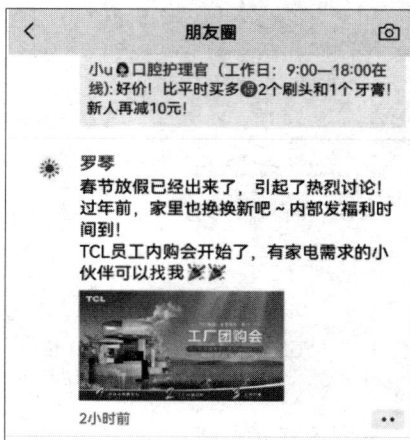

图1-19　朋友圈文案

### 2. 按写作目的分类

根据写作目的不同，新媒体文案可大致分为产品文案和品牌文案。

- **产品文案**：产品文案主要是为了宣传和推广某一具体产品或服务，强调产品的特点、优势和差异化，以吸引受众关注和购买。常见的产品文案包括电商平台中的产品详情页文案（见图1-20）、产品主图文案、促销海报文案等。撰写产品文案的重点是要能激发受众的购买欲望，引导其采取购买行为。
- **品牌文案**：品牌文案主要是为了塑造品牌形象，提高品牌知名度和美誉度，以提高受众对品牌的信任度和忠诚度。品牌文案通常包括品牌故事、品牌定位、品牌形象、品牌价值观等方面的内容，其写作目的是让受众对品牌产生感情和认同感，从而促进品牌的发展和壮大。常见的品牌文案包括品牌标语文案、品牌故事文案（见图1-21）、品牌公关文案等。

### 专家指导

　　产品文案和品牌文案并不是完全独立的两个概念，它们之间存在一定的交叉和融合。在实际情况中，很多广告主会同时运用产品文案和品牌文案来达到不同的营销目的，以实现更好的营销效果。

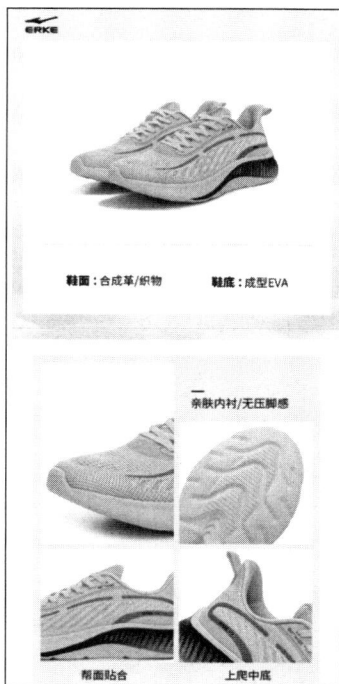

图1-20 产品详情页文案

图1-21 品牌故事文案

## 三、任务实训

2023年，蒙牛围绕中国女足发布了一支主题为"每一份要强不止于此"的短视频。短视频采用特写+倒放+定格的形式，以2023年中国女足征战世界杯前的欢送场面为切入点，回溯2022年、2004年、1999年等几个关键时间节点，用一个个问题串联起叙述主线。在各个比赛的起起伏伏中，展现出不屈不挠的中国女足精神。该短视频的文字内容如下所示。

你爱的是女足？还是女足获胜的新闻？

如果输了，还是否说永远相信？

如果赢了，是热搜还是被真正铭记？

回到过去，你还会选择足球吗？

又不是获得胜利，才有意义。

又不是必须比过谁，才能成为谁。

又不是为了证明什么，才走到这里。

有时是你选择了一条路，有时是那条路选择了你。

总有人说我们不过如此，但不必停止。

那些忽略、偏见、否定、质疑，也不过如此。

我们总有彷徨，但绝不回头。

继续向前吧，没有不过如此的我们，只有不止于此的你。

每一份要强不止于此。

### 1. 实训目标

（1）掌握新媒体文案的不同类型。

（2）掌握新媒体文案的鉴赏与分析。

### 2. 实训要求

（1）分析蒙牛发布的新媒体文案属于什么类型。

（2）分析蒙牛发布的新媒体文案的亮点。

### 3. 实训思路

新媒体文案的分类标准不同，划分出的类型也不同，可以按照文案篇幅和写作目的对蒙牛发布的新媒体文案进行分类。例如，按照写作目的来看，该新媒体文案以提升品牌形象为目的，属于典型的品牌文案。在分析该新媒体文案的亮点时，可以从内容入手，分析其语言表达、宣传与推广品牌的方式。例如，从语言表达来看，这篇文案通俗易懂，能够让受众快速理解文案所传达的信息，并带领受众感受坚持不懈、不屈不挠的女足精神，引发受众的情感共鸣。

## 四、任务考核

扫描二维码，查看其中的新媒体文案范例，填写表1-3并上交。

新媒体文案范例

表1-3　任务考核

| 序号 | 考核内容 | 分值 | 说明 |
|---|---|---|---|
| 1 | 分别判断每则新媒体文案的类型 | 30 | |
| 2 | 分析每则新媒体文案适合发布的平台 | 30 | |
| 3 | 分析每则新媒体文案的亮点 | 40 | |

## 拓展延伸

### （一）新媒体文案写作水平的提高

写作新媒体文案是创作型的工作，它作为一种营销手段，主要通过文案让受众完成购买行为，这对文案人员的写作水平有很高的要求。下面介绍3种提高文案人员写作水平的方法。

- **多阅读书籍：** 新媒体文案人员需要和文字打交道，想要提高写作水平，除了需要积累更多的写作经验，还需要多读书，以拓宽知识面。在前期可以只读文案类的专业书籍，后期可以广泛阅读。在阅读时，不必逐字逐句，可以一目十行。

- **收集资料进行学习：** 写作文案的过程是一个吸收知识和创新的过程，所以资料的收集和学习也非常重要。文案人员可以关注一些有价值的微信公众号或留意身边的广告，将自己觉得精彩的内容记录下来，并理解消化，再参考这些资料进行创新。

- **坚持写作：** 文案写作除了需要创意，更需要长期创作的积累，培养写作手感。在坚持写作的过程中，可以把优秀的创意记录下来，尝试把自己的灵感写出来等，提高文案写作能力。

## （二）新媒体广告设计与文案写作职业素养

拥有良好的职业素养，才能更好地应对工作中的各种问题，胜任新媒体广告设计与文案写作工作。一般而言，职业素养主要包括职业信念和职业能力。

### 1. 职业信念

持有正确的职业信念，才能为新媒体广告设计与文案写作树立大局观，具体内容如下。

- 树立积极正面的营销意识和行业竞争观，为新媒体广告设计与文案写作提供方向与动力。
- 培养创新思维、创新意识和创新能力，形成以创新为立足点的思维方式。
- 形成系统、完整、条理清晰的产品推广理念。

### 2. 职业能力

新媒体广告设计与文案写作人员还应拥有丰富的知识储备和出色的工作能力，为新媒体广告设计与文案写作奠定良好的基础。就知识储备而言，其需要具备广泛的知识面和其他专业性知识，如广告学和传播学知识、相关行业知识等。就工作能力而言，其需要具备写作能力、软件操作能力、审美能力、分析能力和主动学习能力等，以便胜任新媒体广告设计与文案写作。

## 实战与提升

（1）观察图1-22所示的两则新媒体广告，分析其分别属于什么类型。

**提示：** 依据不同的分类标准可以划分出不同类型的新媒体广告，需要依据前文所讲的知识点仔细分辨，避免遗漏。

图1-22　新媒体广告

（2）以下为某品牌发布的新媒体文案，分析其文案类型，以及该文案有什么亮点。

省是对天赋物产与他人辛苦的敬畏，
省是对日常生活的依依不舍，
省是深藏在内心的小诚恳，
省是最绵长的在意和珍惜。

为大地，也为小日子，

美团优选，真的真的省。

（3）"鲜花经济"是云南省重要的新兴产业，对发挥资源优势、调整农业产业结构、培育新的经济增长点、增加农民收入，具有显著的促进作用。陈云是云南省曲靖市某村的村民，近来她和朋友在抖音开设了一家网上花店，店名为艺欣花房，但由于知名度不高，花店的销量并不理想，现为改善经营现状，她们决定在劳动节时开展满39元减10元的促销活动，并在新媒体平台发布新媒体文案来宣传推广花店，提高鲜花的销量。请为其选择合适的新媒体平台，并说明理由。

# 新媒体广告的类型

【知识目标】

● 熟悉不同类型的新媒体广告。

● 掌握搜索引擎广告、移动App广告、微信广告和微博广告的特点和类型。

● 掌握视频广告、直播广告、门户网站广告、音频广告和户外新媒体广告的类型。

【素养目标】

● 培养公平竞争意识，杜绝欺诈行为。

● 坚持职业操守，遵守相关法律法规，避免广告设计中的不当行为。

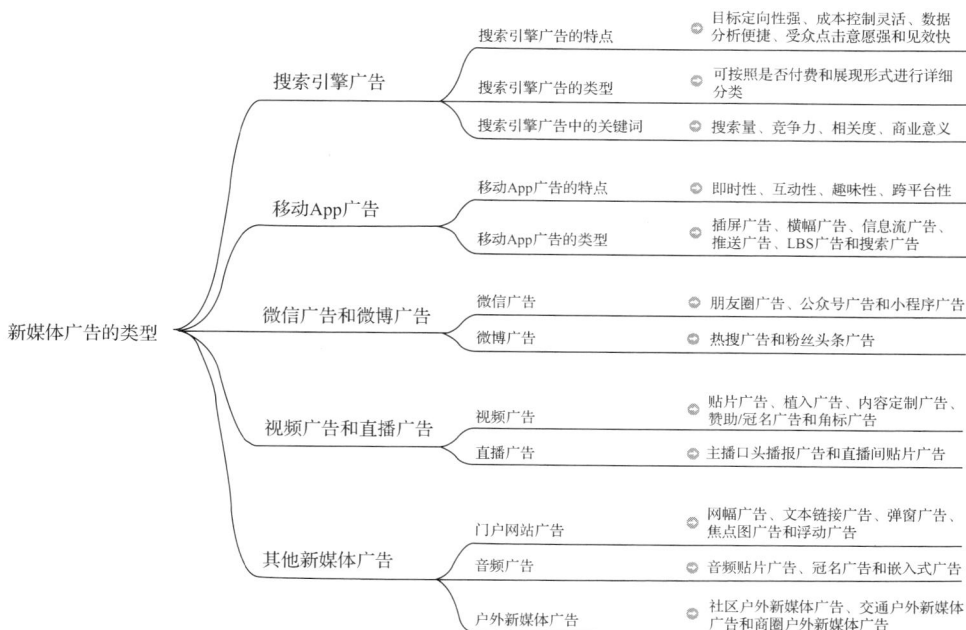

### 案例导入

珀莱雅是国产美妆头部品牌之一，近年来销售业绩比较好，品牌实力和影响力也不容小觑。珀莱雅能够取得成功，不仅是因为其精准的市场定位、高质量的商品研发，还得益于其多平台的广告宣传。

为了提高产品和品牌的知名度，珀莱雅在移动App、微信、微博、视频平台中均开展了全方位的宣传推广。例如，2023年是珀莱雅与中国青少年发展基金会合作发起"回声计划"的第3年。同年10月，在世界精神卫生日到来之际，珀莱雅在微博、微信、抖音等平台推出视频广告《此刻，和情绪_____》。广告深入挖掘年轻人的情感需求，列出了当下年轻人常见的愧疚等情绪，告诉人们情绪不是问题，只是碰到世界、他人、自己后发出的大大小小的声音，并呼吁人们不必对情绪感到羞耻，而是要主动靠近情绪，与情绪握手。为了让广告覆盖更多人群，珀莱雅还联合多家出版机构，挑选了多本有关情绪的书籍分享给受众。通过广告，珀莱雅很好地引发了受众的情感共鸣，拉近了与受众的距离，还树立了有温度的品牌形象。

又如，在2022年到来之际，珀莱雅在微博发起了"2022祝你下一站翻身"的主题活动，宣布在深圳地铁5号线"翻身"站举办关于新年的诗歌展，同时还在地铁站发布了地铁车厢广告、地铁站台广告、地铁通道广告等。此次活动，珀莱雅邀请了20多位诗人，以"希望"为主题，写下新年的第一首诗。这些诗人中有已经出版过诗集的作家、学者，也有学生、算法工程师、矿工、农民、音乐人、企业职员等。为了提升活动的热度，珀莱雅不仅在微博连发多条微博文案与粉丝互动，还在微信公众号同步推送了有关本次主题诗的文章，使推广活动触及更多网友，引起了众多网友的留言互动。除此之外，参加活动的诗人也纷纷在微博转发活动和诗歌海报，为活动造势。活动次日，珀莱雅"2022祝你下一站翻身"话题冲上微博热搜榜，引起了网友的广泛讨论与传播。同时，还带动了不少网友去地铁站拍照打卡。通过这次与诗人、诗歌的联动和多平台的推广，珀莱雅不仅为广大受众献出了一份关于新年祝愿的诗意的浪漫，而且还表达了希望诗歌是开放的、平等的，无关年龄、无关境遇的理念，很好地提升了品牌知名度和品牌形象。

【思考】

（1）珀莱雅为什么要开展多平台的广告宣传？

（2）上述案例中，珀莱雅发布的广告有哪些类型？

## 任务一　搜索引擎广告

搜索引擎是一种基于计算机程序的信息检索工具，通过自动检索互联网上存储的各种文档和数据，将与受众搜索关键词相关的信息呈现给受众。百度、搜狗、360搜索都是当前主流的搜索引擎。搜索引擎广告也叫搜索引擎竞价推广、竞价广告。广告主通过购买相关产品或服务的关键词，就可以让广告展现在搜索引擎的搜索结果页面中。

针对下列问题展开讨论。

（1）搜索结果页面中的广告会影响你的消费行为吗？

（2）如何辨别搜索结果页面中的广告和其他搜索结果？

# 一、任务目标

搜索引擎广告是一种常见的新媒体广告，广告主主要通过在搜索引擎中设置关键词进行精准定向投放。当受众在搜索引擎中输入关键词进行搜索时，与该关键词相关的广告将出现在搜索结果页面的顶部、底部或侧边等位置。这些广告通常会标注"广告""赞助内容"或其他类似的标签，以方便受众区分广告与其他搜索结果。本任务将详细介绍搜索引擎广告的特点、类型以及搜索引擎广告中的关键词等基础知识，以帮助相关从业人员深入了解搜索引擎广告，从而方便后期有针对性地制订广告计划，提高广告的曝光率和点击率。

# 二、相关知识

## （一）搜索引擎广告的特点

搜索引擎广告是在搜索引擎上进行宣传的一种广告，主要有目标定向性强、成本控制灵活、数据分析便捷、受众点击意愿强和见效快5个特点。

- **目标定向性强：** 搜索引擎广告可以在设置关键词、地域、人群、时间等多种条件后进行投放，因此能够更准确地展示给目标受众，从而加强广告效果。图2-1所示为百度搜索引擎广告推广计划的设置页面，当推广计划审核通过后，平台就会按照推广计划推广给搜索相关关键词的受众，目标定向性非常强。

图2-1 百度搜索引擎广告推广计划的设置页面

- **成本控制灵活：** 搜索引擎广告可以设置广告投放每日预算或者总预算，如每日预算可以设置每天的最高消费金额；总预算可以设置整个广告计划的最高消费金额。一旦达到了这个金额，计划会自动停止，避免造成成本浪费。另外，搜索引擎广告可以根据需求调整出价策略，包括手动出价和智能出价。手动出价可以根据关键词竞价情况自行设定出价；智能出价则由系统自动优化出价，以获得更好的推广效果。

- **数据分析便捷**：搜索引擎广告发展多年，许多搜索引擎广告平台均提供丰富的数据分析功能，包括分析点击率、转化率、广告排名等指标，帮助广告主全面了解广告效果，调整和优化广告推广计划。
- **受众点击意愿强**：受众通过搜索引擎进行搜索，通常表示其对相关信息有需求，因此其点击搜索引擎广告的意愿也相对较强。
- **见效快**：搜索引擎可以迅速地根据关键词的匹配程度和出价来决定广告的排名和展示频率。搜索引擎广告一旦被投放，就会出现在搜索结果页面，实现快速曝光，吸引受众点击广告进入对应的网站或页面。

### （二）搜索引擎广告的类型

按照不同的分类标准，搜索引擎广告可以分为不同的类型。常见的分类标准包括是否付费和展现形式等。

#### 1. 按照是否付费分类

按照是否付费分类，搜索引擎广告可以分为竞价排名广告和自然搜索结果广告。

（1）竞价排名广告

竞价排名广告是搜索引擎广告中的一种付费广告形式，通常基于出价和广告质量，通过关键词的竞价排名来获得展示机会，具有较高的曝光率和点击率。具体来说，广告主可以选择与其产品或服务相关的关键词进行投放，当受众在搜索引擎中搜索这些关键词时，广告就会出现在搜索结果页面的相应位置。

广告主在参与竞价活动时需要设定一个出价和每日预算，并与其他广告主竞争，以获得更显眼的广告展示位置。当他们的广告被点击时，搜索引擎会收取相应的费用。竞价排名广告的优势在于，广告主可以针对特定的关键词进行精准投放，并且可以控制广告的预算和投放时间。此外，广告主还可以通过调整出价和预算来优化广告效果，提高广告的点击量和转化率。

#### 🎓 专家指导

> 竞价排名广告中，还有一种付费形式是定价排名，即广告主通过提前设定关键词的出价，并按照出价的高低来决定广告在搜索结果页中的展示位置。当受众搜索相应的关键词时，出价最高的广告将会被优先展示在搜索结果页的上方或下方。定价排名的收费通常以月为单位，广告主需要提前支付一定的费用，以获得关键词在搜索结果页中展示的机会。

（2）自然搜索结果广告

自然搜索结果广告是相对于竞价排名广告而言的，通过搜索引擎的自然搜索结果来获得展示机会。自然搜索结果广告是通过搜索引擎的算法自动计算出来的，其搜索结果受到网站的内容质量、关键词密度、链接数量和质量、网站的受众体验等因素的影响。自然搜索结果广告的特点是广告主无须向搜索引擎付费，但需要优化网站或页面、改善内容质量和受众体验，以提高网站和关键词的相关性，从而获得更靠前的自然搜索结果排名。

#### 2. 按照展现形式分类

按照广告在搜索引擎中展现形式的不同，搜索引擎广告可以分为搜索广告和展示广告两种。

（1）搜索广告

搜索广告主要展示在搜索结果页面中，可以是文字、图片、视频等多种形式，如图2-2所示。搜索广告的投放依赖于搜索关键词，只有当受众搜索了与广告相关的关键词时，该广告才会被展示。搜索广告的受众是有意向寻找某种产品或服务的潜在买家。

图2-2　搜索广告

（2）展示广告

展示广告与搜索广告的直接区别就是，展示广告是搜索引擎根据各种定位参数决定展示给受众的广告。搜索广告通常出现在搜索结果页的下方，而展示广告则可能出现在搜索引擎的各个位置，如顶部横幅广告、右侧侧边栏广告、网站内页广告等。例如，图2-3所示为360搜索中的展示广告。

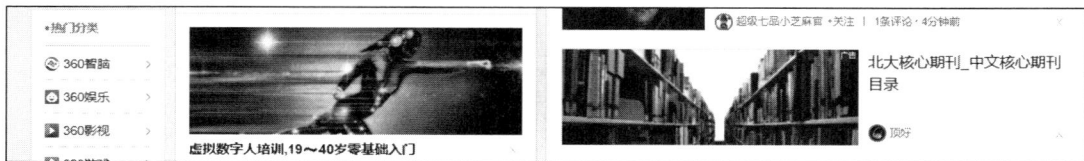

图2-3　展示广告

🎓 专家指导

搜索广告主要针对那些已经表达了明确需求的受众，即那些在搜索框中输入关键词并点击搜索按钮的受众。而展示广告则可以根据广告主的投放需求和受众定向技术，锁定目标受众，如设置特定的地域、性别、年龄和兴趣爱好等。相比于搜索广告，展示广告可以覆盖更多地理位置和不同类型的受众。

## （三）搜索引擎广告中的关键词

关键词对搜索引擎广告非常重要，要构思出一个好的关键词应同时考虑多个因素，既要保证足够的展现量，又要最大限度地提高点击率和转化率。广告主在选择关键词时需要考虑以下4点。

- **搜索量**：选择搜索量较大的关键词，可以确保广告有足够的展示机会，同时也可以了解市场需求。例如，如果要推广旅游产品，可以选择搜索量大的关键词"北京旅游""四川旅游"等。广告主可以使用百度指数等工具查看不同关键词的精确搜索量数据，选取搜索量排名靠前的关键词。
- **竞争力**：避免选择竞争力过大的关键词，这会导致广告成本的增加。同时也要避免选择竞争力过小的关键词，这些关键词带来的点击量可能会很少。
- **相关度**：选择与产品或服务高度相关的关键词，可以提高点击率和转化率。例如，如果要推广食品，可以选择"进口食品""健康食品"等关键词。避免相关度过低导致误点击量过多，从而降低广告质量得分。
- **商业意义**：选择具有较强商业意义的关键词，如品牌名、产品名等，这有利于吸引真实受众，提高转化率。例如，推广手机时可以直接使用手机的品牌名和型号作为关键词。避免选择"电话""通信"等商业意义较弱的关键词，以免转化率过低。

### 素养课堂

搜索引擎广告大多数都是按照点击次数收费的，因此点击欺诈的问题比较常见。点击欺诈是指通过不正当手段骗取广告点击的行为。这种行为不仅会浪费广告主的预算，还会对广告效果产生负面影响。因此，在投放搜索引擎广告时，需要注意防止点击欺诈，如监控广告投放效果，及时发现和调整广告计划。同时，搜索引擎广告平台也需要采取措施防止点击欺诈，如加强防欺诈技术，保护广告主的利益。

## 三、任务实训

利好美是一家提供个性化创意定制产品的品牌，受众可以在其网店内自行定制各种产品，包括T恤、帽子、杯子、手机壳等。利好美计划在端午节开展一场优惠活动，并希望通过百度发布活动的广告，提高品牌知名度和销售额。

### 1. 实训目标

（1）了解搜索引擎广告。

（2）掌握搜索引擎广告中关键词的选择方法。

### 2. 实训要求

（1）在百度中搜索利好美所售产品的相关关键词，查看搜索结果，深入了解搜索引擎广告。

（2）利用百度营销中的关键词规划师工具，获取关键词的相关数据。

（3）根据数据结果筛选合适的关键词作为品牌搜索引擎广告的关键词。

### 3. 实训思路

STEP 01 ▷ 进入百度官方网站，在搜索栏中直接输入"个性化定制""T恤定制"等与利好美所售产品相关的关键词，然后采用表格的形式统计搜索结果中的竞价排名广告和自然搜索结果广告，并总结这两种广告的区别。

STEP 02 在百度中搜索"百度营销",进入百度营销官方网站,注册并登录账号。在"搜索推广"的工具中心中找到关键词规划师工具,然后在其中依次输入"个性化定制""T恤定制""手机壳定制""端午节礼物"等关键词,然后以表格的形式统计这些关键词及与关键词相关的指导价、月均搜索量、竞争激烈程度等数据。例如,表2-1所示为关键词统计示例效果。

表2-1 关键词统计示例效果

| 关键词 | 月均搜索量/次 | 竞争激烈程度 | 指导价/元 | 出价/元 |
| --- | --- | --- | --- | --- |
| 个性化定制 | 1195 | 低 | 0.42 | 0.42 |
| T恤定制 | 4485 | 高 | 3.15 | 3.5 |
| | | | | |
| | | | | |
| | | | | |

STEP 03 对比这些关键词,筛选出搜索量较高、竞争激烈程度适中、价格较低的关键词作为品牌广告的关键词。

## 四、任务考核

查看图2-4所示的搜索引擎广告,填写表2-2并上交。

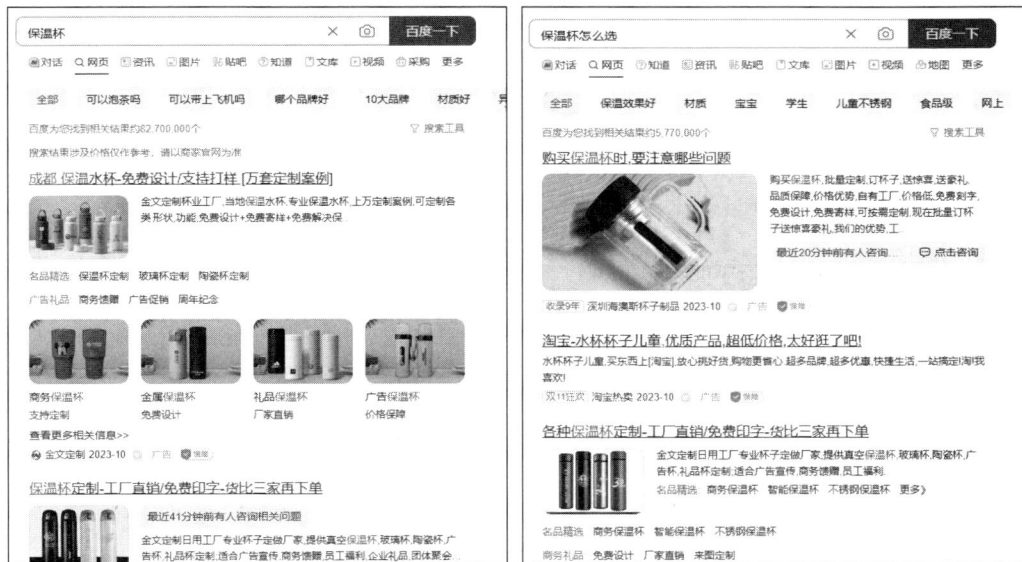

图2-4 搜索引擎广告

表2-2 任务考核

| 序号 | 考核内容 | 分值 | 说明 |
| --- | --- | --- | --- |
| 1 | 说明广告包含的表现形式 | 20 | |
| 2 | 简述搜索引擎广告的特点 | 30 | |
| 3 | 对比搜索结果中广告的相似之处 | 50 | |

## 任务二 移动App广告

随着智能手机和平板电脑的普及，人们的注意力逐渐向移动终端转移，App成为移动终端主流的信息入口和内容载体，同时随着人们对移动App需求的增加，在移动App上投放广告成为广告主的必然选择。

**课堂讨论**

针对下列问题展开讨论。
（1）你有哪些经常使用的App？
（2）你在App中看到过哪种类型的广告？
（3）App中的广告可以跳过或忽略吗？哪种类型的App广告不能跳过或忽略？

### 一、任务目标

移动App是指通过预装、下载等方式获取并在移动智能终端上运行，向受众提供信息服务的应用软件。移动App的类型多种多样，如社交通信类的微信App、办公类的钉钉App、娱乐消遣类的抖音App、摄影美图类的美图秀秀App等。随着移动App市场的繁荣，移动App广告经历了从无到有的发展过程。如今，广告主不断增加在移动端的广告投放，移动App广告呈现繁荣景象。本任务将介绍移动App广告的特点和类型等知识，以帮助相关从业人员了解不同移动App广告的适用场景，以便在实际工作中选择合适的广告形式和策略。

### 二、相关知识

#### （一）移动App广告的特点

移动App广告是指在移动App中展示的广告，具有即时性、互动性、趣味性、跨平台性等特点。

- **即时性：** 移动App广告可以随时随地投放在受众的移动设备上，受众可以在任何时间、任何地点接收广告信息，广告信息实现即时传播。另外，部分移动App还提供了即时的数据反馈和分析功能，广告主可以实时监测广告的展示量、点击量、转化率等指标，并根据指标数据追踪结果及时调整广告投放策略。

- **互动性：** 移动App广告通常具有与受众直接交互的功能，如点击、滑动、分享等，能够引导受众参与广告活动，提高受众参与度和转化率。例如，图2-5所示为投放在某App中的广告，受众点击左图中的"点击去发条微博敬长辈"按钮，就可以在右图中进行相应操作。

- **趣味性：** 为了吸引受众的注意力和优化受众体验，移动App广告通常采用充满创意的多样的设计风格，使广告更加有趣和吸引人。例如，使用夸张、制造悬念等手法，设计出有趣的故事情节或互动环节，让受众对广告产生兴趣和好奇心。

图2-5 某App中的广告

- **跨平台性：** 为了扩大广告的覆盖范围和影响力，许多广告主会在多个App中投放广告，实现跨平台传播。例如，在"双十一"大促活动前，天猫在微博App、百度网盘App等多个平台中投放与大促活动有关的广告。

## （二）移动App广告的类型

随着移动互联网的普及，很多受众已经习惯使用移动App浏览、接收信息，各大App也为广告主提供了各种广告位。总的来说，常见的移动App广告有插屏广告、横幅广告、信息流广告、推送广告、LBS广告和搜索广告等。

### 1. 插屏广告

插屏广告是指在打开、暂停或退出App时以半屏或全屏的形式弹出的广告，其持续显示时长一般为3～5秒，广告时间短。这种广告使用的图片丰富质量高，以大尺寸展现广告内容，具有较强的视觉冲击力。这种广告可以避免影响受众正常的使用体验，是目前深受广告主喜爱的一种移动App广告，点击率和转化率较高，但广告费用略高。例如，图2-6所示为在打开微博App时出现的插屏广告。

### 2. 横幅广告

横幅广告（Banner）又称旗帜广告，在移动App中，这种广告多出现在App的底部或顶部，如图2-7所示。横幅广告的优点是尺寸较小，对受众的干扰也较小，但其重点突出，尤其是一些购物类App首页的横幅广告，对引导受众消费起到很大作用；其缺点是受限于手机屏幕尺寸，横幅广告的尺寸不能太大，另外移动App中的横幅广告大多以轮播的形式出现，导致广告容易被忽视。

### 3. 信息流广告

信息流广告是穿插于受众的好友动态，或资讯媒体和视听媒体内容流中的广告，如图2-8所示。它的特点是与所投放页面的信息流具有相关性，广告与受众看到的内容自然融为一体，以一种更加自然和流畅的方式呈现，不影响受众的观看体验。信息流广告可根据受众喜好实现精准投放，受众体验较好。

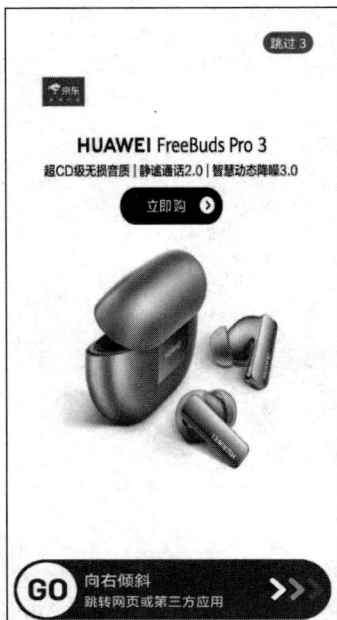

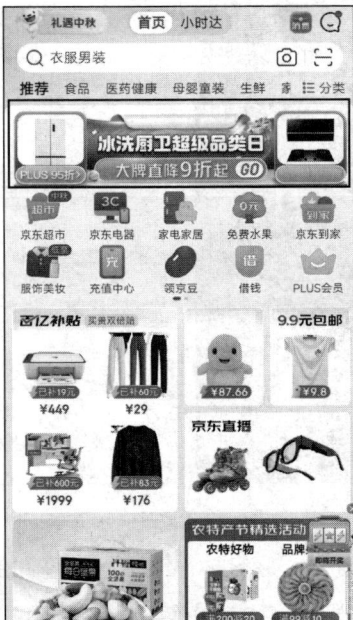

图2-6　插屏广告　　　　图2-7　横幅广告　　　　图2-8　信息流广告

### 4. 推送广告

推送广告是通过推送通知的方式向受众展示的广告，常以文字或图片的形式呈现，如图2-9所示。推送广告的优点是十分精准，广告信息的触达率较高，但它经常忽略受众需求，会增加受众的筛选成本。

### 5. LBS广告

LBS（Location Based Service，基于位置的服务）广告是一种基于受众地理位置信息的广告。它利用移动设备的GPS、Wi-Fi、蓝牙等技术，以及应用程序和平台的位置服务，向受众提供与其当前位置相关的广告。移动设备可以精准获取受众的地理位置信息，然后根据受众附近的商家、服务或地点提供相关的广告，使广告更加有针对性。LBS广告特别适用于本地化营销，企业可以使用LBS广告来吸引附近的受众，如在受众附近的餐厅向受众发送优惠信息。例如，图2-10所示为美团App中的LBS广告，受众给予美团App位置信息访问权限后，美团App将根据受众所处的地理位置为其推送广告，引导受众前往相应场所消费。

### 6. 搜索广告

搜索广告与搜索引擎广告非常相似，是一种在移动App内部的搜索结果页面中展示的广告，常以文字链接或卡片等形式呈现，如图2-11所示。搜索广告具有较高的精准性和相关性,因为它是根据受众的搜索意图和关键词匹配展示的。同时,搜索广告具有较高的点击率和转化率,因为受众在搜索时往往对相关的信息感兴趣,且容易通过搜索结果页面进入目标页面。

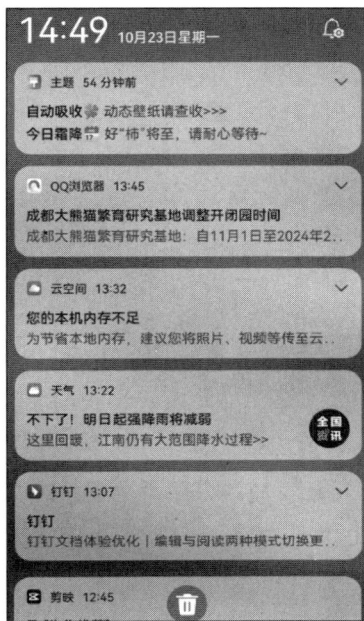

图2-9 推送广告          图2-10 LBS广告          图2-11 搜索广告

### 专家指导

除了上述广告类型,还有一种移动App广告比较常见。这类广告以内容的形式呈现,或是直接宣传产品、品牌或服务,或是在社交分享内容中植入与产品、品牌或服务有关的广告信息。

## 三、任务实训

马面裙又名马面褶裙,是我国古代女子的裙装款式之一。明代刘若愚《酌中志》载:"袳褶,其制后襟不断,而两傍有摆,前襟两截,而下有马面褶,往两旁起。"但马面裙的历史可以追溯到宋代,其在明清时期最为流行。才荷塘是一家主营马面裙的网店,为了促进产品的销售、提高网店的知名度,才荷塘准备在移动App中投放广告,总预算为5000元。

### 1. 实训目标

(1)了解移动App广告的含义。

(2)掌握移动App广告的类型。

### 2. 实训要求

(1)为才荷塘寻找适合投放广告的移动App。

(2)为才荷塘选择合适的移动App广告类型。

### 3. 实训思路

STEP 01 在网上搜索当前主流的移动App,如抖音App、小红书App、微信App、微博

App、知乎App等，然后采用表格的形式对比各个移动App的用户规模、用户活跃度、用户特点、用户喜爱购买的产品等，最终结合网店定位、产品特点，在众多移动App中选定2～3个适合投放广告的移动App。

STEP 02 ◊ 进入目标移动App中，查看其有哪些广告类型，以及同类服饰品牌在目标App上的广告投放情况和广告效果，最后结合预算选择适合在目标App中投放的广告类型，说明理由。

## 四、任务考核

查看图2-12所示的移动App广告，填写表2-3并上交。

图2-12　移动App广告

表2-3　任务考核

| 序号 | 考核内容 | 分值 | 说明 |
|---|---|---|---|
| 1 | 说明图中所有广告的表现形式 | 50 | |
| 2 | 判断图中所有广告的类型 | 50 | |

## ⊙ 任务三　微信广告和微博广告

微信和微博是当前主流的社交媒体平台，其积累了大量的受众资源，是深受各大广告主青睐的广告投放平台。微信和微博平台上优质的广告内容每被转载一次，广告的传播效果就会产生裂变，从而达到病毒式传播的效果。

# 一、任务目标

微信广告是一种在微信中展示的广告，微博广告则是在微博中投放的一种广告。微信和微博拥有庞大的受众群体，覆盖了各个年龄段和消费层次的受众，这使得微信广告和微博广告能够触达大量潜在的目标受众，提高了广告的曝光率和转化率。本任务将介绍微信广告和微博广告的基础知识，以帮助相关从业人员了解微信广告和微博广告，以便在后续工作中制订合适的广告计划。

# 二、相关知识

## （一）微信广告

微信广告依托微信平台，是目前广告市场的主要组成部分之一，其点击率高、互动性强、传播快速等优点，使之成为众多广告主投放广告的选择。总的来说，微信广告主要包括朋友圈广告、公众号广告和小程序广告等。

### 1. 朋友圈广告

朋友圈是微信的主要功能之一，受众可以以文字、图片和视频等形式分享生活趣事、热点事件、个人感悟和实用知识等内容。朋友圈广告即投放在朋友圈中的广告。一方面，广告主可以申请个人微信号，以日常分享的形式在朋友圈中宣传推广产品、品牌或服务，但这种广告最好将生活分享内容与推广信息结合起来，为受众提供优质的内容或新的资讯等，提高朋友圈广告的可读性，避免引起受众的反感而被屏蔽。另一方面，广告主还可以付费在朋友圈中投放广告，朋友圈广告以信息流广告的形式呈现，与平常的原创朋友圈的形式相似，由文字、图片或视频等构成，只是右上角会注明"推广"或"广告"字样，如图2-13所示，受众可以点赞、评论广告或查看、回复朋友的评论。

图2-13 朋友圈广告

### 2. 公众号广告

公众号是广告主在微信公众平台上申请的应用账号，包括订阅号、服务号两种类型。服务号具有管理受众和提供业务服务的功能，服务效率比较高，偏向于服务交互，如提供服务查询功能的服务号。订阅号的主要功能是发布和传播信息，用于展示个人或企业的个性、特色和理念，树立个人形象或传播品牌文化。订阅号偏向于为受众传达资讯，具有较大的宣传和传播空间。

公众号广告是通过微信公众号向受众展示的一种广告，主要通过推送到受众订阅的微信公众号来进行宣传。公众号广告的形式多样，一方面，广告主可以申请创建微信公众号，然后在推送文章中宣传产品、品牌或服务，图2-14所示为某品牌推送文章中的广告。另一方面，广告主也可以付费在微信公众号中投放广告，其表现形式包括文字、图片和视频等多种类型，位置可以在推送文章的中间、底部（见图2-15），订阅号消息列表中（见图2-16）等。

图2-14 推送文章中的广告　　图2-15 底部位置的广告　　图2-16 订阅号消息列表中的广告

**🎓 专家指导**

> 另外，广告主还可以与粉丝数量较多的其他微信公众号合作，邀请其他微信公众号的创作者为自己的产品、品牌或服务进行宣传。选择这种宣传方式时，广告主要确保合作的微信公众号的粉丝与自己的目标受众一致或相关，否则广告的宣传效果可能会大打折扣。

### 3. 小程序广告

小程序是基于微信平台的应用程序，受众可以直接在微信中搜索、打开和使用，无须下载和安装，节省了手机存储空间和安装时间。小程序是微信生态系统中的一个重要组成部分，为受众提供了便捷的服务和功能，包括在线购物、社交娱乐、生活服务、新闻阅读、工具软件等，可以满足受众各种需求。

小程序广告就是在小程序中投放的广告。小程序广告的种类较多，主要有横幅广告（见图2-17）、插屏广告、视频广告、激励式广告等。其中，激励式广告是一种让受众完成相应的页面任务，从而获得对应奖励的广告形式，如图2-18所示。这种广告能够通过丰富的互动组件来帮助广告主传递产品、品牌或服务等信息，引导受众的行为，从而加强广告转化效果，并且能够实现多种营销目标，如收集线索、推广品牌活动等。

图2-17 横幅广告

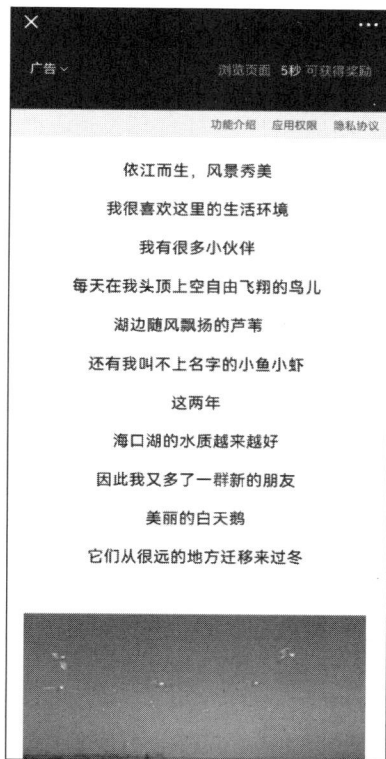

图2-18 激励式广告

🎓 **专家指导**

除了朋友圈广告、公众号广告和小程序广告，广告主还会在微信群和视频号中投放广告。微信群广告主要发布在微信群中，广告主可以先建立与产品或品牌相关的微信群，然后邀请受众入群，再在群内发布与产品或品牌有关的广告信息。视频号是微信推出的短视频内容创作和分享平台，与抖音、快手等平台类似。在视频号中，广告主可以采用短视频的形式宣传或推广产品、品牌或服务，也可以付费投放广告，如投放贴片广告、信息流广告等。

## （二）微博广告

微博是一个拥有大量年轻受众群体的新媒体平台，方便了许多广告主推广产品和品牌。一般来说，受众大多通过微博App浏览微博内容，因此微博广告的类型与移动App广告大致相同，如插屏广告、信息流广告、横幅广告、搜索广告等。但基于平台的独特性，微博广告还有热搜广告、粉丝头条广告等类型。

### 1. 热搜广告

微博热搜是微博人气较高的特色功能，绝大部分使用微博的受众都会浏览热搜话题，因此热搜榜自然也成为投放广告的良好场景。热搜广告以热搜话题的形式呈现，与其他的热搜话题融为一体。一般来说，如果是热搜话题，话题尾部通常会标注有"热""爆""沸"等表明火热程度的文字，而话题尾部标注"荐""商"等文字的就是热搜广告，如图2-19所示。

### 2. 粉丝头条广告

借助粉丝头条投放的广告也是微博广告的主要形式。粉丝头条是微博官方推出的广告产品，其以粉丝关系为核心，帮助广告主实现微博阅读量、转发量、评论量、获赞量、粉丝数量等的提升。图2-20所示为粉丝头条的推广界面。当广告主使用粉丝头条推广原创或转发的某条微博时，该条微博将出现在粉丝的微博首页中，并且标注有"粉丝头条"的字样，如图2-21所示。

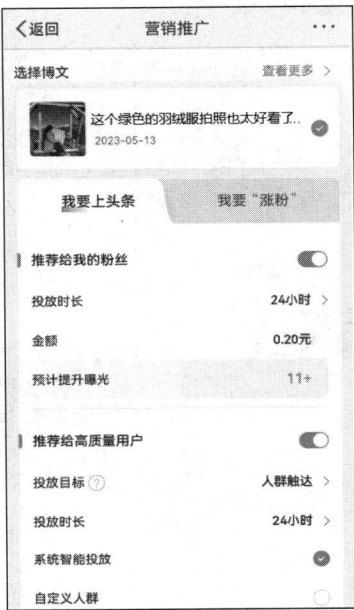

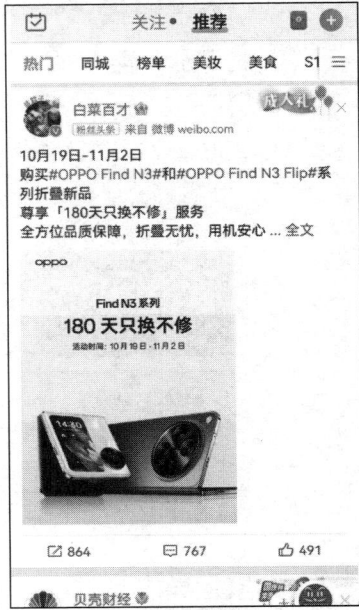

图2-19　热搜广告　　　图2-20　粉丝头条的推广界面　　　图2-21　粉丝头条广告

🎓 **专家指导**

在微博中，许多广告主会通过申请的微博账号来直接宣传推广产品、品牌或服务。另外，部分广告主也会与粉丝数量较多、较有影响力的艺人和"达人"合作，通过邀请这些艺人和"达人"发布或转发与产品、品牌或服务有关的微博，达到宣传推广的目的。

## 三、任务实训

我国是世界陶瓷制造中心和陶瓷生产大国，青花瓷、玲珑瓷、粉彩瓷等都是非常有名的瓷器。枫叶雨是一家位于广东省潮州市的瓷器品牌，主营各种各样的陶瓷餐具。为了促进网店产品的销售，该品牌准备在微信和微博中投放广告，但相比于直接推广产品的广告，其倾向于选择可以达到"润物细无声"效果的广告。

### 1. 实训目标

（1）了解微信广告。

（2）了解微博广告。

## 2．实训要求

（1）为品牌选择合适的微信广告。

（2）为品牌选择合适的微博广告。

## 3．实训思路

先厘清网店的诉求，即广告要能促进产品的销售，且需要达到"润物细无声"的效果，那么可以选择在内容中植入广告，也就是发布软广。接着，思考微信广告中哪种类型的广告可以以软广的形式呈现，如朋友圈广告可以采用生活分享的方式，在分享新购入的陶瓷餐具的同时植入网店的名称。然后，思考微博广告中哪种类型的广告可以以软广的形式呈现，如新建一个与产品名称或网店名称相关的微博话题，然后将其以热搜广告的形式投放在微博热搜榜中。

# 四、任务考核

查看图2-22中的微信广告和图2-23中的微博广告，填写表2-4并上交。

图2-22 微信广告

图2-23 微博广告

表2-4 任务考核

| 序号 | 考核内容 | 分值 | 说明 |
| --- | --- | --- | --- |
| 1 | 判断图中微信广告和微博广告的类型 | 40 | |
| 2 | 说明图中每个广告的优点 | 30 | |
| 3 | 说明微信广告还可以采用的形式 | 30 | |

## 任务四  视频广告和直播广告

根据第52次《中国互联网络发展状况统计报告》，截至2023年6月，我国网络视频用户规模达10.44亿人，网络直播用户规模达7.65亿人，且逐年呈增长趋势。越来越多的受众利用视频平台和直播平台来获取新闻资讯、娱乐信息等内容。因此，视频广告和直播广告具有巨大的发展潜力，越来越多的广告主开始将广告投放在视频平台和直播平台。

### 课堂讨论

针对下列问题展开讨论。

（1）你有比较常用的视频平台和直播平台吗？

（2）你是否曾经通过视频广告了解到某个品牌或产品，并最终采取了购买行为？

（3）你在购买某品牌的产品之前，是否会先观看该品牌的直播？如果是，你认为直播对你购买决策的影响有多大？

## 一、任务目标

与文字和图片相比，视频和直播可以提供更加丰富、生动的视觉和听觉体验，能够以更加生动、直观和即时的方式呈现广告内容。因此，视频广告和直播广告成为广告市场的重要组成部分。本任务将介绍视频广告和直播广告的基础知识，以帮助相关从业人员了解视频广告和直播广告，根据不同的广告需求和目标受众制订相应的广告计划。

## 二、相关知识

### （一）视频广告

视频广告具有感官冲击力强、灵活、传播范围广等特点，目前常见的视频广告主要包括贴片广告、植入广告、内容定制广告、赞助/冠名广告和角标广告等。

#### 1. 贴片广告

贴片广告又被称为插片广告，是指在视频播放前、播放后或播放过程中插播的广告。按照广告插入时间和位置的不同，贴片广告可以分为前贴片广告（在视频播放前播放的广告）、中插广告（在视频中间插入的广告）、后贴片广告（在视频播放后播放的广告）3种，图2-24所示为前贴片广告。贴片广告的时长一般为15秒、30秒、60秒、75秒甚至更长，可以很好地展现产品或服务的卖点。

#### 2. 植入广告

植入广告是一种将广告内容植入视频内容中的广告。这类广告的广告内容较为隐蔽，与视频内容的联系相对紧密，可以在潜移默化中宣传产品或服务。一般来说，广告主常通过台词、道具的方式把产品或服务植入视频中，如某手机品牌将旗下的新品手机植入某电视剧中，剧中主角使用的就是该新品手机，还通过剧中人物自拍、发朋友圈等场景，展示该手机像素高、功能多的卖点。

图2-24　前贴片广告

### 3．内容定制广告

内容定制广告是指结合广告主的特点为其打造的剧集、栏目、微电影、纪录片等视频内容，往往能将品牌的精神、定位、广告语、广告创意等信息融入视频中。这类广告主要有以下两种运作方式。

- 广告主委托制作，即广告主向视频平台提出广告需求，由视频平台相关的工作人员撰写剧本、招募演员、制作广告等，然后寻找导演及专门的制作机构制作相应内容。
- 平台自发制作，再由销售部门负责招商。

与植入广告相比，内容定制广告可以使视频内容与产品、品牌或服务信息高度融合，从而更好地宣传与推广产品、品牌或服务，但这类广告的制作成本一般较高。

### 4．赞助/冠名广告

赞助/冠名广告是指在节目前加上赞助商或者广告主名称进行品牌宣传、扩大品牌影响力的广告。如果广告主的赞助金额较大，广告主还有可能成为某视频节目的独家冠名商，如图2-25所示。相较于其他广告形式，这类广告贯穿视频播放的全过程，更容易被受众接受，具有较好的渗透效果。但是赞助/冠名广告的费用通常较高，一些预算有限的品牌可能难以承担。

图2-25　赞助/冠名广告

### 5. 角标广告

角标广告是指在视频播放过程中悬挂在屏幕左下角或右下角的标志广告，如图2-26所示。这类广告占据屏幕的面积较小，但能够伴随视频播放的全过程展示，具有展示时间长、触达率高、不可规避等特点。近年来，为了增强受众的参与积极性，部分视频平台还对角标广告的展现形态和展现方式加以创新，推出弹幕（在视频播放过程中出现的实时评论）广告等新颖的广告形式。

图2-26　角标广告

**专家指导**

视频按照时长进行分类，还可以分为长视频和短视频。前文所述的视频广告是建立在长视频的基础上的。近年来，短视频发展得如火如荼，但是由于受众偏向于通过移动App来浏览短视频，因此建立在短视频基础上的广告与移动App广告的类型大致相同。

### （二）直播广告

直播的兴起得益于互联网带宽的提升、移动设备的普及，以及受众对实时互动内容需求的增加。通过直播，受众可以在任何地点实时观看其他地方的活动、演出、比赛、讲座等。直播广告以直播的形式展现，主要在直播过程中实时展示，其曝光率较高，传播效果比较好。然而对直播广告的类型划分，行业内并没有具体规定，根据广告的展现形式，直播广告大致可以分为主播口头播报广告和直播间贴片广告两大类型。

### 1. 主播口头播报广告

在这种类型的广告中，主播会以口头播报的形式介绍产品或服务，并在直播过程中与受众进行互动和沟通。主播的直播行为本身就是广告。例如，图2-27所示为某品牌的直播间，主播正在口述品牌产品的卖点，并在镜头前向受众详细展示产品。这种广告形式需要主播具备良好的语言表达能力，能够有效地传达产品的卖点和优势。

### 2. 直播间贴片广告

直播间贴片广告是指在不影响直播效果的前提下，在直播画面中加贴的一个专门制作的广告，受众在观看直播时，能够看到广告内容。这类广告多以文字+图片的形式出现，并长时间展示在直播画面中，具有较高的曝光度，能很好地提高产品或品牌的知名度。例如，图2-28所示为某品牌的直播间，其顶部展示的广告就是直播间贴片广告。

图2-27　主播口头播报广告　　　　图2-28　直播间贴片广告

# 三、任务实训

观察图2-29和图2-30所示的广告，判断其所属广告类型，并分析总结这两则广告的区别。

图2-29　广告1　　　　　　　　　　图2-30　广告2

## 1. 实训目标

（1）了解视频广告。

（2）了解直播广告。

## 2. 实训要求

（1）分析图2-29所示的广告属于哪种类型。

（2）分析图2-30所示的广告属于哪种类型。

（3）分析总结这两则广告的区别。

## 3. 实训思路

**STEP 01** 分析图2-29所示的广告的类型，可以先从广告的表现形式来判断，如该广告主要是通过视频的形式来展现的，因此属于视频广告；然后再观察该视频广告，判断其属于哪种类型的视频广告。

**STEP 02** 分析图2-30所示的广告的类型，同样可以先从广告的表现形式来判断，如该广告主要是通过直播的形式来展现的，因此属于直播广告；然后再观察该广告，判断其属于哪种类型的直播广告。

**STEP 03** 分析总结这两则广告的区别。判断这两则广告的类型后，再对比分析这两则广告的特点，最后总结出这两则广告的不同之处。在对比分析时，可以从视频广告和直播广告的区别入手，如图2-29属于视频广告、图2-30属于直播广告，视频广告是预先制作好的，发布后可以反复播放，而直播广告则是实时发布的，受众可以与主播实时互动，并能直观地看到主播的展示过程。

## 四、任务考核

阅读以下背景资料，填写表2-5并上交。

秋高气爽，山东省淄博市博山区源泉镇的猕猴桃正值丰收季。源泉镇是博山猕猴桃的主产地，地处鲁山北麓、淄河上游，昼夜温差大，有利于糖分和各种养分转化、积累。2011年，"博山猕猴桃"获得国家地理标志商标。经过多年的培育和发展，源泉镇如今有许多村民种植猕猴桃，还辐射带动周边的乡镇种植猕猴桃。李旭是源泉镇的猕猴桃种植大户，他的猕猴桃主要依靠电子商务渠道进行销售。为了促进猕猴桃的销售，提升销售收入，他计划利用视频广告和直播广告来宣传猕猴桃，但他的广告预算并不高。

表2-5 任务考核

| 序号 | 考核内容 | 分值 | 说明 |
|------|----------|------|------|
| 1 | 为猕猴桃选择合适的视频广告 | 50 | |
| 2 | 为猕猴桃选择合适的直播广告 | 50 | |

# 任务五 其他新媒体广告

除了前文所述的新媒体广告，门户网站广告、音频广告和户外新媒体广告也比较常见。这些新媒体广告各有特点和优势，广告主可以根据产品的特点和营销需要进行选择。未来，随着互联网技术和大数据的发展，广告行业也将不断创新和发展，促使更多广告形式产生。

针对下列问题展开讨论。
（1）门户网站中，令你印象深刻的广告有哪些？
（2）你听过有声书或广播节目吗？其会在哪些位置插入广告？
（3）你在电梯里或地铁中看到过广告吗？它们有什么特点？

# 一、任务目标

在全媒体时代，媒体融合发展是大势所趋。各大广告主会利用多种媒体，采用多种广告形式宣传产品、品牌或服务。除了微信广告、微博广告、视频广告、直播广告等，搜索引擎广告、门户网站广告、音频广告和户外新媒体广告也占据重要位置。本任务将介绍门户网站广告、音频广告和户外新媒体广告的基础知识，以帮助相关从业人员更深入地了解新媒体广告，从而设计出形式多样、传播效果好的新媒体广告。

# 二、相关知识

## （一）门户网站广告

门户网站是受众获取互联网信息和服务的入口，受众可以在门户网站上快速获取各类互联网信息资源，享受多样化的互联网信息服务。门户网站有很多种，按照不同的标准可以分为不同的类型，如按照内容的垂直性划分的综合门户网站（如新浪、搜狐等）和垂直门户网站（如汽车之家、中国工程机械商贸网等）。

门户网站广告是较早出现的新媒体广告类型，广告主会将文字、图片、视频等广告内容，放置在网站的特定位置进行展示，以达到营销、推广的目的。常见的门户网站广告主要有网幅广告、文本链接广告、弹窗广告、焦点图广告和浮动广告等。

- **网幅广告**：网幅广告又称条幅广告，按照规格可分为横幅广告和竖式广告两种，横幅广告一般出现在页面的顶部或底部，如图2-31所示，竖式广告一般出现在页面的两侧。

图2-31 横幅广告

- **文本链接广告**：文本链接广告通常显示为文本链接，受众点击链接便可以访问广告主的网站。这种广告通常按点击次数付费，因此广告主只需要为受众的点击行为付费。
- **弹窗广告**：弹窗广告是指打开网站后自动弹出的广告，无论受众点击还是不点击都会出现在打开的页面。一般来说，弹窗广告会在受众访问网页时突然弹出或浮现在页面上，覆盖原始内容，因此其在视觉上比较显眼，容易引起受众的注意。
- **焦点图广告**：焦点图是门户网站用图片组合播放的信息表现形式，一般置于门户网站的首页或频道首页等非常明显的位置。焦点图广告占用焦点图的某一帧，当切换到该帧时，广告会自动展示或播放，内容展示一定的时间或者播放完毕后，才会轮换为下一帧内容，如图2-32所示。焦点图广告利于创造较高的曝光度和点击率，只要受众停留在该页面，广告就会不断重复播放。

图2-32  焦点图广告

- **浮动广告**：浮动广告是指在门户网站的网页内沿一定轨迹浮动（沿着某一固定曲线/直线浮动或随着受众拖动浏览器滚动条而浮动）的广告，也就是说，除非受众主动关闭，否则它会一直出现在屏幕上。

### 素养课堂

《中华人民共和国广告法》第四十四条规定，利用互联网发布、发送广告，不得影响用户正常使用网络。在互联网页面以弹出等形式发布的广告，应当显著标明关闭标志，确保一键关闭。因此，广告主在设计弹窗广告时要坚持职业操守，不能为了广告点击率等牺牲受众的使用体验。

## （二）音频广告

音频广告通过音频的形式来传达广告信息，吸引受众的注意力并推广特定的产品、服务或品牌。新媒体时代的音频广告与传统的声音录播、电台广告不同，为了使广告内容的呈现效果更佳，它不仅以纯粹声音的形式呈现，还会结合图片广告，这种创新形式使广告内容更加丰富、更具吸引力。常见的音频广告主要包括音频贴片广告、冠名广告、嵌入式广告等。

- **音频贴片广告**：这种广告是在音频播放前、中或后插入的与音乐或节目内容相关的短小广告，如在播客或音乐节目中插入的广告。
- **冠名广告**：这种广告与视频广告中的冠名广告相似，品牌与播客节目或音乐专辑合作，以冠名的方式赞助节目，如图2-33所示。这种音频广告通常需要在音频的开头、中间或结尾插入与品牌相关的标志、口号或音乐，以提高品牌的曝光度。
- **嵌入式广告**：这种广告是将品牌或产品的标志或图像嵌入音频节目中的广告，如在音乐应用程序中嵌入品牌标志或产品购买链接，如图2-34所示。

图2-33　冠名广告

图2-34　嵌入式广告

## （三）户外新媒体广告

户外新媒体广告主要利用户外场景和媒体资源进行广告投放。它利用街道、公共交通工具、商业区等公共场所，通过各种数字化、互动性强的媒体载体，向目标受众传递广告信息。按照受众的生活路线，户外新媒体广告可以分为社区户外新媒体广告、交通户外新媒体广告和商圈户外新媒体广告。

- **社区户外新媒体广告：**社区户外新媒体广告是围绕受众居住地而设计的广告类型，主要覆盖受众居家生活的时间和空间，如电梯广告（见图2-35）、智能快递柜广告、小区停车场广告、小区宣传栏广告等。
- **交通户外新媒体广告：**交通户外新媒体广告是围绕交通工具和交通出行而设计的广告类型，主要覆盖受众外出通行的时间和空间，如公交车广告、公交站台广告、地铁车厢广告、地铁站台广告（见图2-36）、地铁通道广告等。这类广告的投放地一般人流量大、人们的停留时间相对较长，广告具有较高的曝光度。

图2-35　电梯广告

图2-36　地铁站台广告

- **商圈户外新媒体广告：** 商圈户外新媒体广告是围绕商业终端而设计的广告类型，主要覆盖受众吃、喝、玩、乐等活动的时间和空间，如商业广场的LED大屏幕广告、触摸屏广告和地下停车场广告等。

## 三、任务实训

迁视是一家做信息与通信基础设施和智能终端的科技公司。目前，迁视已经开发了智能手表、智能音箱、手机、投影仪等一系列产品。最近，迁视新开发了一台可拆卸的笔记本电脑，为了提高笔记本电脑的知名度，其准备投放音频广告和户外新媒体广告，但其广告预算并不高。

### 1. 实训目标

（1）认识音频广告。

（2）认识户外新媒体广告。

### 2. 实训要求

（1）为迁视选择合适的音频广告。

（2）为迁视选择合适的户外新媒体广告。

### 3. 实训思路

先厘清品牌的诉求，即广告要能提高笔记本电脑的知名度，且广告预算不能太高，然后再结合音频广告和户外新媒体广告的类型进行选择。例如，音频广告可以选择音频贴片广告，在音频播放前以口播的形式说明笔记本电脑的信息和卖点，节省广告成本；户外新媒体广告可以选择交通户外新媒体广告和商圈户外新媒体广告，在地铁车厢、站台，或通过商业广场的LED大屏幕等播放笔记本电脑的宣传视频。

## 四、任务考核

查看图2-37所示的两则门户网站广告，填写表2-6并上交。

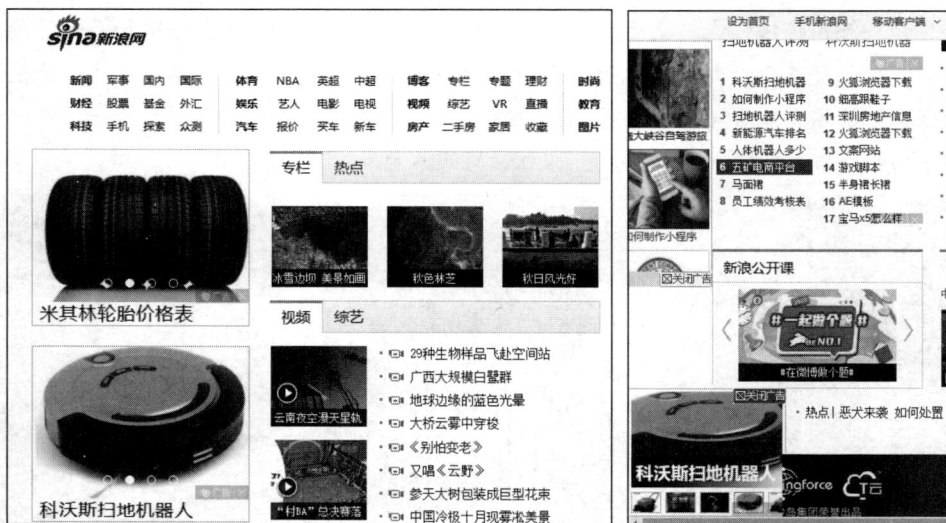

图2-37　门户网站广告

表2-6　任务考核

| 序号 | 考核内容 | 分值 | 说明 |
|------|---------|------|------|
| 1 | 判断两则门户网站广告的类型 | 40 | |
| 2 | 说明两则门户网站广告的特点 | 30 | |
| 3 | 分析两则门户网站广告的传播效果 | 30 | |

# 拓展延伸

## （一）电子邮件广告

电子邮件广告也是一种常见的新媒体广告，但当前这种类型的广告的推广效果不及其他的新媒体广告。电子邮件广告将营销信息、促销活动等内容通过电子邮件发送给受众，其内容通常包括邮件主题、内容文本、图片、超链接等元素，可以直接传递品牌信息和产品信息。电子邮件广告可以根据受众的个人信息、购买历史和兴趣爱好等数据实现精准的定向投放。但是当前许多受众可能会将电子邮件广告视为垃圾邮件或骚扰信息，导致其点击率不高。另外，由于网络环境的复杂性，有些恶意邮件可能会伪装成电子邮件广告，以欺骗受众和攻击计算机系统，从而拉低了电子邮件广告的可信度。

## （二）新兴技术在新媒体广告中的运用

当前VR、AR、人工智能、大数据、物联网、区块链、云计算等新兴技术迅猛发展，在新媒体广告领域，这些新兴技术同样为新媒体广告带来了无限可能。其中，VR、AR、人工智能技术在新媒体广告领域中运用得比较广泛。

- **VR**：VR（虚拟现实）技术，可以使新媒体广告更加生动、有趣，带给受众沉浸式体验。例如，在推广服装、鞋帽等产品的新媒体广告中，利用VR技术可以让受众在购买前进行虚拟试穿，从而更好地感受产品销售。
- **AR**：AR（增强现实）技术和VR技术的效果相似。例如，在家居等行业的新媒体广告中，利用AR技术可以将产品进行3D展示，让受众从各个角度观察产品，了解产品的细节和质量。
- **人工智能**：人工智能（Artificial Intelligence，AI）是计算机科学的一个分支，主要研究目标是用计算机程序来表示人类智能。目前，人工智能技术在新媒体广告中的常见运用主要包括智能推荐、智能创意设计等。例如，利用人工智能技术，可以自动生成广告创意和设计，提高广告的创新性和吸引力。并且，这种智能创意设计可以根据受众的需求和反馈，不断优化和改进。

# 实战与提升

（1）查看图2-38所示的新媒体广告，判断其所属广告类型。

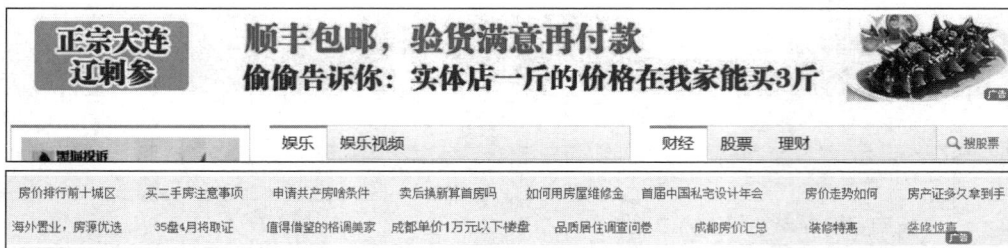

图2-38 新媒体广告

（2）阳澄湖大闸蟹是江苏省苏州市的特产，其肉质细嫩，滋味鲜美，营养丰富，在很早便已有"螯封嫩玉双双满，壳凸红脂块块香"的诗句描写其美味程度。苏蟹园是江苏省苏州市的本土品牌，主营阳澄湖大闸蟹，10月，正值阳澄湖大闸蟹上市，苏蟹园准备投放广告宣传大闸蟹。假如你是苏蟹园的广告人员，请回答以下问题。

① 苏蟹园在众多移动App中初步筛选出了拼多多App、微博App和微信App，其可以选择哪一个App作为目标App？为什么？

② 假如拼多多App为最终选定的目标App，为最大限度地促进产品销售，可以在拼多多App中投放哪种类型的广告？为什么？

③ 假如微信App为最终选定的目标App，为最大限度地促进产品销售，可以在微信App中投放哪种类型的广告？为什么？

④ 假如微博App为最终选定的目标App，为最大限度地促进产品销售，可以在微博App中投放哪种类型的广告？为什么？

（3）图2-39所示分别为视频广告和户外新媒体广告，请说出具体的广告细分类型，并说明其优缺点。

图2-39 视频广告和户外新媒体广告

## 项目三

# 新媒体广告的策划

### 学习目标

**【知识目标】**

● 熟悉新媒体广告策划的作用、原则和流程。

● 掌握新媒体广告市场分析的方法，以及新媒体广告的创意方法。

● 掌握新媒体广告策划书的写作。

**【素养目标】**

● 全面提高策划能力和创新能力，赋予新媒体广告新活力。

● 培养公平竞争意识，开展良性竞争。

### 学习导图

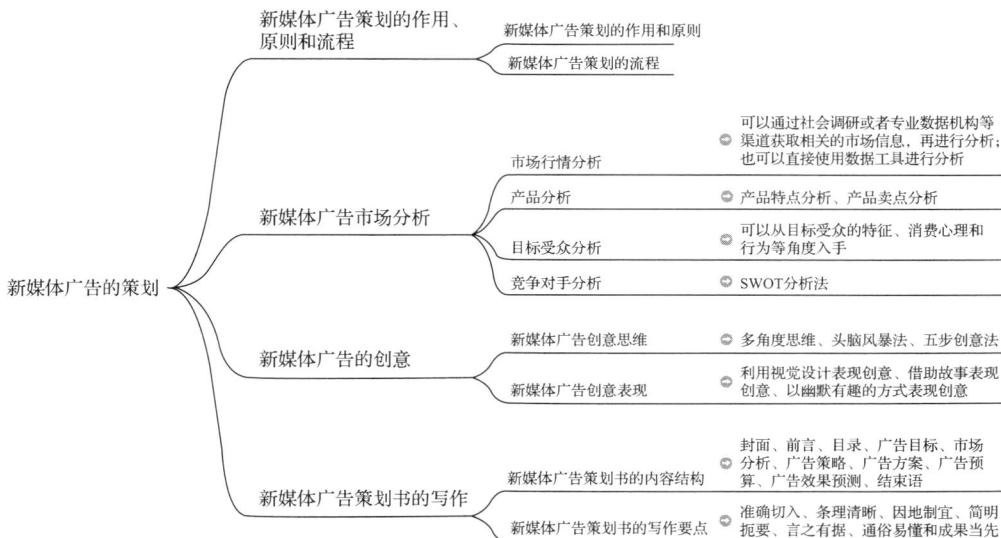

![案例导入]

作为我国知名的体育用品品牌之一，安踏几乎家喻户晓，深受运动爱好群体的喜爱，但安踏不止步于此，仍在不断探索、不断创新，力争成为世界知名品牌。

在新媒体广告策划上，安踏首先对自身和市场的情况进行了分析，包括市场行情分析、目标受众分析、产品分析、竞争对手分析等。就目标受众而言，安踏了解到目前购买体育用品的受众主要是15~25岁的青年群体。一般情况下，质量好、版型好、价格适中的体育服饰更受这类受众的喜爱。而且在使用体验良好的情况下，这些人群会自发采取习惯性的购买行为，并且带动周围潜在用户购买，但消耗周期也比其他体育用品长得多，但是对像运动包之类的运动附件类产品的开发却没有跟上市场的需求。紧接着，安踏对品牌的优势、劣势、机会和威胁进行了分析，找到了市场机会：一是品牌可以根据服饰和鞋类的搭配原则，更多地开发与之相匹配的运动包、球类、帽类等运动附件，使产品多元化，扩大目标受众的消费范围，同时带动其他运动产品的销售；二是相对于在国际上很有影响力的其他品牌，安踏在立足本国的基础上要走出国门、走向全球，增强民族认同感。

安踏在发现了市场机会以后，紧跟着制定了相关的广告策略，根据目标受众的特点，结合新一代的国际品牌战略与定位，针对产品设计、代言人选择和广告语设计等进行策划，并通过营销、宣传和推广，让更多受众了解安踏。在代言人选择方面，安踏邀请了从事不同运动项目的运动员作为品牌代言人，使其在同行中获得了一定的竞争优势。在推广方面，安踏秉承专业品牌需要专业赛事塑造、专业赛事需要专业产品支撑、专业产品需要借助专业媒体推广的原则，在推行品牌营销策略时，注重通过CCTV-1和CCTV-5等专业电视媒体，并结合新媒体平台进行宣传推广。安踏始终坚持将现代体育精神与新媒体广告融合，很好地满足了目标受众对个性、奋斗、文化、健康的诉求，因此在广告和销售市场上也收到了立竿见影的效果。

【思考】

（1）安踏是如何开展新媒体广告策划的？

（2）在发现市场机会后，安踏做了什么工作？

（3）安踏是如何投放新媒体广告的？

## 任务一 新媒体广告策划的作用、原则和流程

凡事预则立，不预则废，对广告来说也是如此。新媒体广告策划将广告活动从一项充满变数、难以预测的工作变成了一项逻辑缜密、过程严谨的工作，其策划结果直接影响广告效果，在广告活动中占有重要的地位。

针对下列问题展开讨论。

（1）你是否会特意关注产品的广告？

（2）为什么要开展新媒体广告策划工作？

（3）新媒体广告策划工作可能包含哪些内容？

# 一、任务目标

一个成功的广告活动，一定离不开精心的广告策划，所以广告策划是广告人员的必修课，广告策划的相关知识是必须掌握的基础性知识。本任务将对新媒体广告策划的作用、原则和流程进行介绍，帮助广告人员更好地认识和理解新媒体广告策划。

# 二、相关知识

## （一）新媒体广告策划的作用和原则

新媒体更快的传播速度、更广的传播范围、更强的互动性等特征，使广告主对广告策划提出了更高的要求。要了解和掌握新媒体广告策划，需要先了解新媒体广告策划的作用和原则。

### 1. 新媒体广告策划的作用

新媒体广告策划是新媒体广告活动中的重要一环，其根本目的是确保广告活动的质量和效果。新媒体广告策划的作用主要体现在保证广告活动的计划性、保证广告工作的连续性和保证广告活动的独创性3个方面。

- **保证广告活动的计划性：** 全面、具体的新媒体广告策划能够指导广告活动的开展，能够保证广告活动有序进行、按时完成。
- **保证广告工作的连续性：** 广告工作是一个多方参与的连续性过程，进行新媒体广告策划可以合理分配人力、物力资源，保证广告工作能够顺利进行。
- **保证广告活动的独创性：** 创意是新媒体广告的生命和灵魂，是广告能够吸引受众的基础。创意往往不只是突然的灵感闪现，还是一项具体严谨的工作，创意需要用完善的广告策划来保证。

### 2. 新媒体广告策划的原则

新媒体广告策划是一项目的明确、科学严谨、系统完整的活动，它有着完整的内在逻辑，广告人员在进行新媒体广告策划时一定要遵循客观规律，遵守一定的原则。

- **整体统一：** 在进行新媒体广告策划时，广告人员一定要着眼全局，从整体统一的角度进行思考，一切都要服从广告的总体目标。在多种媒体平台上投放的广告要次序严谨；分阶段投放的广告要衔接恰当；广告形式要符合产品内容，不能出现虚假信息；广告宣传要与线下销售相统一，不要滞后于产品上市，也不要出现广告已推出却无货可卖的情况。总之，广告人员需要对广告活动的每个环节和步骤做整体考虑。

- **灵活调适：** 市场环境和大众观念随时在发生变化，在新媒体环境下更是如此。由于新媒体广告受众对广告主的强大反作用，广告人员面临着非常多变的营销环境，所以在策划广告时必须留有余地，保证策划的灵活性。同时，广告人员需及时根据环境的变化和受众反馈调整广告策划，以取得良好的反响。
- **操作有效：** 新媒体广告策划必须具有有效性和可操作性。新媒体的媒介费用虽然相对低，但是新媒体广告的创意竞争相当激烈，这就导致了广告创作成本的上升。广告人员必须保证创意能够呈现出最佳效果，如果是视频形式的广告，实现创意的成本可能会偏高，广告人员要注意考量广告创意的费效比。
- **目标针对：** 新媒体广告具有大众参与和多次传播的特点，因此流量成为影响广告效果的重要因素。但是获取流量的最终目的是促进销售。广告人员要抛弃广告需面面俱到的想法，若营销目标是促进产品销售，广告策划需要设计具有销售力的创意和文案，选择转化率高的媒体投放广告，这样才能有效实现营销目标。

以上4个原则不是孤立的，而是有机结合、相互联系的，在实际的新媒体广告策划过程中缺一不可。

## （二）新媒体广告策划的流程

作为广告活动的系统规划，新媒体广告策划必然要依照一定的流程进行。结合广告运作的规律与新媒体的特点，新媒体广告策划一般要遵循以下流程。

### 1. 确定广告目标

广告目标是广告主所期望该广告能达到的效果的总和，主要解决"要什么"的问题，不同的广告目标对广告策划有不同的要求，广告人员一定要对此有足够的认识，以便明确广告目标。通常来说，广告目标主要包括开拓型、维持型、竞争型和公关型4种。

- **开拓型广告目标：** 目的在于拓展新市场，由于此类广告没有前期的积累和铺垫，所以着重点在于提高知名度，给受众留下良好印象。此类广告对广告创意的要求较高。
- **维持型广告目标：** 目的在于巩固现有市场份额，增强受众黏性，提高受众的品牌忠诚度，并在此基础上进一步挖掘潜在受众需求。此类广告着重于养成受众的消费习惯，保持受众对产品的好感度。
- **竞争型广告目标：** 目的在于击败同类产品，抢占市场份额，快速提高销量。该类广告需要尽可能突出产品的竞争优势，使受众认识到购买该产品能够得到的好处。
- **公关型广告目标：** 目的在于挽救产品和品牌形象，维持受众对产品和品牌的信心。此类广告通常在产品或品牌爆出负面信息从而影响到受众情绪时采用，因此广告中通常会表明企业诚恳的态度，以挽回受众的信任。

### 🎓 专家指导

在确定广告目标时，不仅应该综合考虑企业发展方向、市场态势、产品生命周期等因素，还要充分考虑广告实施的现实可能性和资源投入情况。同时，一个优秀的广告目标应该是明确、具体、可行、可量化的。

## 2. 分析目标市场

目标市场分析是新媒体广告策划的关键环节，广告人员要深入了解市场环境和趋势，确定产品是否能够被市场接受，同时通过分析目标受众和竞争对手的情况，制定更加精准和有效的广告策略。

- **分析市场行情：** 市场就是指产品营销的领域，其作用是供各方在其中进行商业行为。分析市场行情，需要了解所在行业的发展现状，新媒体广告的发展趋势，受众对广告的态度和反应，以及其他与目标受众相关的社会、文化和技术变化等，通过全面了解目标市场的现状，预测未来的市场需求。

- **分析广告产品：** 产品分析，就是调查和分析产品的不同方面，以确定该产品是否能够被市场接受。产品分析一般会从产品材质、产品工艺、产品质量、产品外形、产品性能、产品生产周期、产品服务等方面入手。对广告人员来说，产品分析应该尽量详细，尽可能多方面地进行综合分析。同时需要注意的是，不同产品的分析侧重点也应不一样，有的应注重产品功能，有的应注重产品使用体验，有的应注重产品外观。

- **分析目标受众：** 分析目标受众，有助于深入了解受众的需求，并确定如何有效地与他们进行沟通和互动。除了可以了解目标受众的年龄、性别、地理位置、职业等，还可以通过受众的社交动态、过往消费记录、关注列表、消费频率、购物渠道偏好、购买决策过程等信息，分析目标受众的行为偏好和需求，以便制定更符合他们需求的广告策略，提高广告的吸引力和转化率。

- **分析竞争对手：** 了解所在行业的竞争情况，了解竞争对手的广告策略、产品特点、市场占有率等信息，可以找到自身的优势和不足，提高广告的市场竞争力。

## 3. 制定广告策略

确定广告目标并分析市场后，广告人员就需要规划可以实现广告目标的策略。广告策略包括定位策略、产品策略、目标市场策略、诉求策略等。在制定广告策略时，广告人员应充分考虑市场变化情况、受众行为、受众需求等因素，以体现产品或品牌的优势，获得更大的竞争力。关于各广告策略的具体内容将在后文进行讲解，这里不做详细说明。

## 4. 设计广告创意

广告创意设计同样也是非常重要的环节，该环节的目标是提高广告的创新性和吸引力，以便引起目标受众的注意和兴趣。广告创意设计主要是通过新奇的表现手法为受众制造与众不同的广告体验，从而吸引受众注意，并进一步激发受众情感，引导受众思维，最终取得不错的广告效果并达成广告目标。要想做好广告创意设计，广告人员一方面要把握好市场、产品、受众等现实情况，另一方面自身需要富有创造力和想象力，善于运用反常规思维设计广告。

## 5. 策划广告内容

确定新媒体广告的创意后，就需要策划新媒体广告的大致内容。一般来说，在策划阶段，只需指明新媒体广告内容的大致方向，勾勒广告大致内容；但到了执行阶段，广告人员就需要明确广告的详尽内容。在新媒体环境下，广告内容通常需要满足以下3个条件。

- **吸引力：**新媒体环境下，受众能够自主搜索并筛选信息，没有吸引力的广告很大概率会被直接过滤掉。因此，广告的文案、图片或视频都要具备一定的吸引力，优化广告的视觉效果，更好地吸引受众的注意。
- **话题性：**受众讨论新媒体广告内容并形成话题后，可能会倾向于将这个话题进行再传播，以获得他人对自己观点的支持。同时，随着话题热度的提升，其他受众也会发现话题并加入讨论，这样广告的讨论量和阅读量就会进一步提升。例如，"中秋节吃咸月饼还是甜月饼"的话题引起全网讨论，各大月饼品牌也纷纷参与其中，为自家月饼宣传，带动了月饼的销售。
- **分享性：**受众的二次传播决定了新媒体广告的效果，广告内容只有让受众觉得有分享给他人的价值，才能获得更大的影响规模。例如，某净水器的微信广告"很多家庭还在饮用这种不干净的水！"就切中受众对饮水安全的担忧，引起了朋友圈"刷屏"。不同的受众转发的意愿有强有弱，广告人员可以通过问卷调查了解受众的广告偏好和分享意愿，扩大广告的传播范围。

### 6. 制订投放计划

投放计划主要包括广告投放的新媒体平台和投放时间。新媒体平台应该能够覆盖目标受众，并且具有较高的知名度和广泛的用户群体。在新媒体时代，新媒体平台的数量和类型在不断增加，因此广告的营销传播不应局限于某一个新媒体平台，广告人员应当合理布局，充分发挥每种新媒体平台的优势，提高广告的影响力。

广告的投放时间应该根据目标受众的需求进行选择，如工作日、周末等。为了获得更多的流量，广告人员可以使用专门的数据分析工具查看目标受众的活跃时间段，如飞瓜数据等，然后根据目标受众的活跃时间调整投放时间。图3-1所示为某抖音账号的粉丝活跃时间分布情况，从中可以看出其粉丝的活跃时间段为17:00—23:00。

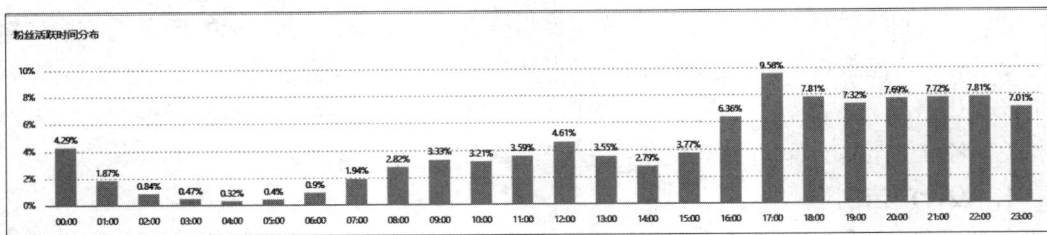

图3-1　某抖音账号的粉丝活跃时间分布情况

### 7. 制定广告预算

广告预算是为广告活动预先确定的开支计划，指的是在某特定时间内，对广告活动所需经费总额及其使用范围、分配方法的策划。在开始广告活动之前，广告人员需要确定在特定的时间段内愿意投入多少资金用于广告活动，这可以基于多种因素进行确定，包括可支配的资金、预期销量增长、竞争状况等。一旦总体预算确定，广告人员便需要将这笔资金合理分配给不同的广告活动和渠道。

尽管广告预算是预先计划好的，但在实际执行过程中，可能需要根据市场反应和数据表现进行调整。这意味着预算计划应该具有一定的灵活性，以便根据实际情况进行调整。确定广告预算后，广告人员需要持续监测广告活动的效果，确保能够获得期望的回报。如果发现某些渠道或活动的效果不佳，可以重新分配预算，以优化广告效果。

### 8．预测广告效果

预测广告效果即对广告发布后所引起的变化和造成的影响进行评估。广告人员通过广告效果预测既能重新审视整个广告策划流程，又能建立适当的期望并树立信心，还能为评估广告活动效果提供依据，这是广告策划必不可少的环节。完整的广告效果预测主要包括3个方面的内容，分别是传播效果、营销效果和心理效果。

- **传播效果**：传播效果又称认识级效果，是指广告被接受的情况，一般包括广告的覆盖面、接触率、记忆度和理解度等。在新媒体广告中，传播效果一般统称为热度，是广告效果的基础表现形式，是营销效果和心理效果的基础。

- **营销效果**：营销效果又称行动级效果，是指广告说服受众采取购买行为的效果，通常是指广告对产品销量的拉动和产品价格的提升效果，是广告人员最为关注的效果。

- **心理效果**：心理效果又称态度级效果，是指广告对受众心理的影响，通常体现为强化了受众对产品的信任，培养了产品的忠实用户，提升了品牌和企业形象，等等。心理效果相比于其他两个效果更加隐性和滞后，但也是影响最深远的效果。

# 三、任务实训

图3-2所示为六神的新媒体营销案例展示，请阅读案例并对其新媒体广告进行分析。

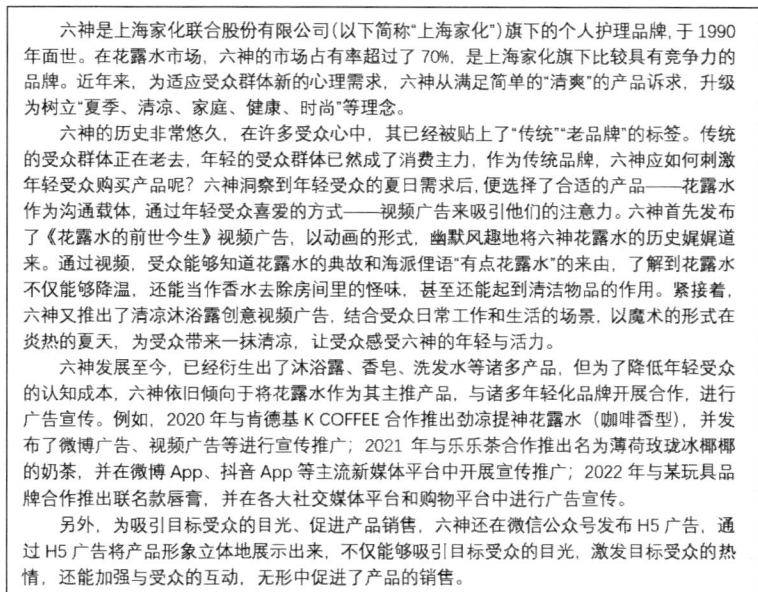

六神是上海家化联合股份有限公司（以下简称"上海家化"）旗下的个人护理品牌，于1990年面世。在花露水市场，六神的市场占有率曾超过了70%，是上海家化旗下比较具有竞争力的品牌。近年来，为适应受众群体新的心理需求，六神从满足简单的"清爽"的产品诉求，升级为树立"夏季、清凉、家庭、健康、时尚"等理念。

六神的历史非常悠久，在许多受众心中，其已经被贴上了"传统""老品牌"的标签。传统的受众群体正在老去，年轻的受众群体已然成了消费主力，作为传统品牌，六神应如何刺激年轻受众购买产品呢？六神洞察到年轻受众的夏日需求后，便选择了合适的产品——花露水作为沟通载体，通过年轻受众喜爱的方式——视频广告来吸引他们的注意力。六神首先发布了《花露水的前世今生》视频广告，以动画的形式，幽默风趣地将六神花露水的历史娓娓道来。通过视频，受众能够知道花露水的典故和海派俚语"有点花露水"的来由，了解到花露水不仅能够降温，还能当作香水去除房间里的怪味，甚至还能起到清洁物品的作用。紧接着，六神又推出了清凉沐浴露创意视频广告，结合受众日常工作和生活的场景，以魔术的形式在炎热的夏天，为受众带来一抹清凉，让受众感受六神的年轻与活力。

六神发展至今，已经衍生出了沐浴露、香皂、洗发水等诸多产品，但为了降低年轻受众的认知成本，六神依旧倾向于将花露水作为其主推产品，与诸多年轻化品牌开展合作，进行广告宣传。例如，2020年与肯德基K COFFEE合作推出劲凉提神花露水（咖啡香型），并发布了微博广告、视频广告等进行宣传推广；2021年与乐乐茶合作推出名为薄荷玫瑰冰椰椰的奶茶，并在微博App、抖音App等主流新媒体平台中开展宣传推广；2022年与某玩具品牌合作推出联名款唇膏，并在各大社交媒体平台和购物平台中进行广告宣传。

另外，为吸引目标受众的目光、促进产品销售，六神还在微信公众号发布H5广告，通过H5广告将产品形象立体地展示出来，不仅能够吸引目标受众的目光，激发目标受众的热情，还能加强与受众的互动，无形中促进了产品的销售。

图3-2　新媒体营销案例展示

### 1．实训目标

掌握新媒体广告策划的相关知识。

### 2．实训要求

（1）分析该品牌新媒体广告的目标。

（2）分析该品牌是如何针对目标受众制定新媒体广告策略的。

（3）分析该品牌发布的广告内容有何特别之处。

## 3. 实训思路

STEP 01 结合常见的广告目标，判断该品牌发布的新媒体广告的目标，如案例中说明该品牌的目的是刺激年轻受众购买产品，那么可以判断其属于竞争型广告目标，旨在快速提高销量。

STEP 02 在分析该品牌的新媒体广告策略时，可以从品牌定位的角度入手，分析其是如何在品牌定位的基础上制定新媒体广告策略的。

STEP 03 在分析该品牌的新媒体广告内容时，可以仔细阅读其发布的广告，分析其广告的创意设计，如分析视频广告的内容是如何吸引受众注意力的，以及是如何宣传产品的。

## 四、任务考核

扫描右侧二维码，获取某品牌的新媒体广告策划方案，阅读后填写表3-1并上交。

某品牌新媒体广告策划方案

表3-1　任务考核

| 序号 | 考核内容 | 分值 | 说明 |
|---|---|---|---|
| 1 | 简述该方案中体现的新媒体广告策划原则 | 30 | |
| 2 | 简述该方案开展的调查分析 | 30 | |
| 3 | 简述该方案最终制订的广告计划 | 40 | |

## 任务二　新媒体广告市场分析

新媒体广告市场分析是新媒体广告策划的基础工作，可以帮助广告人员更好地了解市场现状和趋势、确定目标受众、了解产品现状和竞争对手的情况，从而有针对性地提高广告的转化率和加强广告的传播效果，促进品牌的发展。

**课堂讨论**

针对下列问题展开讨论。
（1）平常生活中的"市场"和广告策划中的"市场"有什么差别？
（2）分析产品时主要分析哪些方面？
（3）如何确定目标受众和竞争对手？

## 一、任务目标

新媒体广告市场分析是指对所处市场的规模、发展趋势、产品、目标受众、竞争格局等方面进行深入研究和综合分析的过程。本任务将对市场行情分析、产品分析、目标受众分析、竞争对手分析等知识点进行介绍，以帮助广告人员更好地了解市场情况，从而制订更加精准和有效的广告策略。

## 二、相关知识

### （一）市场行情分析

市场行情分析是指通过调查了解市场的行业规模及发展趋势等，从而帮助企业或品牌了解市场信息，正确认识自身所在的行业地位。一般来说，可以通过社会调研或者专业数据机构（如艾媒网）等渠道获取相关的市场信息，再进行分析；也可以直接使用数据工具（如百度指数、微信指数、巨量算数等）分析市场规模与发展趋势等。

百度指数是以百度网民的行为数据为基础的数据分享平台，能够展示某个关键词在百度的搜索规模、一段时间内的涨跌态势，以及关注这些关键词的网民构成等数据。其主要功能模块包括基于单个关键词的趋势研究、需求图谱、人群画像，以及基于行业搜索指数的行业排行。百度指数中包含多个数据指数，下面以在百度指数官网搜索"智能手表"为例介绍这些指数，以及这些指数体现出来的智能手表市场的情况。

#### 1. 搜索指数

搜索指数展示关键词最近30天在全国范围内PC端和移动端（可以分别查看不同端的相关数据）的搜索指数趋势图，以及各种日均值和同比（与去年同期相比）、环比（与连续两个统计周期内的量的变化比）变化数值。另外，在搜索指数区域右上方还可以手动设置搜索的时间、终端和地域范围，选中"平均值"复选框可以显示搜索量的平均数值。例如，图3-3所示为"智能手表"的搜索指数，可以看出"智能手表"近30天的整体搜索量较为平稳，市场需求趋于稳定，整体搜索量较去年同期有所上升，较上一周期有所下降。

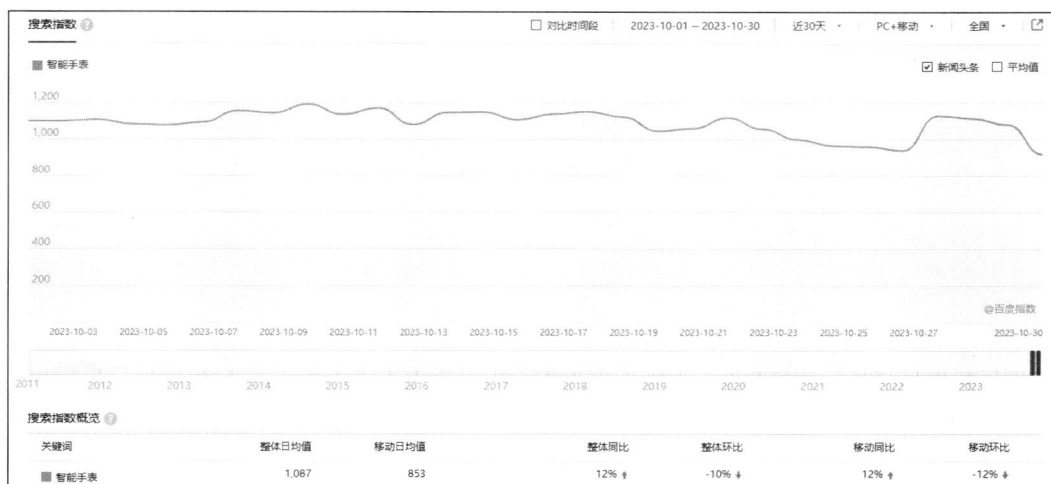

图3-3 搜索指数

#### 2. 需求图谱

需求图谱主要展示受众对该关键词的前后搜索行为变化表现出来的相关检索词需求，由此可以了解受众关注的内容，以更好地把握受众需求。例如，图3-4所示为智能手表的需求图谱，可以看出关注智能手表的人，对智能手表的品牌和价格等更感兴趣，因此若要开展宣传推广，要注意突出智能手表品牌的影响力大和性价比高等。

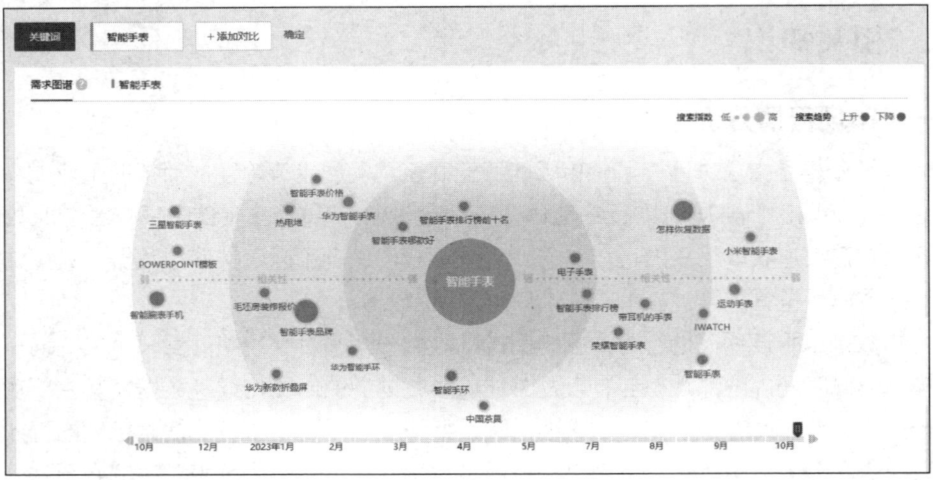


图3-4　需求图谱

### 3．相关词热度

相关词热度显示与搜索关键词相关的词语的热度排行，包括搜索热度排行、搜索变化率排行，如图3-5所示。相关词热度主要展示通过受众搜索行为，细分搜索中心词的相关需求中最热门的词及上升最快的词，其可以用来分析受众对与搜索词相关的话题或关键词的兴趣程度，判断是否存在潜在的广告机会。例如，根据图3-5可以发现，测血压的智能手表、智能手表品牌等相关词的搜索量上升。

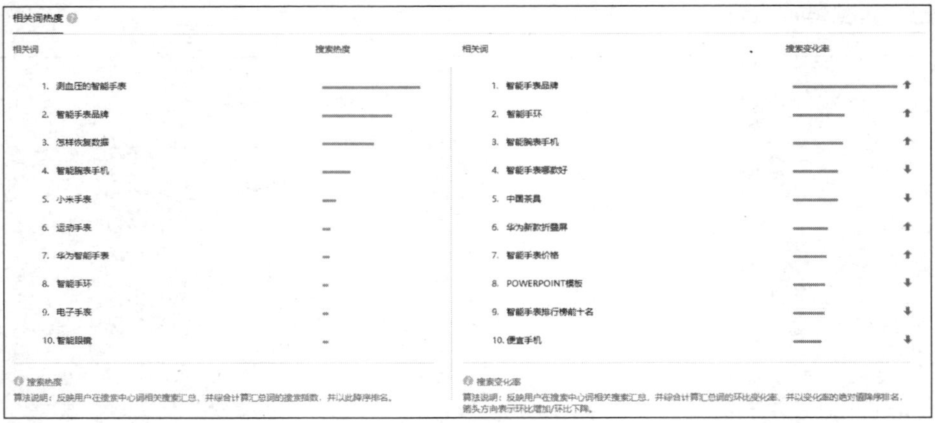
相关词热度

| 相关词 | 搜索热度 | 相关词 | 搜索变化率 |
|---|---|---|---|
| 1. 测血压的智能手表 | | 1. 智能手表品牌 | ↑ |
| 2. 智能手表品牌 | | 2. 智能手环 | ↑ |
| 3. 怎样恢复数据 | | 3. 智能腕表手机 | ↑ |
| 4. 智能腕表手机 | | 4. 智能手表哪款好 | ↓ |
| 5. 小米手表 | | 5. 中国茶具 | ↓ |
| 6. 运动手表 | | 6. 华为新款折叠屏 | ↑ |
| 7. 华为智能手表 | | 7. 智能手表价格 | ↑ |
| 8. 智能手环 | | 8. POWERPOINT模板 | ↓ |
| 9. 电子手表 | | 9. 智能手表排行榜前十名 | ↓ |
| 10. 智能眼镜 | | 10. 便宜手机 | ↓ |

搜索热度
算法说明：反映用户在搜索中心词相关搜索汇总，并综合计算汇总词的搜索指数，并以此降序排名。

搜索变化率
算法说明：反映用户在搜索中心词相关搜索汇总，并综合计算汇总词的环比变化率，并以变化率的绝对值降序排名，箭头方向表示环比增加/环比下降。

图3-5　相关词热度

#### 专家指导

**除了百度指数、微信指数、巨量算数等数据工具，还可以使用电商平台提供的数据分析工具来分析市场行情，如淘宝的生意参谋、京东的京东商智等。另外，许多专业的数据机构也会发布有关某市场的规模、发展趋势等报告，如艾媒网、前瞻产业研究院等，广告人员可以进入相关网站查询、浏览、获取所需的市场信息。**

## （二）产品分析

产品分析即对广告所推广的产品进行全面评估和分析，目的是了解推广产品的特征和卖点，从而决定广告宣传的重点。在具体分析产品时，广告人员可以从产品特点和产品卖点两个方面出发。

### 1. 产品特点分析

产品特点通常包括产品的功能、用途、规格、材质、工艺、外观、价格、包装、附赠服务等，以及产品品牌的历史背景等方面的信息。这些信息可以通过多种方式获取，如产品说明书、销售合同、市场调研结果等。

### 2. 产品卖点分析

产品卖点是产品具有的"人无我有，人有我优，人优我特"的特点、特色。分析产品卖点，可以找到产品的竞争优势，从而制定更具竞争力的广告策略。常用的产品卖点分析方法包括FAB法则和九宫格法等。

（1）FAB法则

FAB法则，即属性（Feature）、作用（Advantage）和益处（Benefit）法则，是一种说服性的销售技巧，也可以用来分析产品卖点。表3-2所示为FAB法则的详细说明和示例。

表3-2　FAB法则的详细说明和示例

| 组成 | 说明 | 示例（某智能洗地机） |
| --- | --- | --- |
| 属性 | 代表产品的特征、特点，是产品基本的功能，主要从产品的材质、制作技术、功能等角度进行提炼，如体积小等 | 搭载干湿两用电动机 |
| 作用 | 代表产品的特点体现的优点及作用，可从受众的角度来考虑，如从产品特色和受众关心的问题展开说明 | 吸力强劲 |
| 益处 | 代表产品的优点、特性带给受众的好处、益处，通过强调受众能够得到的利益，激发受众的购买欲望，如价格便宜等 | 干净不留渍 |

（2）九宫格法

九宫格法是一种利用九宫格矩阵图发散思维，帮助找到卖点的方法。利用九宫格法分析产品卖点的具体步骤如下。

- 第1步：拿一张白纸，先画一个正方形，然后用笔将其分割成九宫格，再将主题（产品名称等）写在正中间的格子内。
- 第2步：将与主题相关的，可帮助此产品销售的众多卖点填写在旁边的8个格子内，如图3-6所示，尽量用直觉思考。
- 第3步：反复思考、自我辩证，查看这些卖点是否必要、明确，内容是否有重合，据此进行修改，直到满意为止。若是对主题的想法有很多或是某个卖点还可以延伸，可多填写两个九宫格，再去粗取精。

九宫格的填写方法有两种，一种是以中央为起点，按顺时针方向在格子中依次填入各卖点；另一种是不考虑产品与卖点的关系随意填写。图3-7所示为针对某智能空调提炼出的卖点示例。

| 卖点 | 卖点 | 卖点 |
|---|---|---|
| 卖点 | 产品名 | 卖点 |
| 卖点 | 卖点 | 卖点 |

| 节能省电 | 轻音低噪 | 智能操控 |
|---|---|---|
| 美观大方 | 智能空调 | 占地小 |
| 健康送风 | 防霉除湿 | 贴心服务 |

图3-6　填写产品卖点　　　　图3-7　某智能空调的卖点示例

### （三）目标受众分析

不同产品甚至品牌都有其特定的目标受众群体，只有得到目标受众认可的广告才是有效的广告，才能实现广告目标，因此广告人员必须详细分析目标受众。在具体分析目标受众时，可以从目标受众的特征、消费心理和行为等角度入手。

- **目标受众特征分析：** 了解并分析目标受众的人口统计学特征，包括年龄、性别、职业、收入水平、受教育程度、居住地区等，帮助广告人员了解广告接收对象的特征，及其可能需要什么样的产品。一般来说，从新媒体平台后台或数据工具（如百度指数）处都能获取目标受众的人口统计学特征，广告人员只需要进行归纳总结。
- **目标受众消费心理分析：** 消费心理是影响受众消费行为的重要因素，常见的消费心理主要有从众心理、名人心理、好奇心理、实惠心理、习惯心理等，这些心理都会影响受众的消费决策。因此在进行广告策划时，要结合受众的消费心理制定具体的广告策略，这样才能促使受众采取消费行为。

  常见的消费心理
- **目标受众行为分析：** 分析目标受众的行为有助于更好地了解目标受众的特点、需求和行为模式，从而优化广告内容、营销策略等。在具体分析时，可以着重分析目标受众的社交行为（新媒体平台的使用频率、社交互动方式、互动习惯等）、搜索行为（关键词选择、搜索结果点击偏好、搜索时间等）、购买行为（消费习惯、购买力和购买渠道等）、广告回避行为（跳过广告、屏蔽广告、离开页面、关闭广告等）。

### 🎓 专家指导

当前，大数据技术应用非常广泛，广告人员可以利用大数据技术对目标受众及其行为轨迹进行动态追踪，通过他们的浏览历史、搜索记录和购买行为等获知其消费习惯，推送更符合其消费需求的广告内容，实现消费需求的精准预测。

### （四）竞争对手分析

竞争对手是指在某一行业或领域中，拥有与自己相同或相似资源（包括人力、资金、产品、环境、渠道、品牌等）的竞争对象。SWOT分析法是一种基于内外部竞争环境和竞争条件的态势分析方法，除了用来进行自我分析外，也常用来分析竞争对手。SWOT由4个英文单词的首字母组成，分别为Strength（优势）、Weakness（劣势）、Opportunity（机会）、Threat（威胁），SWOT分析法是通过对各项内容、资源的有机结合与概括来分析企业或品牌优劣势、面临的机会和威胁的一种分析方法，具体内容如下。

- **S（优势）**：分析竞争对手在成本、营销手段、品牌影响及产品本身等方面有什么长处，有哪些是竞争对手能做而本企业或品牌做不到的。

- **W（劣势）**：分析竞争对手不擅长的地方和缺陷。同时，还要分析受众反馈的不足之处，总结竞争对手失败的原因。

- **O（机会）**：分析竞争对手实现内部所规划目标的机会在哪里，短期目标如何实现，中期目标如何实现，长期目标实现要依靠什么；分析竞争对手外部有什么发展机会，包括消费者观念的变革、产品的更新换代、新的营销手段出现、销售渠道拓宽等可否为广告的策划提供机会。

- **T（威胁）**：分析有哪些因素会不利于竞争对手的发展或产品的营销，这些因素包括市场紧缩、国家政策不利好、经济形势变差等，然后分析这些因素是否出现并寻求规避方法。

*SWOT分析法示例*

### 素养课堂

　　无论身处哪个行业，都不可避免地会遇到各种竞争对手。我们不应该回避竞争对手，更不应该挤压对手，而是应该采取正当手段去透彻了解和分析竞争对手，勇于欣赏竞争对手的优点，接受自身的缺点，在善意、公平、平等和诚实守信的基础上开展良性竞争。

## 三、任务实训

　　李敏打算加盟代理某智能家电品牌，但她对智能家电的行情不是很了解，于是准备对智能家电的市场行情和目标受众进行分析，以辅助决策。李敏先在某专业机构的官方网站查找了智能家电的相关报告，并从中获取了智能家电市场规模和市场份额数据（见图3-8），随后又在某专业报告中获取了目标受众购买智能家电的主要动因和偏好因素的相关数据（见图3-9）。

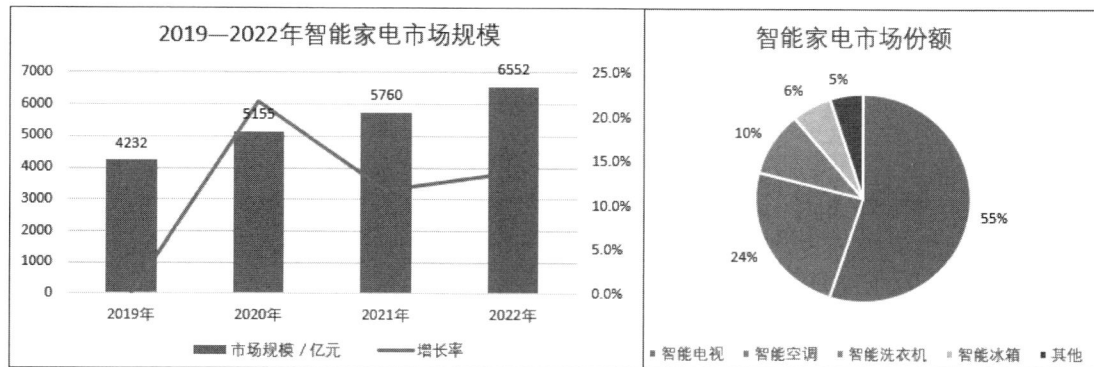

图3-8　智能家电市场规模和市场份额数据

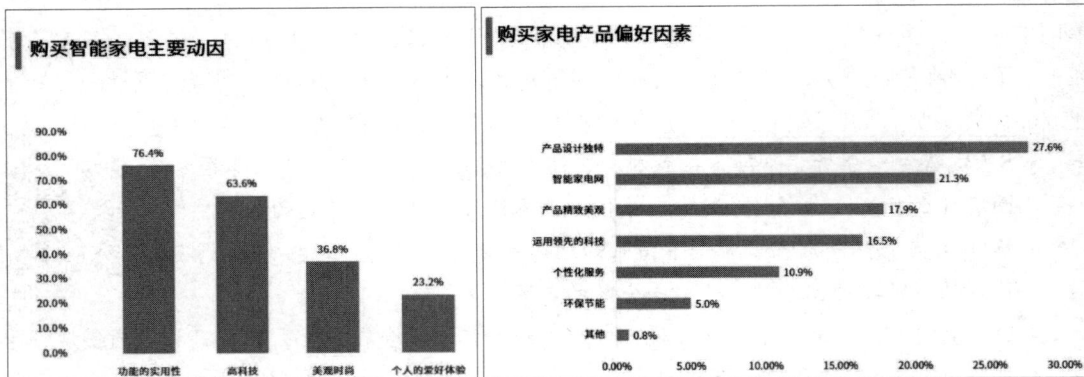

图3-9 目标受众购买智能家电的主要动因和偏好因素数据

### 1. 实训目标

（1）掌握市场行情分析。

（2）掌握目标受众分析。

### 2. 实训要求

（1）根据图3-8分析智能家电的市场行情，判断李敏是否可以进入智能家电行业。

（2）根据图3-9分析智能家电行业的目标受众，总结其广告设计可以从哪些方面入手。

### 3. 实训思路

STEP 01 根据图3-8中左图的市场规模数据和增长率数据判断智能家电行业的发展现状和发展趋势，根据图3-8中右图的市场份额数据判断当下比较受欢迎的智能家电产品，最后可得出李敏是否可以进入智能家电行业的结论。例如，通过市场规模数据和增长率数据可以看出，智能家电行业的市场规模在不断扩大。

STEP 02 根据图3-9中的数据分析目标受众购买智能家电产品的主要动因和购买偏好。例如，通过图3-9的数据可知，目标受众更加看重智能家电功能的实用性和设计的独特性，那么在设计广告时就可以从这两点出发。

## 四、任务考核

农蜜记是一家售卖水果的网店，为了丰富产品种类，网店准备再采购一种水果在店内上架。但网店在猕猴桃和文旦柚之间犹豫不决，扫描右侧二维码，获取猕猴桃和文旦柚的相关数据，再填写表3-3并上交。

猕猴桃和文旦柚的相关数据

表3-3 任务考核

| 序号 | 考核内容 | 分值 | 说明 |
|---|---|---|---|
| 1 | 分析猕猴桃的市场需求 | 30 | |
| 2 | 分析文旦柚的市场需求 | 30 | |
| 3 | 为网店选择最终的采购产品，并说明理由 | 40 | |

## （任务三） 新媒体广告的创意

创意是创造意识或创新意识的简称。它是通过创新思维意识，对现实存在事物的理解及认知所衍生出的一种新的抽象思维和行为潜能。创意是新媒体广告的点睛之笔，没有优秀的广告创意，广告效果会大打折扣，而广告一旦插上创意的翅膀，就能展翅高飞！

**课堂讨论**

针对下列问题展开讨论。
（1）分享一个你认为比较有创意的广告，谈谈它是怎么打动你的。
（2）谈谈该广告是如何体现创新性的。

## 一、任务目标

广告创意是广告作品中引人入胜的部分，优秀的广告创意可以优化广告效果，使广告具有持续不断的影响力，甚至在很长一段时间后依然被人们津津乐道。本任务将对新媒体广告的创意思维和创意表现进行介绍，以帮助广告人员更好地构思广告创意。

## 二、相关知识

### （一）新媒体广告创意思维

虽然广告创意的原创性决定了每个创意都不尽相同，但是创意作为一种思维，其形成方法是有迹可循的，掌握常见的广告创意思维方法，可以帮助广告人员开拓思维。

#### 1. 多角度思维

不同的思维方式将导致不同的思考结果，广告人员若能掌握多角度思维的方法，不仅可以实现创新，为广告添彩，还可以锻炼思维能力。

- **发散思维：** 发散思维亦称扩散思维、辐射思维，是指在思考过程中，从已有的信息出发，尽可能向各个方向扩展，不受已知或现存的方式、方法、规则和范畴的约束，并且从这种扩散、辐射和求异式的思考中，获得多种解决办法，衍生出各种新设想、答案或方法的思维方式。如以曲别针为例，从它的作用出发，我们会想到装订书页、别衣服等，运用发散思维进行联想，它还可以用来当手机支架、钥匙扣、挂钩，或用来挂日历、挂窗帘、扭成心形做装饰等。

- **聚合思维：** 聚合思维又称为求同思维、集中思维、辐合思维和收敛思维，是指从已知信息中产生逻辑结论，从现有资料中寻求正确答案的一种有方向、有条理的思维方式。它与发散思维正好相反，是一种异中求同、由外向里的思维方式。聚合思维体现在广告策划中，就是在众多的广告信息里找出关键的有效信息，或从众多功能中选择最合适、最具针对性的功能，从而达到一击即中的目的。

- **逆向思维：** 逆向思维也叫求异思维，它是对人们几乎已有定论的或已有某种思考习惯的事物或观点进行反向思考的一种思维方式。它敢于"反其道而思之"，让思维向相反的方向发展，从问题的相反面进行探寻摸索，找出新创意与新想法。例如，春节时，广告大多以"团聚""回家"等为主题，而某品牌则反其道而行之，以"离别"作为广告主题，发布了视频广告《亲爱的爸妈，我们终将会离开》，从众多品牌广告中脱颖而出。

## 2. 头脑风暴法

头脑风暴法是一种创造能力的集体训练法，是指一群人（或小组）围绕一个特定的兴趣或领域，无限制地联想和讨论，进而产生新观念或激发创新设想的一种方法。头脑风暴法通常以会议的形式实施，因此需要按一定的流程和步骤推进，一般来说，包括准备阶段、畅谈阶段和评价选择阶段。

（1）准备阶段

在准备阶段，主要有以下3项工作内容。

- 明确会议需要解决的问题和与会人员的数量，提前向与会人员告知会议议题。
- 确定会议的主持人和记录者。主持人要彻底掌握头脑风暴法的基本原则和操作要点，并能够营造融洽的、不受任何限制的会议气氛；记录者要认真记录，便于会后总结。
- 与会人员要提前了解会议议题的相关基础知识。

（2）畅谈阶段

畅谈阶段是头脑风暴会议的关键阶段。该阶段将由主持人引导与会人员围绕会议议题进行自由发言，提出各种设想，彼此相互启发、相互补充，尽可能做到知无不言言无不尽；记录者需将所有设想都记录下来。直到与会人员无法再提出构想时，便结束该阶段。

（3）评价选择阶段

讨论结束后，对提出的所有构想进行分类和组合，形成不同的方案，这一阶段需对每一个构想进行全面评价。评价的重点是研究该设想实现的限制性因素以及突破限制性因素的方法。在评价过程中，可能产生一些可行的新设想。最后，按照此方法不断优化方案，选出与会人员认可的方案，如果没能形成令人满意的方案，可再重复畅谈。

## 3. 五步创意法

某知名广告从业者在谈论具体的创意步骤前，特别强调了广告创意的两项重要原则：创意是对原来很旧的要素做新的组合和创意能力的大小取决于对事物间的关系的了解。基于这两项原则，该广告从业者提出了五步创意法，即用5个步骤完成广告创意。

- **收集资料阶段：** 收集资料阶段是收集原始资料的阶段，通常可将原始资料分为一般资料和特定资料。一般资料是指人们日常生活中令人感兴趣的事物，特定资料是指与产品或服务有关的各种资料。广告创意所需的素材大多从这些资料中获得，因此要获得有效的、理想的创意，原始资料必须丰富。
- **检查资料阶段：** 广告人员在这个阶段要反复思考，要思考和检查原始资料，对所收集的资料进行理解分析，寻找资料间存在的关系，找出创意的主要诉求点。
- **酝酿孵化阶段：** 酝酿孵化阶段是相对轻松的阶段，这个阶段主要靠个人的思维能力及前期工作的准备情况。一般情况下，该阶段不需要做其他的事情，只需顺其自然。例如，有时候尽管非常用心，甚至不眠不休地思考和研究资料，然而效果并不如意。但是当放松思维，去做其他的事，比如看书、写字，忽然就找到了创意灵感。

- **产生创意阶段：** 该广告从业者认为，如果人们认真踏实、尽心尽力地完成了上述3个步骤，那么，第4步也会自然而然地完成。创意通常都是在不知不觉中产生的，因为"无意识思维"状态是创意到来的最佳时机。换言之，创意往往是在竭尽心力，停止有意识的思考，经过休息与放松出现的。

- **修正创意阶段：** 前面4个阶段产生的创意只存在于大脑中，是一种理论上的东西，并且不一定成熟和完善。若想创意符合具体条件或实际要求，使新的构想更加成熟、完善，通常还需要将创意输出到纸面上，并进一步修正。

## （二）新媒体广告创意表现

广告创意只有以合适的形式表现出来才能达到吸引受众的目的。广告人员可以采用以下表现方法来展示新媒体广告创意成果。

### 1. 利用视觉设计表现创意

广告的竞争有时也是视觉的竞争，视觉设计是比较容易表现创意的方法，广告人员可以从文字和图片两个方面来表现创意。

（1）文字创意

广告人员可以根据文字的特点，将文字图形化，使文字具有创意，如美化文字的笔画、使用形状包围文字、采用图案挡住文字笔画、给文字变形等。例如，图3-10所示为某品牌发布的宣传海报，海报底部文字"电"的笔画就用了电的标志符号替代，体现了文字创意。

图3-10　文字创意

（2）图片创意

图片创意在视觉上具有强烈的冲击力，能够在第一时间对受众产生吸引力，继而促使其了解图片所要表达的含义。常见的图片创意有以下表现手法。

- **打散重构：** 将原型分解、打散后按照一定目的以新的方式重新组装。例如，图3-11所示为某品牌摩托车的广告图片，其把摩托车拆成单个的零件并组合成人像，寓意是每个拥有者为摩托车注入了生命力，非常生动地体现了该摩托车的定位。

- **置换同构：** 置换同构又称替代同构，指在保持原型的基本特征的基础上，物体中的某一部分被其他物体所替代从而产生具有新意的形象的一种图形构造形式。例如，图3-12所示的广告图片就用鞋子置换了口香糖粒，表达了该鞋子防臭的特点。

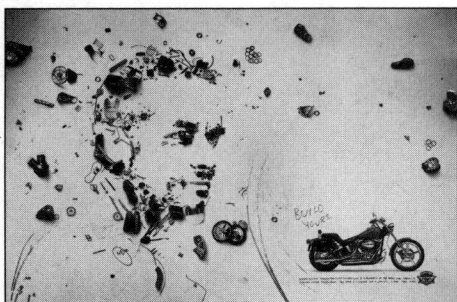

图3-11　打散重构

图3-12　置换同构

- **符号视觉：** 符号视觉是指用元素或者场景合成品牌或产品符号。采用这种表现手法设计的图片视觉冲击力强、画面聚焦性强。常用的视觉图形有品牌logo、产品外形等。图3-13所示的抖音海报就以其logo作为视觉图形，清晰直观，且具有较强的视觉冲击力。
- **视觉错觉：** 视觉错觉是指通过巧妙的视觉手法，使受众在视觉上被欺骗，以创造出有趣的视觉效果，并有效吸引受众的注意力，如图3-14所示。

图3-13　符号视觉

图3-14　视觉错觉

### 2. 借助故事表现创意

在一般情况下，故事性的广告更能让受众记忆深刻，拉近与受众的距离，并促使受众不自觉地发生消费行为。广告人员在创作故事性的广告时，可以从品牌或产品的角度出发，如以品牌的成长过程，或企业管理运营过程中与经销商、员工之间发生的故事展开，也可以站在受众的角度去构建。

### 3. 以幽默有趣的方式表现创意

新媒体具有泛娱乐性，新媒体环境下的受众乐于接受个性化、趣味性、娱乐性的内容。因此，广告人员可以用比较幽默有趣的方式来表现创意，更好地吸引受众注意，如在广告中使用幽默的语言和文字、构建一个有趣的情节等。例如，某卤味零食品牌曾发布过一则广告片《一只更好的鸡，一块更好的肉》，其以原材料"白羽鸡"为主人公，以诙谐、有趣的方式展示了它的日常生活，如吃得好、身体棒、会生活等，从而体现出品牌鸡胸肉产品选材优质的特点。图3-15所示为该广告片的部分截图。

图3-15　广告片截图

🎓 **专家指导**

　　新媒体广告创意的表现手法较多，除了上述表现手法，广告人员还可以运用比喻、夸张、拟人、对比、以小见大（对广告中的立体形象进行强调、取舍、浓缩，抓住一个点或局部，以集中表现或延伸放大）等表现手法来赋予广告创意。

# 三、任务实训

　　近年来，随着我国社会经济的发展和科技的进步，智能手机普及，这让普通大众也能享受随时拍照记录生活的乐趣。虽然智能手机已经能承担大部分日常拍摄任务，但拍立得相机凭借拍摄后能即刻出相片的功能依然受到一部分受众的喜爱。爱拍拍网店有一款外观时尚、操作便捷的拍立得相机（见图3-16），其造型简约时尚，小巧便携，镜头圈采用透明设计，有类似毛玻璃的质感，支持自动曝光和自拍模式。尽管该产品推出后收到很多人的好评，但其面临很多竞争产品的冲击，为了促进产品的销售，该网店准备策划并设计一张比较有创意的宣传海报，并发布在社交媒体平台。

图3-16　拍立得相机

## 1. 实训目标

（1）掌握新媒体广告创意的思维。

（2）掌握新媒体广告创意的表现。

### 2. 实训要求

（1）10人为一组，按照头脑风暴法的实施流程来激发广告创意。

（2）为广告创意选定合适的表现手法（提出广告创意思路即可）。

### 3. 实训思路

组成小组并对小组成员进行分工，其中主持人需要具备良好的领导能力。在头脑风暴法的实施过程中，与会人员要围绕产品尽可能地说出想到的任何意见，并且不要在思考的过程中评价想法，一定要在完成头脑风暴后再进行评价。广告创意选定后，再结合产品特点确定表现手法。例如，宣传海报可以强调拍立得相机的操作便捷，采用合理夸张的手法来展现广告创意：海报主体是一只站在玻璃屋顶上凝望主人的可爱小猫，背景是充满温馨和幸福的家庭场景；背景中的主人看着小猫，脸上露出温柔的笑容；小猫的脚踩在拍立得相机的拍摄按钮上，拍立得相机上方是一张相纸，相纸中的画面与背景的场面一致。海报上面的广告语为"轻松一按，美好瞬间即刻捕捉"。

## 四、任务考核

扫描右侧的二维码，查看不同品牌发布的广告，填写表3-4并上交。

不同品牌发布的广告

表3-4　任务考核

| 序号 | 考核内容 | 分值 | 说明 |
|------|---------|------|------|
| 1 | 分析不同广告的创意 | 30 | |
| 2 | 阐述不同广告的创意表现手法 | 30 | |
| 3 | 利用五步创意法为最后一则广告中的产品构思广告创意，并说明创意思路 | 40 | |

## （任务四）新媒体广告策划书的写作

新媒体广告策划书是新媒体广告策划阶段的重要产物，广告人员撰写好新媒体广告策划书，由广告主审核并通过后就可以实施了。新媒体广告策划书是广告落地的关键一步，直接关系到广告的效果。

**课堂讨论**

**针对下列问题展开讨论。**

**（1）什么样的广告策划书才具有说服力？**

**（2）"广告策划书是为广告做的广告"这一说法有问题吗？**

## 一、任务目标

新媒体广告策划书是在广告策划活动完成后，对广告规划内容和预设广告运作过程的归纳和表述，是新媒体广告策划成果的具象化呈现。本任务将对新媒体广告策划书的内容结构和写作要点进行介绍，帮助广告人员更好地完成新媒体广告策划书的撰写。

## 二、相关知识

### （一）新媒体广告策划书的内容结构

新媒体广告策划书是为了明确广告目标、传达产品或品牌信息、规划广告内容和执行方案而编写的详细文档。其不仅是对广告策划的总结，也是执行广告活动的纲领，在广告活动中有着重要的作用。通常情况下，一份完整、严谨的新媒体广告策划书一般包括10个部分。

新媒体广告策划书
示例

#### 1. 封面

封面决定了阅读者对新媒体广告策划书的第一印象，良好的封面效果可以给阅读者留下深刻的印象，可以使阅读者建立对新媒体广告策划书的整体印象。一般情况下，新媒体广告策划书的封面只需做到整洁、醒目，字体、字号的选择应当考虑具体情况。封面的内容主要包括新媒体广告策划书的名称、策划者、策划日期和参与单位等，如果是内部使用的新媒体广告策划书，可能还包括保密级别及编号。

#### 2. 前言

前言是对新媒体广告策划书内容的高度概括与总结，起到引起阅读者阅读兴趣的作用，其内容不宜过多。总的来说，前言的具体内容主要包括广告策划的背景、广告策划的原因、广告策划的目的及意义、广告策划的宗旨等。

#### 3. 目录

目录是新媒体广告策划书的结构体现，主要由新媒体广告策划书内容的各级标题和对应页码构成，以便阅读者快速了解整篇新媒体广告策划书的内容，并能快速查找对应的信息。

🎓 **专家指导**

> 如果新媒体广告策划书的内容较少，目录和前言可以放置在同一页中。一般来说，封面、前言和目录都是在新媒体广告策划书的具体内容编写完毕后，再根据具体内容总结提取的。

#### 4. 广告目标

新媒体广告策划书中的广告目标的作用是统一广告策略、协调企业员工的行动。撰写新媒体广告策划书中的广告目标需要注意以下几点。

- **明确具体：** 广告目标应该明确具体，可量化、可衡量，避免过于抽象或不切实际。
- **突出重点：** 广告目标应该突出重点，不要贪多求全，以免分散阅读者的注意力。
- **符合实际：** 广告目标应该符合实际情况，避免过于理想化或不切实际的期望。
- **针对性强：** 广告目标应该针对目标受众或产品和品牌，以指导制定更加精准、有效的广告策略，优化广告效果。

#### 5. 市场分析

市场分析一般细分为市场行情分析、产品分析、广告受众分析和竞争对手分析4个方面的内容。市场行情分析的目的在于预测市场中变化的因素对广告策略的影响，寻找可以利用的机会，并规避风险；产品分析即对产品的整体情况进行研究，明确产品的核心竞争力和特性，并由此确定广告的核心内容；广告受众分析主要是为了了解本产品或本品牌目标受众的消费习惯和媒介接触偏好等；竞争对手分析的目的是了解竞争对手的优势、劣势、机会、威胁，以此确定自身的优势和差异点，在竞争中取得突破性进展。图3-17所示为某品牌新媒体广告策划书中的市场分析示例。

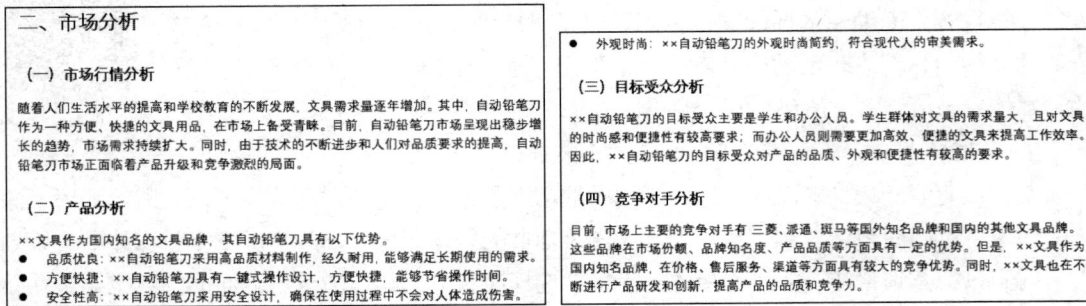

**二、市场分析**

**（一）市场行情分析**

随着人们生活水平的提高和学校教育的不断发展，文具需求量逐年增加。其中，自动铅笔刀作为一种方便、快捷的文具用品，在市场上备受青睐。目前，自动铅笔刀市场呈现出稳步增长的趋势，市场需求持续扩大。同时，由于技术的不断进步和人们对品质要求的提高，自动铅笔刀市场正在面临着产品升级和竞争激烈的局面。

**（二）产品分析**

××文具作为国内知名的文具品牌，其自动铅笔刀具有以下优势。
- 品质优良：××自动铅笔刀采用高品质材料制作，经久耐用，能够满足长期使用的需求。
- 方便快捷：××自动铅笔刀具有一键式操作设计，方便快捷，能够节省操作时间。
- 安全性高：××自动铅笔刀采用安全设计，确保在使用过程中不会对人体造成伤害。

- 外观时尚：××自动铅笔刀的外观时尚简约，符合现代人的审美需求。

**（三）目标受众分析**

××自动铅笔刀的目标受众主要是学生和办公人员。学生群体对文具的需求量大，且对文具的时尚感和便捷性有较高要求；而办公人员则需要更加高效、便捷的文具来提高工作效率。因此，××自动铅笔刀的目标受众对产品的品质、外观和便捷性有较高的要求。

**（四）竞争对手分析**

目前，市场上主要的竞争对手有三菱、派通、斑马等国外知名品牌和国内的其他文具品牌。这些品牌在市场份额、品牌知名度、产品品质等方面具有一定的优势。但是，××文具作为国内知名品牌，在价格、售后服务、渠道等方面具有较大的竞争优势。同时，××文具也在不断进行产品研发和创新，提高产品的品质和竞争力。

图3-17　市场分析示例

## 6．广告策略

广告策略是为实现广告目标所采取的对策及应用的方法和手段，应当保证逻辑清晰、有理有据。图3-18所示为某品牌新媒体广告策划书的广告策略示例。制定广告策略的目的是加强广告的宣传效果，以更低的成本达到广告目标。总的来说，新媒体广告策略主要包括定位策略、目标市场策略和诉求策略等方面的内容。

- **定位策略：** 定位策略又可以细分为市场定位策略、产品定位策略和观念定位策略等。市场定位策略是根据市场细分，确定企业在市场中的优势位置。产品定位策略是根据产品的特点和受众需求，确定产品在市场上的位置，主要包括价格定位、品质定位、功能性定位、文化定位等，旨在突出产品的核心卖点，从而增加产品的吸引力，强化受众的购买意愿。观念定位策略是一种侧重于传播特定的理念、观念的广告策略。

- **目标市场策略：** 目标市场策略可以分为集中性目标市场策略、无差异性目标市场策略和差异性目标市场策略。集中性目标市场策略是指集中力量进入某一细分市场，并针对该细分市场制定广告策略；无差异性目标市场策略就是把整个市场作为目标市场，只考虑市场需求的共性，不考虑其差异性而制定广告策略；差异性目标市场策略就是把整个市场细分为若干个子市场，并针对不同的子市场制定不同的广告策略。

- **诉求策略：** 广告诉求是广告宣传中强调的内容，是广告所传达的产品的功能或形象。广告诉求能通过激发受众的潜在需求，使受众产生行为动机，从而影响受众对产品或品牌的感受。简单地理解，广告诉求就是说服受众接受广告的理由。广告诉求策略有3种类型，分别为理性诉求策略、感性诉求策略和情理结合诉求策略。理性诉求策略更关注受众的理性思维；感性诉求策略更关注受众的情感；情理结合诉求策略则以感性诉求引发受众的共鸣，再辅以理性诉求传递客观信息。

**三、广告策略**

**(一) 定位策略**

● 市场定位：办公人员市场和学生市场。
● 产品定位：方便、快捷、高效的文具产品。价格定位将保持在中高档，以突出该自动铅笔刀的高品质和高性能。

**(二) 目标市场策略**

采用差异性目标市场策略，将市场细分为学生和办公人员这两个子市场，针对不同的市场制定不同的广告策略。

首先，学生市场是重点市场，针对其需求，可以推广该自动铅笔刀的耐用性，并强调其易于使用，可以提高学习效率。其次，针对办公人员市场，可以强调这款自动铅笔刀的高效性以及其为办公工作提供的便利。

**(三) 诉求策略**

诉求对象：学生和办公人员。
情理结合诉求策略：感性为主，理性为辅，进行情感营销，塑造智能且有温度的产品形象。广告宣传中，重点展示自动铅笔刀智能化的特点，如自动感应铅笔和自动停止功能等，并突出其高品质和高效率。

图3-18 广告策略示例

## 7. 广告方案

广告方案是广告创意、广告作品、广告媒体平台、广告投放时间等的集合。其中，广告的呈现方式、主题、视听效果等，最好都能够在广告方案部分体现，也可提交广告作品草案，如效果稿、画稿、脚本文案以及视频广告的分镜头脚本等。

## 8. 广告预算

广告预算是广告活动预计需要的广告费用以及广告费用的分配方案，一般以表格的形式呈现。新媒体广告费用通常涉及广告设计费、广告制作费、广告媒介费、广告行政费和人员工资等。图3-19所示为广告预算表部分示例。

| 广告预算表 | | | | |
|---|---|---|---|---|
| 预算委托单位： | | 负责人： | | |
| 预算单位： | | 负责人： | | |
| 广告预算项目： | | 广告预算时间： | | |
| 广告执行时间： | | 广告预算总额： | | |
| 开支内容 | 形式 | 费用/元 | 执行时间 | 备注 |
| 市场调查 | 委托公司 | | | |
| 广告设计与制作费 | 电视 | | | |
| | 网络 | | | |
| | 户外广告 | | | |
| | App广告 | | | |

图3-19 广告预算表部分示例

## 9. 广告效果预测

广告效果预测即预计广告效果和反馈情况。在过往的实践中，广告人员在预测广告效果时采取了很多行之有效的方法，这里主要介绍受众评定法、专家意见法和瞬间显露法3种操作性较强、成本较低的方法。

- **受众评定法：** 在广告作品完成后和发布前的间隙，小规模地展示给一部分典型受众，征询他们的意见，并根据其合理建议修改广告作品。也可将几种广告方案一同展示，让受众挑选，将被选择次数最多的广告方案作为最后定稿的参考。

- **专家意见法：** 邀请相关领域的专家对广告作品进行评价并提出意见，根据广告形式的不同，选择的专家也不同，一般可以选择广告学专家、产品所在领域的专家、心理学专家、市场研究专家等。邀请的专家越全面，专业水平越高，对广告的评价就越科学。

- **瞬间显露法：** 选定部分典型受众，对其短暂展示广告，之后撤下广告并立即询问其对广告的印象，受众由于接触广告的时间短，此时能说出的内容往往是广告给其留下的最深刻的印象。这一方法尤其适合用来判断广告主题是否鲜明、突出。

### 10. 结束语

新媒体广告策划书的结束语可以是对整个策划过程的总结，主要用来说明该广告策划的合理性、适用性，强化广告主对该策划的信心。

### 专家指导

有的新媒体广告策划书还有附录，附录也叫附件，是对新媒体广告策划书内容的补充说明，以方便决策者了解新媒体广告策划书中有关内容的来龙去脉。技术性内容、分析模型、分析过程、图片资料、表格等都可作为附录提供给阅读者。但需注意，为了便于查找，广告人员应为附录标注顺序。另外，新媒体广告策划书并不都包含前文所述的10个部分，部分新媒体广告的策划比较简单，那么策划书可能只是一个策划方案，仅包含广告目标、广告方案、广告预算等部分，具体内容还需要根据实际情况确定。

## （二）新媒体广告策划书的写作要点

新媒体广告策划书是广告人员根据广告策划成果撰写，交给广告主审核，为取得广告主认可并获得广告费用的应用性文件。这一性质决定了新媒体广告策划书不需要华丽的辞藻和绝妙的想象，而需要用有逻辑的思维、鲜明的表述和具体的说明打动广告主。

新媒体广告策划书的7个写作要点，分别是准确切入、条理清晰、因地制宜、简明扼要、言之有据、通俗易懂和成果当先。

- **准确切入：** 新媒体广告策划书是为广告主服务的，需要获得广告主的认可，所以需要站在广告主的角度，考虑广告主的关注点，抓住广告主最关心的问题或者广告策划的核心问题进行论述。

- **条理清晰：** 为了保证可读性和准确性，新媒体广告策划书应该按照逻辑思维的顺序来进行撰写，由主到次、由大到小、由宏观到微观，做到纲举目张、循序渐进。这样才能使广告主明确该策划的逻辑，也能让执行者对策划有清楚的认知。

- **因地制宜：** 不同的广告主对新媒体广告策划书的了解程度不尽相同，广告人员应该尽量根据广告主对广告策划的了解程度确定行文风格。如果广告主对广告行业、广告策划以及一些专业知识缺乏了解，则新媒体广告策划书应当详尽、清晰。

- **简明扼要：** 过长的篇幅和过于冗长的文字会让阅读者厌倦，同时也会使主要问题被繁杂的文字淹没，所以新媒体广告策划书应该简明扼要，对确需细致陈述的部分，则要分清详略，只在关键处多着笔墨。

- **言之有据：** 新媒体广告策划书中不可避免地需要引用具体数据来证明，因为数据往往比文字更有说服力，而详尽的数据来源更能增加数据的说服力。无论这些数据源于权威网站、商业调查公司还是自身调研，都应该在新媒体广告策划书中标明，这有利于增强新媒体广告策划书的可靠性。

- **通俗易懂：** 新媒体广告策划书是应用性文件，应该力求通俗易懂，既不使广告主将其当作文艺作品，也不使广告主将其当成科技论文。一些专业术语和外语词汇都应该谨慎使用，让广告主理解新媒体广告策划书的内容是获得其认同的第一步。

- **成果当先：**在新媒体广告策划书中，应该在一开始就提出结论，然后在其后罗列支撑该结论的论据，避免先列出材料再推导出结论的做法。成果当先是为了将核心点放在相对显眼的位置，加深广告主对其的印象。

在现代办公环境中，广告人员在向广告主介绍新媒体广告策划书时，通常还会使用PPT进行辅助说明。

# 三、任务实训

阅读下面这一信件，根据其中的信息撰写一份新媒体广告策划书。

亲爱的朋友：

我们部门最近研发出了一件新东西，是什么呢？是一个360°全方位的立体淋浴系统。朋友，你能想象12道热水从四面八方同时喷洒在身上的感觉吗？老实说，这个立体淋浴系统颠覆了我对洗澡的认知，我快乐得像一个第一次拿到心爱玩具的孩童。

回到正题，我们认为这是一件别具特色的产品。但我们将它投入市场，效果却很差劲，不得不说，对比市面上的普通花洒，我们的产品价格会高上一截（这是成本决定的）。当那些人听到价格而皱眉头时，我真想让他们直接去体验一番呀！

我们没有放弃，并准备要花大力气推广它，因为这是一块空白的市场，这个立体淋浴系统比普通花洒的使用体验要好。我们只需要让大家知道"原来可以这样洗澡"就能赢得竞争。所以，我们打算说服领导拿出1000万元来做推广，甚至更多！

但是，我们需要一份新媒体广告策划书来说服他，只有你能帮助我们。只要你能帮我们写出一份新媒体广告策划书，就会有人拉着一整套360°全方位的立体淋浴系统去你家给你安装上，让你从此开开心心地洗澡。

你的朋友李磊

## 1. 实训目标

（1）掌握新媒体广告策划书的内容结构。

（2）掌握新媒体广告策划书的写作要点。

## 2. 实训要求

根据信件中的信息进行新媒体广告策划书的规划，策划书仅列出广告目标、市场分析、广告方案、广告预算4项内容。

## 3. 实训思路

根据信件中的信息可以得知，产品为360°全方位的立体淋浴系统，其特点是可以从多角度同时喷洒热水，改善了淋浴的体验。从市场分析的角度来看，该产品面临的市场问题为受众对产品的认知度和接受度较低，但是竞争不大，市场潜力巨大。该产品价格较高，目标受众应该是对生活品质有追求的、收入较高的，以及希望获得良好的洗澡体验的群体。

由此可见，该广告目标是尽可能地提升产品的知名度，加深受众对该产品的认识，挖掘市场潜在需求。以此为策划重点，确定广告的内容结构，并最终完成该产品的新媒体广告策划书的大体框架。

## 四、任务考核

扫描右侧二维码，阅读某品牌的新媒体广告策划方案，填写表3-5并上交。

某品牌的新媒体广告策划方案

表3-5 任务考核

| 序号 | 考核内容 | 分值 | 说明 |
|---|---|---|---|
| 1 | 简述该广告策划方案的内容结构 | 30 | |
| 2 | 分析该广告策划方案体现的写作要点 | 30 | |
| 3 | 从广告主的角度来质询这个广告策划 | 40 | |

# 拓展延伸

## （一）新媒体广告主题的策划

新媒体广告主题是新媒体广告的基调，也可以说是新媒体广告创意的基石，如果说广告目标是体现广告主"要什么"，那么广告主题就是辅助解决"要对受众说什么"。由于产品属性、企业情况、广告目标的不同，广告主题也各不相同，广告人员除了可以学习其他广告的主题，也需要根据自身实际情况进行选定。确定广告主题时可以使用以下4种方法。

- **产品特点定位法**：根据对产品的调查分析结果，找出广告产品相对于市场上其他产品的差异点，以此为诉求点说服受众购买广告产品。常见的形式有着力介绍该产品的创新点；与竞品比较，突出该产品的优异性；证明该产品能解决或避免受众在日常生活中可能面临的问题；强调该产品能满足受众的精神需要；展示该产品对受众品位的提升作用；等等。使用这一方法时一定要将诉求点和受众的需求结合起来，强调产品的不可替代性，这样才能激发受众的购买欲望。

- **企业形象定位法**：企业形象是产品的第二张脸，人们往往愿意选择有实力且声誉良好的企业所生产的产品，所以在广告中树立和加强企业良好形象也能促进产品的销售，该方法适用于有一定知名度的企业。常见的形式有：突出企业在行业内的重要地位；强调企业开发应用的独有技术或者优质原料；列举企业的历史成就；展示企业走在前沿；宣扬企业务实、严谨、坚韧的优秀品质；等等。这一方法是借企业的名声推广产品而不是为企业做广告，广告人员要把握好分寸。

- **市场营销定位法**：广告也常常和其他营销手段相结合来推广产品，一方面是利用其他营销手段来促进广告传播，常见的形式有转发抽奖和分享有礼等；另一方面是利用广告来宣传其他营销手段，如在广告中突出产品打折、满额抽奖、满额赠礼等信息。广告人员在使用这种方法时要着力突出受众所能取得的利益，最大限度地刺激受众消费。

- **配套服务定位法**：对受众来说，除了产品本身，配套服务也很重要，甚至服务比产品更能带给受众直接的消费体验，所以良好的配套服务能够产生巨大的附加值，促进产品销售。常见的形式有：强调通过服务为受众带来便利；强调售后服务的完善，免除受众的后顾之忧；提供比同行更优质的服务；等等。广告人员在使用此方法时要突出企业对受众的重视，及全心全意为受众服务的理念。

### （二）新媒体广告策划书的完善

新媒体广告策划书写作完成后并不意味着结束，写作完成后还应当对其进行校正和装订。

#### 1. 新媒体广告策划书的校正

所谓校正，就是在策划书完成后，对其内容、结构、逻辑等进行检查和修改。校正的基本方法有两种：一种是广告人员在写作完毕后，将其从头读到尾，确认策划内容是否合适、文字内容是否错误；另一种就是利用一些校对软件对策划书的内容进行校正，校对软件对常见错别字及成语、专有名词中的错别字辨识率高、速度快，是广告人员校正工作的得力工具。总的来说，广告人员在校正新媒体广告策划书时，应当重点关注以下5个方面。

- 发现并改正常见错别字。
- 发现并改正语言文字、标点符号、数字、量和单位等的错误。
- 发现并改正违反语法规则和逻辑规律的错误。
- 发现并改正事实性、知识性和政治性错误。
- 做好版面格式规范统一的工作。

#### 2. 新媒体广告策划书的装订

如果新媒体广告策划书的内容较多，广告人员还应当对新媒体广告策划书进行装订。广告人员可以使用订书机装订，也可以直接用夹子装订。在装订时，广告人员需要注意以下事项。

- 新媒体广告策划书是否要分成若干册。
- 新媒体广告策划书各部分内容中是否应当插分隔页。
- 确认新媒体广告策划书的复印或印刷册数。
- 确认打印出的新媒体广告策划书是否为最终版本。
- 附录中内容是否排序，查看是否有空白页。
- 检查有无错放或者漏放的内容。

## 实战与提升

（1）阅读赛迪研究院发布的《2023年中国新能源汽车产业发展趋势研判报告》，然后在百度指数中搜索"新能源汽车"关键词，分析我国新能源汽车行业的市场行情。

**提示**：可以结合报告数据和百度指数中的趋势研究和需求图谱，得出我国新能源汽车行业的发展现状和未来发展情况。

（2）图3-20所示为某美妆品牌的目标受众分布情况，请分析其目标受众，并分析其可能会接受哪种类型的广告。

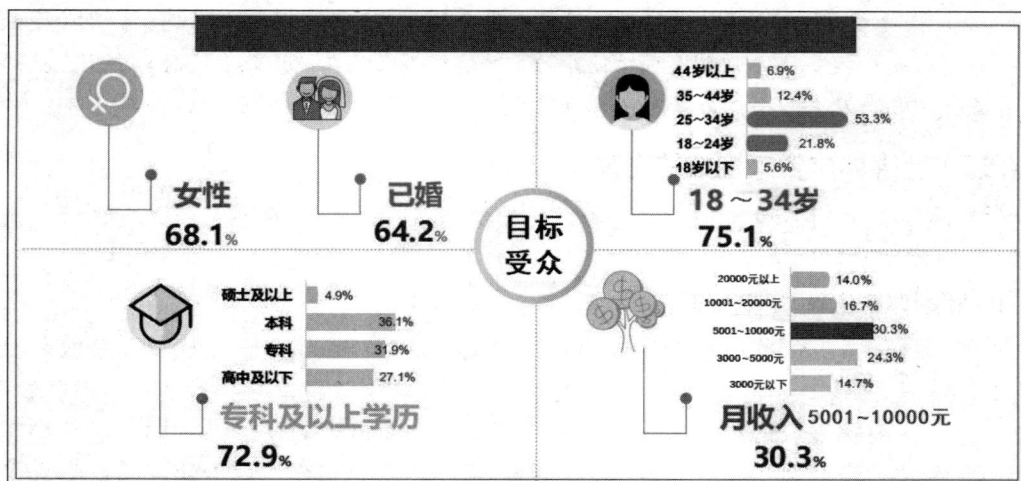

图3-20　某美妆品牌的目标受众分布情况

（3）会理石榴是四川省凉山彝族自治州会理市的特产，也是国家农产品地理标志产品。因果大、色鲜、皮薄、粒饱、汁多、籽软等特点，会理石榴深受广大消费者和销售商的青睐。张力是会理石榴的经销商之一，除了将会理石榴销售给水果代销商、批发商以外，他还开设了一家销售会理石榴的网店，希望能在实现创业理想的同时，帮助当地种植户解决销售难题、拓宽销路，同时也为乡村振兴贡献力量。临近会理石榴上市季，张力打算发布一则推广会理石榴的广告。请结合以下信息，以九宫格法分析产品卖点。

- 产自四川会理，种植地气候温和、四季如春，且土壤肥沃、日照时间长，非常利于石榴生长，因此果实品质较高。
- 个大，单果重量约500克；果皮薄，非常容易剥开。
- 籽软核小，颗粒大且晶莹剔透，甜度很高，吃起来香甜多汁。
- 采用物理除虫，人工套袋，无农药残留，且自然成熟。
- 富含维生素C、糖类、蛋白质等多种营养元素，一般人群均可食用。
- 基地采摘后直接发货，且采用顺丰包邮，保证新鲜。
- 果子不新鲜或破损，包赔。

（4）10人为一个小组，试着以教室的课桌为产品进行广告创意。

**提示：**可以发掘课桌的其他作用，也可以为课桌换一副装扮，使其有全新的外观等。只需形成方案，不必制作广告作品。

# 新媒体广告的运作

## 学习目标

【知识目标】

● 掌握新媒体广告预算的构成、作用和编制方法。

● 掌握新媒体广告策略。

● 掌握新媒体广告的效果评估指标和方法。

【素养目标】

● 提高数据分析能力和工具使用能力，努力成为全能型人才。

● 培养社会责任感，弘扬正面、积极的价值观。

## 学习导图

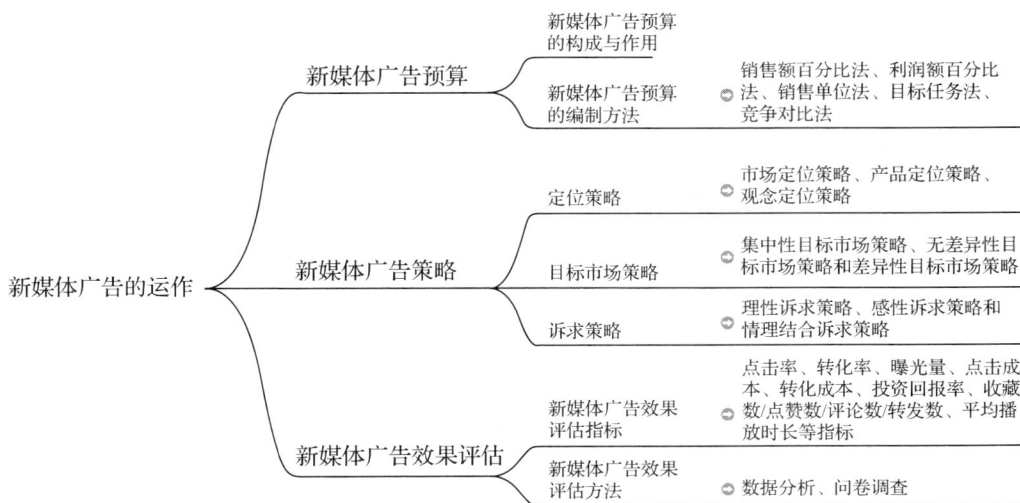

### 案例导入

小熊电器是一家专注于研发、生产和销售创意小家电的品牌，产品线包括电饭煲、电煮锅、空气炸锅、电热水壶、加湿器、电风扇等。创立多年来，小熊电器凭借创新多元、精致时尚、小巧智能的产品为受众带去了惊喜有趣的生活体验，收获了较多受众的喜爱和信赖。

近年来，随着市场消费主力的转移，与年轻人群更好地建立联系，成为品牌开展宣传推广的首要任务。为了契合年轻人群的消费需求，更好地与年轻人群沟通，2022年，小熊电器召开了战略升级发布会，将"年轻人喜欢的小家电"作为品牌未来发展的核心定位，并围绕创新多元、精致时尚、小巧好用、轻松可及4大产品策略，助力年轻人群更加美好地生活。为将品牌的全新定位深入年轻人群心中，小熊电器在召开战略升级发布会的同时，还通过年轻化的洞察和创意，打造了一则趣味视频广告《熊心未泯》。视频广告聚焦当前年轻人群的多个生活场景，将年轻人群各种天马行空的想象变成新的生活方式，如全自动撸猫、搬家式露营、原地云旅行等。利用视频广告，小熊电器进一步夯实了"年轻人喜欢的小家电"的品牌定位。

明确品牌定位后，小熊电器便在该基础上使用了与之对应的新媒体广告策略。小熊电器将创意产品与当下年轻人群热衷的精致生活方式巧妙融合，以"艺人代言+社交媒体平台创意视频传播"的方式，与年轻人群互动、交流，促进品牌传播与产品销售。例如，2023年春天到来之际，小熊电器在众多新媒体平台中发布了一则创意视频广告《大地食装秀》，其打破小熊产品传统的厨房使用场景，将小家电的使用场景延伸到竹林、茶园、山野和湖边等，以具有质感的烹食器具和新鲜食材，呈现出诗歌般的意境和极致的生活美学，呼应了年轻人群对精致生活的追求。小熊电器通过创意视频广告不仅展现了生机勃勃的春天，还展现了旗下的破壁机、空气炸锅、迷你电饭煲、分体电煮锅等主推产品，很好地将时尚创意的生活方式和小熊电器进行了融合。另外，为了促进产品的销售和提升品牌知名度，小熊电器还选择了当下年轻人群喜爱的、热度较高的艺人作为品牌代言人，借助艺人的力量，在品牌和受众之间架起沟通的桥梁。在新媒体平台的选择上，小熊电器重点布局时下流行的小红书、抖音、快手、哔哩哔哩等平台，并与各大平台中的"达人"合作来扩大广告宣传范围，进而促进品牌和产品的传播。通过这一系列策略，小熊电器不仅促进了产品销售，还树立了精致且有创意的品牌形象。

【思考】

（1）小熊电器的品牌定位是什么？

（2）小熊电器是如何基于目标市场开展新媒体广告宣传的？

## 任务一　新媒体广告预算

新媒体广告预算是指在新媒体平台上进行广告投放所需的资金预算，它规定了广告投放期内开展广告活动所需的费用总额、使用范围等。新媒体广告预算是确保广告活动有计划且顺利展开的基础。新媒体广告预算编制额度过大，就会造成资金的浪费；编制额度过小，则无法实现新媒体广告宣传的预期效果。

课堂讨论

针对下列问题展开讨论。
（1）分析自身的支出情况，谈谈你制订了哪些支出计划。
（2）选择一则你熟悉的广告，试着说说广告主推出这则广告付出了哪些费用。

# 一、任务目标

新媒体广告预算是广告人员根据广告计划对开展广告活动所需经费的匡算和安排，是确保广告活动有计划、顺利展开的基础和关键因素。本任务将介绍新媒体广告预算的构成与作用、新媒体广告预算的编制方法等方面的知识，以帮助广告人员更好地完成新媒体广告预算工作。

# 二、相关知识

## （一）新媒体广告预算的构成与作用

一般情况下，新媒体广告经费的多少决定了广告活动规模的大小。广告人员要想优化新媒体广告经费的使用，以求达到更好的广告效果，就需要了解新媒体广告预算的基础知识。

### 1. 新媒体广告预算的构成

新媒体广告预算是为广告活动预先拟定的开支计划。通俗地来讲，就是要预先策划"哪里要花钱""要花多少钱""怎么花这笔钱"这3个方面的内容。

一般而言，新媒体广告预算主要由市场调研费、广告设计费、广告制作费、广告媒介费、广告行政费（如办公费）和人员工资等项目构成。广告人员在开展新媒体广告预算时应该全面考虑这些项目。

专家指导

部分企业在考虑新媒体广告预算时，可能还会添加一些临时机动费用。临时机动费用是一种备用经费，指用于应对突发情况或尝试新的广告策略的费用。

### 2. 新媒体广告预算的作用

制定新媒体广告预算的最终目的，就是通过控制新媒体广告经费的总额、使用范围、使用方法来尽可能科学、合理地使用广告经费。其作用具体体现为计划作用、控制作用和指导作用。

- **计划作用：** 新媒体广告预算可以规划广告经费的使用，对广告经费的使用范围、项目、数额以及额定指标进行计划，另外，还可以根据整体预算情况进行项目的再计划或调整。
- **控制作用：** 新媒体广告的设计、制作和发行，以及新媒体广告投放媒体的选择与使用等都受到新媒体广告预算的影响。通过制定新媒体广告预算，广告人员可以对新媒体广告活动进行管理和控制。
- **指导作用：** 通过制定新媒体广告预算，广告人员可以认识和把握广告活动全局，充分提高新媒体广告活动中各环节的工作效率，减少经费运用中的不良现象，指导新媒体广告活动按照既定的计划执行。

### （二）新媒体广告预算的编制方法

使用科学的预算编制方法可以制定合理的新媒体广告预算。新媒体广告预算的编制方法较多，广告人员一定要根据实际情况来选择。

#### 1. 销售额百分比法

销售额百分比法又称销售比例法，是根据一定时期内（通常为一年）销售额的一定比例计算出广告费用总额的方法。根据产品在特定阶段内的销售额，把占销售额一定比例的费用作为下一阶段的广告投入。上述比例应视产品、市场环境、销售情况等实际情况而定。例如，2022年某企业旗下产品在市场上的销售额为20万元，该行业中各企业一般都以销售额的2%计算广告费用，则该产品2023年的广告费用=20×2%=0.4（万元）。

由于执行标准不一，销售额百分比法又可细分为计划销售额百分比法、上年销售额百分比法、平均折中销售额百分比法，以及计划销售增加额百分比法4种。

- **计划销售额百分比法**：其是其根据对下年度的预测销售额计算广告费用的一种方法。这种方法适用于那些能够比较准确地预测销售额的企业，为了推动新产品上市、市场扩张等。

- **上年销售额百分比法**：其是根据上年度或过去数年的平均销售额计算广告费用的一种方法。这种方法相对简单，适用于市场环境相对稳定的行业。

- **平均折中销售额百分比法**：其是计划销售额百分比法和上年销售额百分比法的折中方法。结合计划销售额和上年销售额，取两者的平均值再应用百分比来确定广告费用。这种方法可以在前两种方法之间取得一种平衡，适用于市场波动较大或者行业处于转型期的情况。

- **计划销售增加额百分比法**：与计划销售额百分比法类似，不同之处在于这种方法以上年度广告费为基础，再加之下年度计划销售额增加部分的比率计算广告费用。其计算公式为"次年度广告费=上年度实际支出的广告费+预测次年度增加的销售额×百分比"。这种方法适用于企业希望通过销售额增长来实现广告目标的情况。

**专家指导**

> 销售额百分比法的计算简单明了，但由于市场行情不断变化，且产品销售量的高低也不一定完全取决于广告。因此，把广告预算和产品销售量硬性地联系在一起，有时可能与实际情况不符，因此应理性选择。

#### 2. 利润额百分比法

利润额百分比法的计算和销售额百分比法的计算相同，只是用利润额代替了销售额。利润额根据计算口径不同，可分为毛利润额和净利润额。

这种方法的计算也比较简便，同时将广告费用和利润直接挂钩，适用于不同产品间广告费用的分配，但该方法的分配比例不能绝对化。例如。新产品在投入期需要做大量广告，其费用开支的比例就较大。

#### 3. 销售单位法

销售单位法是以每单位产品的广告费用来确定计划期广告预算的一种方法。这种方法以产品销售数量为基数来计算，操作起来非常简便，尤其适合市场定位为薄利多销的产品。

销售单位法以产品的一定数量为单位，规定每一个销售单位有一定数目的广告费用，这一广告费用乘以总的销售单位，即可得到总的广告费。其计算公式如下。

广告费用总额＝（上年度广告费用/上年度产品销售数量）×本年计划产品销售数量

例如，某产品上一年每件产品的广告费用为0.1元，今年计划销售数为150万件，广告预算=0.1×150=15（万元）。

🎓 **专家指导**

> 销售单位法的优势在于可以更直接地将广告费用与实际销售活动挂钩，更加注重产品本身的广告需求和销售目标的实现。然而，这种方法也需要广告主对每个销售单位的广告需求和销售目标有较为清晰的了解，以便确定相应的广告费用。

### 4. 目标任务法

目标任务法又称目标达成法，是指根据企业制定的市场推广目标和任务来确定广告预算。这种方法强调了广告活动应该与企业的市场营销目标和任务相一致，从而确保广告预算的合理性和有效性。目标任务法的实施通常包括以下几个步骤。

- **确立广告目标**：首先，广告主需要确定广告活动的具体目标，如提高品牌知名度、提高产品认知度、促进销售额增长等。这些目标应该与企业整体市场营销目标相一致。
- **制定实现目标的广告活动**：在确定了广告目标之后，企业需要制定实现这些目标所需的广告活动，包括广告内容、媒体选择、广告频率等。
- **评估实现目标所需的成本**：针对确定的广告活动，企业需要评估实现这些目标所需的成本，包括广告创意制作费用、媒体选择费用、推广活动费用等。
- **确定广告预算**：根据实现目标所需的成本来确定广告预算。企业可以将实现目标所需的总成本作为广告预算，以确保能够充分支持市场推广目标的实现。

目标任务法的优势在于它更加注重广告活动所要实现的具体目标，使广告预算的制定更有针对性和更合理。然而，这种方法也需要广告主对市场环境、广告效果、竞争状况等因素有较为清晰的了解，以便确定实现目标所需的广告活动和成本。

### 5. 竞争对比法

竞争对比法通过将企业的广告支出与竞争对手的广告支出相匹配来制定广告预算。若采用这种方法，企业应当根据竞争对手的广告投入来确定自身的广告预算，以确保在市场上不输给竞争对手。

运用竞争对比法的关键是要了解主要竞争对手的市场地位与广告费用，计算出竞争对手每1%的市场占有率对应的广告投入，再依此来确定企业的广告预算。如果企业想保持与竞争对手相同的市场地位，则可以根据竞争对手的广告费用来确定自己的广告费用总额；如果企业想提高市场地位，则可以比竞争对手投入更多的广告费用。具体的计算公式如下。

广告费用总额＝主要竞争对手的广告费用总额/主要竞争对手的市场占有率×本企业的预计市场占有率

例如，竞争企业某产品的市场占有率为40%，它的广告费用总额为40万元，则1%市场占有率对应的广告费用为1万元。本企业预计市场占有率为38%，则广告费用至少需要38万元。

**专家指导**

竞争对比法的优点是编制的广告预算具有针对性，适合市场竞争的需要，有利于企业在竞争中赢得主动权，缺点是竞争对手广告预算的相关资料不容易取得。因为广告预算总额属于企业的经营秘密，大多数企业都不会将它公之于众，这就给本企业编制广告预算造成了困难。

## 三、任务实训

某行业由A、B、C这3家企业占据绝大部分市场份额。在上一年度中，企业B发现在市场整体向好的情况下，自身经营态势却走低，于是经过严密的市场调研，得到了表4-1所示的信息。对其进行分析后，企业B决策层认为问题出在广告上，请根据表4-1所示的数据，为企业B制订本年的广告预算。注：假设表4-1中的比例固定不变。

**表4-1　某行业近两年经营数据**

| 企业 | 市场占有率 | 前年销售额/万元 | 上年销售额/万元 | 上年毛利润/万元 | 采用的预算编制方法及比例 |
| --- | --- | --- | --- | --- | --- |
| A | 35% | 70 | 75 | 21 | 上年销售额百分比法（8%） |
| B | 29% | 58 | 55 | 17 | 上年销售额百分比法（5%） |
| C | 27% | 50 | 60 | 13 | 上年销售额百分比法（7%） |

### 1. 实训目标

（1）学会用销售额百分比法、利润额百分比法编制广告预算。

（2）学会用竞争对比法编制广告预算。

### 2. 实训要求

（1）根据表4-1所示的数据分析企业B经营态势走低的原因。

（2）分别使用上年销售额百分比法、利润额百分比法、竞争对比法计算企业B本年的广告预算，然后为企业确定最终的广告预算编制方法，并说明理由。

### 3. 实训思路

先计算企业A、B、C上年的广告费用，企业A为5.6万元（70×8%）、企业B为2.9万元（58×5%）、企业C为3.5万元（50×7%），可以发现企业A和企业C投入的广告费用都比企业B更高，由此判断，企业B在市场上的经营走势低的原因可能是广告投入不够，因此需要适当增加广告费用。

根据表4-1可知，企业B上年销售额为55万元，根据销售额和毛利润计算上年销售额百分比法和利润额百分比法下的广告预算。用竞争对比法计算需要依据竞争企业的广告费用，因此需要先计算主要竞争对手企业A的广告预算。计算出各方法下的广告预算费用后，再根据计算结果判断企业B应采用的广告预算编制方法。

## 四、任务考核

扫描右侧二维码，阅读某商品房广告计划方案，填写表4-2并上交。

某商品房广告计划方案

表4-2 任务考核

| 序号 | 考核内容 | 分值 | 说明 |
|---|---|---|---|
| 1 | 简述该方案体现的广告预算作用 | 35 | |
| 2 | 分析该方案的广告预算编制方法 | 35 | |
| 3 | 考虑该方案中还可以加入哪些内容 | 30 | |

## 任务二 新媒体广告策略

新媒体广告策略是广告主为实现其广告目标，根据对外部环境与内部条件的充分预测和把握而做出的广告计划。新媒体广告策略可以指导企业开展广告活动，并与目标进行匹配。了解新媒体广告策略的相关知识，可以帮助广告人员更好地规划新媒体广告策略，从而实现广告目标，为企业获得更大的竞争优势。

**课堂讨论**

针对下列问题展开讨论。
（1）在新媒体时代，应该如何调整广告策略以适应不断变化的市场环境？
（2）如何制定更有效的广告策略？

## 一、任务目标

采取有效的新媒体广告策略有助于有效地实现广告目标，提高品牌知名度和销售额等。总的来说，新媒体广告策略主要包括定位策略、目标市场策略和诉求策略。本任务将介绍新媒体广告策略中的定位策略、目标市场策略和诉求策略等的基础知识，以帮助广告人员在工作中灵活运用新媒体广告策略，达到更好的广告效果。

## 二、相关知识

### （一）定位策略

一般来说，受众对市场上的产品或品牌都有着自己的认识和判断。定位策略可以通过广告帮助企业树立一定的市场形象，使受众产生需求时能联想起产品或品牌。定位策略主要包括市场定位策略、产品定位策略和观念定位策略。

#### 1. 市场定位策略

市场定位策略的目的是通过广告塑造出企业与众不同的形象，便于受众进行识别，其核心思想是根据市场细分结果确定广告方向和内容。受众需求的差异性是市场细分的基础，因此造成受众需求差异的各种因素也成了市场细分的依据。这些因素主要是人口因素、地理因素、心理因素和行为因素。

（1）人口因素

人口因素是影响受众需求的主要因素，也是市场细分时用于区分受众的重要因素。人口因素主要体现在年龄、性别、收入、职业、受教育程度等方面。

- **年龄：**不同年龄阶段受众的生理、性格、爱好不同，导致他们对产品或服务的需求有较大的差别，因此其对广告的反应也不一样。因此，按照不同的年龄阶段进行市场细分，如儿童市场、青少年市场、中年市场和老年市场，可以满足各年龄层次的受众的特定需要。那么针对不同年龄阶段的市场，可以采取不同的广告策略。例如，儿童市场主要关注的是产品的娱乐性和教育性，以及品牌形象是否符合儿童的喜好和认知。因此，可以通过创意性的广告和营销活动，展示产品的有趣和富有教育性的一面，同时可以利用儿童喜欢的卡通形象、小游戏等元素宣传推广产品。

- **性别：**男性与女性的需求与偏好有很大不同，如女性偏好服装、化妆品等类别的产品；男性偏好汽车、数码产品等。因此，在制定广告策略时，可以针对不同性别的受众制定相应的广告策略。例如，女性通常更加注重情感和细节，对产品的外观、功能和安全性有较高的要求。因此，针对女性的广告策略可以强调产品的温馨、舒适和美观，同时突出产品的功能性和安全性。此外，女性对促销和优惠活动也比较敏感，可以在广告中突出价格优势吸引女性受众的注意。例如，图4-1所示为某洗发水品牌针对不同性别的受众发布的新媒体广告，针对男性的广告侧重满足男性对头发干净、清爽的需求，针对女性的广告侧重满足女性对头发留香、产品促销力度大的需求。

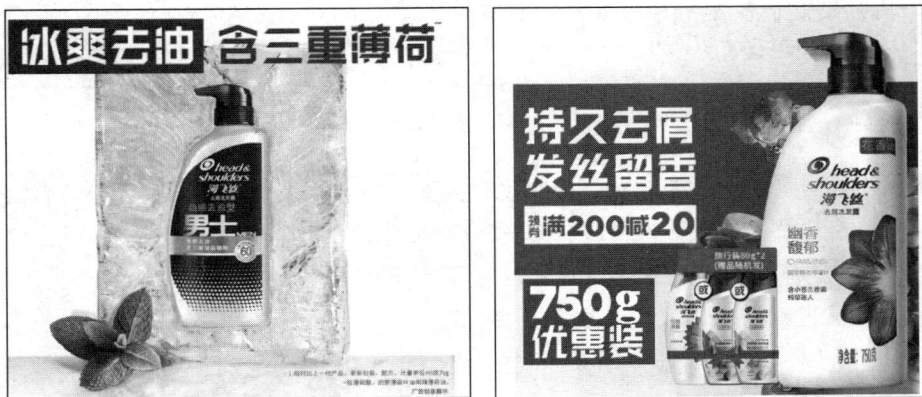

图4-1　某洗发水品牌针对不同性别的受众发布的新媒体广告

- **收入：**收入水平的高低在很大程度上会影响受众选择不同价格和品质的产品或服务。广告人员进行市场细分时，根据受众的收入水平不同，可以把市场细分为高收入市场、中等收入市场及低收入市场。针对不同收入水平的受众，可以采用不同的广告策略。例如，高收入市场的受众通常注重品质、服务和个性化，对高端的产品有较高的需求。因此，可以采取高端品牌定位和品质至上的广告策略，突出产品的品质、独特性和个性化，同时提供优质的服务和体验。又如，中等收入市场的受众注重性价比和实用性，对大众化、实用的产品有较高的需求。因此，可以采取中档品牌定位和实用至上的广告策略，突出产品的性价比、实用性和功能性，同时提供合理的价格和优质的服务。

- **职业：**不同职业的受众在兴趣、需求和消费习惯等方面存在差异，因此采取的广告策略也存在区别。例如，从事医疗行业的受众可能更加关注产品是否健康、干净、卫生，那么针对他们的广告策略就可以强调产品的卫生和安全，以及产品的健康；从事教育行业的受众可能更加关注产品的效果，那么针对他们的广告策略可以强调产品可以培养思维能力、拓宽视野等。

- **受教育程度：** 受教育程度会引起受众的生活方式、兴趣爱好、文化素养、价值观念等方面的差异，并对他们的购买行为和购买习惯产生影响。例如，对于受教育程度较高的受众，广告策略可以突出产品的创新性和差异化，采用具有深度和广度的宣传内容来吸引他们的关注；对于受教育程度较低的受众，广告策略应注重产品的实用性和性价比，突出产品的功能和优势，避免使用过于专业的词汇和复杂的表述方式。

（2）地理因素

不同地理区域的经济、文化等存在差异，所以受众对同一类产品的需求与偏好不同，且受众对广告的认知和接受程度也可能不同。例如，南方地区由于气候潮湿，对防潮、防霉等产品有较大的需求；而北方地区由于气候寒冷，对保暖、御寒等产品有较大的需求。由此可见，通过受众所在的地理位置、自然环境来进行市场细分也是十分必要的。广告人员可以根据国家、地区、城市、地形、气候或人口密度等方面的差异进行市场细分，制定更有针对性的广告策略。

🎓 **专家指导**

> 像北京、上海等流动人口很多的城市，本身就是一个很大的市场，这个市场中可能存在很多不同于其他常住人口市场的需求，但它不一定能真实地反映受众的需求共性与差异，因此不能简单地以某一地理特征来进行市场区分，还需结合其他需求特点综合考虑。

（3）心理因素

受众的性格、情感、价值观等心理特征不同，会导致受众在购买产品的过程中对产品各个方面的关注程度不同，因此广告人员还可以从受众的心理因素出发进行市场细分，再制定有针对性的广告策略。例如，根据性格不同，广告人员可以将受众划分为外向型和内向型两个细分市场。对于性格外向的受众，可以采取更加活跃和积极的广告策略，利用音乐、色彩和动态元素等来吸引他们的注意力；对于性格内向的受众，可以采取更加沉稳和内敛的广告策略，利用文字、图像等静态元素来传达产品信息。

（4）行为因素

按行为因素细分市场就是依据受众的购买时机、期望利益、对产品的了解情况及态度等因素对市场进行细分。受众的购买行为能更直接地反映受众的需求差异，因此行为因素也是进行市场细分的一个重要标准。

- **受众的购买时机：** 受众购买产品的时机，如特定节日、季节、活动等。例如，对于季节性产品，可以针对不同季节制定不同的广告策略，以吸引受众在特定季节购买。

- **受众的期望利益：** 受众购买产品所追求的利益，如产品功能、品质、价格、服务等。例如，对于追求产品健康和环保的受众，可以在广告中突出产品的健康和环保特点，以满足其期望利益。

- **受众对产品的了解情况：** 受众对产品的了解程度和信息获取渠道，如按照受众对产品的了解程度，将市场划分为高度了解型、低度了解型。例如，对于低度了解型市场的受众，可以加强产品信息的传递和普及，突出产品的特点和优势，以提升受众的认知度和信任度。

- **受众的态度**：受众对产品的态度和情感倾向，如按照受众对产品的态度将市场划分为积极型、消极型；按照受众的情感倾向将市场划分为热情型、冷漠型等。例如，对于积极型市场的受众，可以突出产品的优势和特点；对于消极型市场的受众，可以强调产品的改进和提升。

## 2. 产品定位策略

产品定位策略是指在广告中通过突出产品符合受众心理需求的鲜明特点，确立产品在市场竞争中的位置，促使受众形成对该产品的固定印象的策略。这种定位策略的核心是挖掘产品特色，并恰当地表现出来，以吸引目标受众的注意。产品定位策略主要包括价格定位、品质定位、功能性定位、文化定位等。

- **价格定位**：价格定位策略即以产品价格来定位产品在市场中的地位的广告策略。一般来说，按照价格的高低，价格定位可以分为高价定位、中等价格定位和低价定位3种类型。针对高价定位，广告可以突出产品的精致设计、高品质材料和先进技术，以及与品质生活相关的情境。针对中等价格定位，广告可以强调产品的实用、耐用和高性价比，以及与日常家庭生活相关的情境。针对低价定位，广告可以突出产品的经济实惠等特点。

- **品质定位**：品质定位策略是根据产品的质量和价值来定位产品在市场中的地位的广告策略。这种定位策略通常会在广告中强调产品的精湛工艺和高品质材料，以及耐用性、稳定性、安全性或者舒适性等特点。例如，图4-2所示为某品牌分别在不同平台上发布的新媒体广告，其就充分体现了旗下牛奶产品的品质定位策略。广告从牛奶的源头上做文章，突出了奶牛的健康，抓住了受众追求健康、新鲜、优质牛奶的心态，很好地突出了产品的品质。

图4-2　某品牌新媒体广告反映的品质定位策略

- **功能性定位：**功能性定位策略是以产品某一特色功能来定位产品在市场中的地位的广告策略。这种定位策略通常会在广告中突出产品的特定功能，如高清摄像功能、智能家居控制功能等，通常通过真实场景或故事情节展示产品的特色功能如何解决特定问题或满足特定需求，从而让受众对产品产生信任和兴趣。

- **文化定位：**文化定位策略是将产品与某种文化或价值观联系起来的广告策略。这种定位策略会在广告中突出产品与特定文化、价值观或传统习俗等的契合，或运用特定文化符号、民间故事、节日习俗等元素让受众在情感上与产品产生共鸣。例如，五芳斋是一家有着悠久历史的食品品牌，其发布的新媒体广告中经常融合了我国的传统文化元素（见图4-3），以此来吸引受众的关注和提高品牌价值。

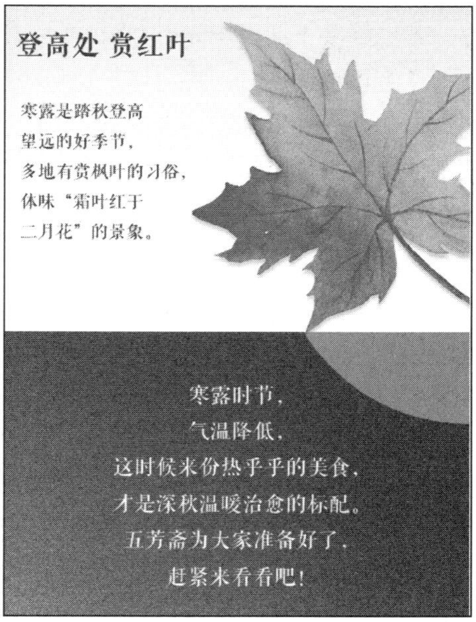

图4-3　五芳斋新媒体广告反映的文化定位策略

### 3. 观念定位策略

观念定位策略与其他两种定位策略不同，侧重于通过传播特定的理念、观念或文化内涵，来塑造产品或品牌形象、提高产品或品牌知名度。在这种策略的指导下，广告不仅反映产品或服务的特性，更重要的是与特定的价值观、情感或理念相关联，以触动受众。观念定位策略主要包括两种。

- **创造新的消费观念：**通过研究和了解目标受众的消费心理和行为，创造一种新的消费观念，并将其与产品联系起来。例如，一些饮料品牌将饮料与健康、活力和运动等理念联系起来，吸引那些注重健康的受众。

- **赋予产品独特的情感价值：**通过赋予产品情感价值，引起受众的情感共鸣，吸引受众的关注，获得受众的认可。例如，一些化妆品品牌通过宣传自信、肯定自我价值的理念，吸引那些注重自我表达的受众。

实施观念定位策略的关键在于通过特定的理念或观念来连接品牌与受众，进而建立起情感联系，提升受众对产品或品牌的认知度和忠诚度。

### 素养课堂

某些广告主为了在市场竞争中胜出，不惜以低俗的观念或话题哗众取宠，这是不可取的。广告不仅是产品或品牌的宣传手段，也是公共传播作品，与文学、新闻、影视作品一样，承担着传递社会价值观与引导公众思维的重要责任。作为一名合格的广告人员，应当具备专业素养和社会责任感，弘扬正面、健康的价值观。

## （二）目标市场策略

目标市场策略是指根据不同目标市场的特点采取相应宣传手段和方法的一种广告策略。所谓目标市场，是指企业选择一定的范围和受众作为自己的市场，以满足一部分受众的需要为宗旨，以在这些受众身上获得利润作为目标。市场中的受众一般具有相同的需求或特征，如某服装品牌就把儿童市场作为其目标市场。目标市场策略主要包括集中性目标市场策略、无差异性目标市场策略和差异性目标市场策略3种类型。

- **集中性目标市场策略：** 集中性目标市场策略是指集中力量进入某一细分市场，并针对该细分市场制定的广告策略。这种策略将所有的资源和精力集中在某一个特定的目标市场中，如针对某一特定的年龄段、某一特定的性别、某一特定的地域等。这种策略的优点是可以集中力量使广告快速见效，缺点是如果目标市场选择不当，可能会面临较大的风险。例如，某手机品牌在推出产品时主要针对女性市场，其产品的开发也偏向于满足女性受众的需求，如轻薄、拍照功能强大、颜色多样等。在社交媒体平台上进行宣传推广时，品牌的广告宣传海报、宣传视频等绚丽多彩、个性时尚，很好地突出了手机的拍照效果好、颜色多样和外观设计美观等，契合女性受众的喜好。

- **无差异性目标市场策略：** 无差异性目标市场策略是指把整个市场作为目标市场，只考虑市场需求的共性，不考虑其差异性而制定的广告策略。这种策略将所有的产品和营销都指向同一个大市场。例如，可口可乐公司早期采用的就是无差异性目标市场策略，当时其仅生产一种口味、一种大小的瓶装可乐，连广告文案也仅有一种。这种策略在新产品处于导入期与成长期，或者在产品供不应求，市场上还无竞争对手时，或者在竞争不激烈时，是一种经常采用的策略。无差异性目标市场广告策略有利于广告主运用各种媒体统一宣传广告内容，节省广告费用开支，并迅速提高受众对产品的认知度，达到广告目标。但是，这一策略由于针对性不强，不能满足受众的差异化需求。

- **差异性目标市场策略：** 差异性目标市场策略就是把整个市场细分为若干个子市场，并针对不同的子市场制定不同的广告策略。这种策略主要是根据不同的受众群体和市场需求，将产品分成不同的类别，并针对每个类别制定不同的营销策略。例如，农夫山泉通过大数据技术，根据不同群体的消费习惯和需求，推出了多款定制产品，如泡茶用矿泉水、含锂型矿泉水、饮用矿泉水等。这些产品针对不同人群的需求，突出了不同的产品特性和功能，并在社交媒体平台上进行个性化的宣传和推广。图4-4所示为农夫山泉针对不同产品发布的新媒体广告。这种策略的优点是可以满足不同受众的需求，提高产品的销量和品牌知名度，但缺点是需要更多的资源和精力来管理多个市场。

图4-4　农夫山泉针对不同产品发布的新媒体广告

## （三）诉求策略

广告是一种以说服为目的的信息传播活动，诉求策略其实就是广告的说服策略。简而言之，诉求策略就是给予受众一个接受广告和产品的理由。诉求策略主要包括理性诉求策略、感性诉求策略和情理结合诉求策略3种类型。

### 1. 理性诉求策略

理性诉求策略是通过诉诸目标受众的理性需求，以有逻辑的方式传达广告诉求，即通过对受众理性层面的劝服而达到广告传播目标。这种策略通常以真实、准确和必要的产品与品牌信息为主要内容，通过强调产品的客观属性和实际利益来吸引受众，让受众在经过认知、推理和判断之后做出购买决定。例如，图4-5所示为某品牌发布的新媒体广告，其以对比的方式来证明产品的实用性，属于典型的理性诉求策略。

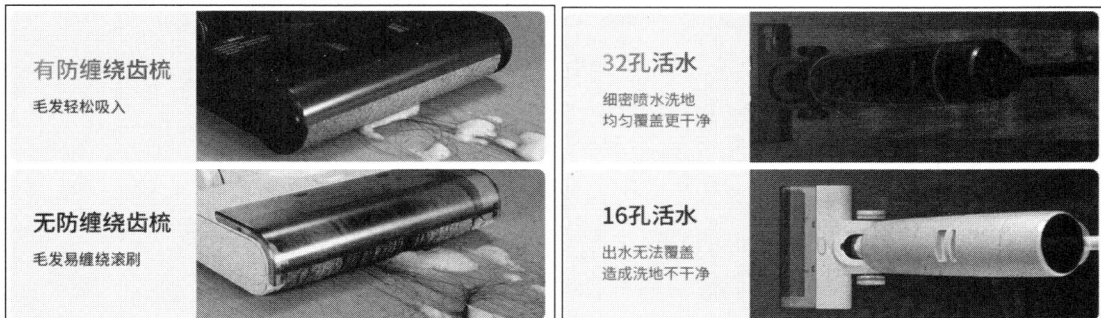

图4-5　应用理性诉求策略的广告

理性诉求策略注重提供全面的产品信息，特别是在受众对产品或服务了解较少时。但需要注意的是，对于市场知名度较高的产品，过于细致的信息和文字可能会令受众感到厌烦。应用理性诉求策略的广告具有说明文、议论文或记叙文的特征，适合在受众需要做出理性的购买决策时，为其提供实际帮助和资料支持。同时，这类广告的语言一般严谨、准确、平实、简洁、逻辑性强，能够引导受众思维，达到广告宣传的效果。

### 2. 感性诉求策略

感性诉求策略又称为情感诉求策略，主要通过唤起受众的情感和情绪来吸引受众。在广告中采用"动之以情"的方式，受众往往会因受到暗示而动情，受情绪的影响而采取行动。感性诉求策略通常适用于受众对产品的理性需求已经得到满足，而感性需求尚未得到满足的情况。

相比于理性诉求策略，感性诉求策略更注重情感、情绪与品牌、产品或服务的联系。需要注意的是，广告应用感性诉求策略时，广告中蕴含的情感应该真实、深切，情感表达要自然、含蓄，避免虚情假意和过于生硬，否则可能会适得其反。应用感性诉求策略的广告，其语言更生动、形象，大多会通过环境烘托、情景描述来间接地唤起受众的某种情感。例如，图4-6所示为不同品牌发布的新媒体广告，两者都从亲情的角度入手宣传产品，赋予了产品感情色彩。

图4-6　应用感性诉求策略的广告

### 3. 情理结合诉求策略

情理结合诉求策略是将理性诉求和感性诉求结合起来的一种广告策略。这种策略将理性诉求和感性诉求的优点结合起来，如在强调产品的情感价值的同时，也强调产品的客观属性和实际利益。情理结合诉求策略的前提是产品的特性、功能与情感内容有合理的联系。一般来说，情理结合诉求策略主要以感性诉求引发受众的共鸣，再辅以理性诉求传递客观信息。例如，苏泊尔曾发布过一则视频广告《人生百味》。一方面，广告以家为核心，用6道家常菜延伸出6个家庭的生活小故事，利用"感情总是越炒越好""爱情这盘菜有酸才有甜"等文案讲述人们在唠叨、吵闹等生活琐碎中饱含的爱意，很好地引发了受众的情感共鸣；另一方面，广告还将产品特点融入小故事中，客观地介绍了品牌炒锅称手的特性，如图4-7所示。

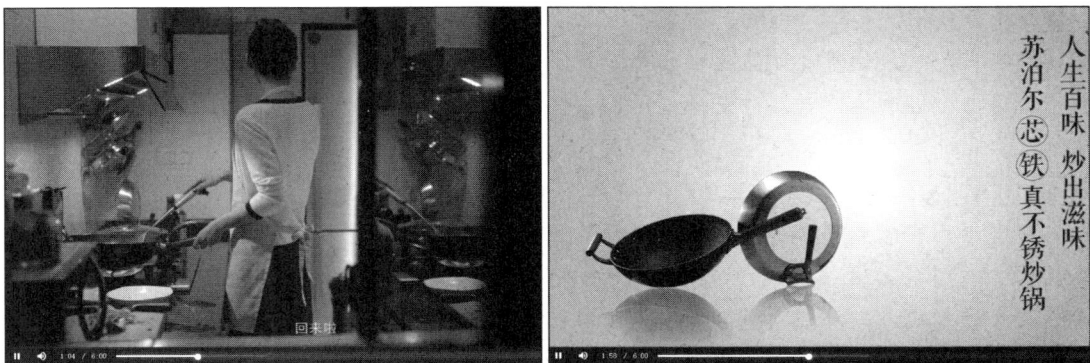

图4-7 应用情理结合诉求策略的广告

# 三、任务实训

结合本任务所学知识，根据表4-3所示的产品信息和图4-8所示的产品图片，为该产品制订有针对性的广告策略。

表4-3 按摩椅产品信息

| 产品名称 | 定价 | 功能 | 当前销量 | 卖点 |
|---|---|---|---|---|
| 家用按摩椅 | 4099元 | 按摩 | 月销150件 | 19套专业定制按摩程序；34个专业气囊全身按摩；大屏操控，一键启动；15天免费试用 |

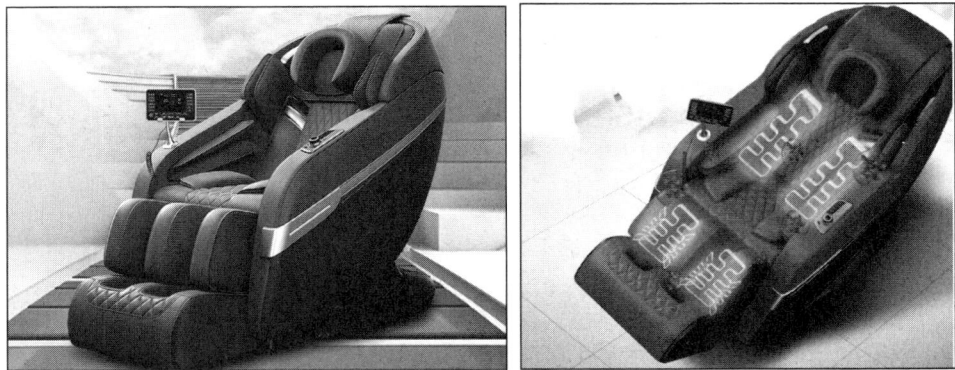

图4-8 产品图片

## 1. 实训目标

（1）掌握定位策略的构思方法。

（2）掌握诉求策略的构思方法。

## 2. 实训要求

（1）根据表格和图片信息，为该产品构思广告策略，要求使用定位策略。

（2）根据表格和图片信息，为该产品构思广告策略，要求使用诉求策略。

## 3. 实训思路

STEP 01 使用定位策略构思广告策略。定位策略细分为不同的策略，可以任选其中的一到两个策略进行构思。例如，采取市场定位策略，可以年龄作为市场细分依据，为老年市场构思广告策略，如通过动画或实景拍摄的方式，展示老年人使用按摩椅的过程，突出按摩椅使用便捷、舒适的特点，并设计一些具有吸引力和感染力的广告语，如"舒适触手可及，健康与你同行""轻松享受，健康生活"等。

**STEP 02** ◇使用诉求策略构思广告策略。根据按摩椅的信息可知，按摩椅的价格较高，仅依靠理性诉求策略不能很好地说服受众接受和购买产品，那么可以采用情理结合诉求策略。例如，可以拍摄一则视频广告，大致内容为父母身体不适，远在外地工作的子女给父母购买了按摩椅，以亲情的角度引发受众共鸣，同时在广告中展现父母简单操控按摩椅的画面，表现产品操作简单的卖点，还可以展示父母躺在按摩椅上享受按摩的画面，体现按摩椅的舒适。最后，设计一些能打动人心的广告语，如"××按摩椅，替你陪在父母身边"。

## 四、任务考核

七品茶轩是一个茶叶品牌，其主营不同品种的茶叶。图4-9所示为其主推茶叶产品。请结合本任务所学知识，填写表4-4并上交。

图4-9　主推茶叶产品

表4-4　任务考核

| 序号 | 考核内容 | 分值 | 说明 |
| --- | --- | --- | --- |
| 1 | 使用定位策略为该品牌制定广告策略 | 40 | |
| 2 | 使用目标市场策略为该品牌制定广告策略 | 30 | |
| 3 | 使用诉求策略为该品牌制定广告策略 | 30 | |

# 任务三　新媒体广告效果评估

新媒体广告发布成功并不代表广告活动的结束，广告人员还需要及时评估广告效果。新媒体广告效果是指广告发布后所取得的成效，包括对产品销量的影响、受众的评价等。一旦新媒体广告效果不佳，广告人员就需要及时调整广告策略，如更新广告内容、更换广告发布平台等，以保证新媒体广告的有效性。

针对下列问题展开讨论。

（1）你是否有比较喜爱的一则广告？你是如何表达你的喜爱的？

（2）假如你发布了一则意图提高品牌知名度的广告，你会如何评估广告效果？

# 一、任务目标

新媒体广告效果评估是对在互联网、社交媒体、移动应用等新媒体平台上投放的广告进行效果分析和评价的过程。评估新媒体广告的效果，可以了解新媒体广告是否达到了预期的目标，进而优化新媒体广告的内容和广告策略等。本任务将介绍新媒体广告效果评估指标和评估方法等方面的知识，以帮助广告人员判断新媒体广告是否达到预期目标，从而不断改进新媒体广告策略，提高企业在市场上的竞争力和品牌价值。

# 二、相关知识

## （一）新媒体广告效果评估指标

新媒体广告效果评估指标可以帮助广告人员精准地了解广告是否成功地实现了预期的目标。常用的新媒体广告效果评估指标主要包括点击率、转化率、曝光量和点击成本等。

- **点击率：** 新媒体广告被点击的次数与新媒体广告展示次数的比例。点击率高通常意味着新媒体广告吸引了目标受众的注意。如果新媒体广告的点击率过低，广告人员则需要着重分析广告的封面图、文案等是否不够有吸引力，投放位置是否不醒目，等等。

- **转化率：** 新媒体广告点击后，实际转化为目标行为（如购买、注册、下载等）的比例。转化率越高，新媒体广告的实际效果越好。

- **曝光量：** 新媒体广告被展示的次数。曝光量有助于广告人员了解新媒体广告的覆盖范围和曝光效果。如果曝光量低，可能是因为新媒体广告的投放位置欠佳或所投放平台的流量小。

- **点击成本：** 新媒体广告每次被点击产生的费用。较低的点击成本表示能以较低的费用吸引用户点击广告。控制该指标有助于合理控制新媒体广告的成本。

- **转化成本：** 表示实现一次转化所需支付的费用，可以用于评估新媒体广告拓展实际业务的成本。

- **投资回报率（Return on Investment，ROI）：** 在新媒体广告领域，投资回报率是衡量广告活动的效果和回报的重要指标，据此可以判断新媒体广告的盈利能力。其计算公式为：ROI=（收益−成本）/成本×100%。其中，收益指新媒体广告活动所带来的实际收益，可以是销售额、利润、转化金额等，具体取决于新媒体广告的目标；成本指新媒体广告活动的总成本。ROI越高，新媒体广告投资获得的回报越高；ROI越低，回报越低（ROI为正数时，表示新媒体广告活动盈利；ROI为负数时，表示新媒体广告活动亏损）。

- **收藏数/点赞数/评论数/转发数：**新媒体广告被收藏/点赞/评论/转发的数量。高收藏/点赞/评论/转发数可能意味着受众认可新媒体广告，但新媒体广告实际的商业价值不一定高。
- **平均播放时长：**平均播放时长是评估视频类广告质量的重要指标。平均播放时长越长，广告的效果越好，越能给受众留下印象。影响视频广告平均播放时长的因素主要有视频广告内容创意、视频广告表现形式等。

### 专家指导

新媒体广告效果评估是多方面的，广告人员不仅要评估新媒体广告本身的投放效果，还需要评估新媒体广告在不同发布平台的效果，以及新媒体广告在相同平台的不同广告位的效果等。

## （二）新媒体广告效果评估方法

合理运用新媒体广告效果评估方法可以更有效地管理和优化广告投放。常用的新媒体广告效果评估方法主要包括开展数据分析、开展问卷调查等，广告人员可以综合运用这些方法，全面评估新媒体广告的效果，为优化广告策略提供有力的决策支持。

### 1. 开展数据分析

开展数据分析可以深入了解新媒体广告在新媒体平台上的表现。在数字化营销时代，数据是企业宝贵的资产之一，针对新媒体广告效果开展数据分析可以提供更加客观、准确的决策支持。一般来说，大多数新媒体平台后台会统计新媒体广告效果的相关数据，如抖音、微信公众号（见图4-10）等，广告人员可以对新媒体广告的曝光量、点击率、转化率等数据进行分析，以便量化新媒体广告的效果，从而了解新媒体广告在新媒体平台上的表现，以及是否达到了预期的目标。

图4-10　微信公众号中新媒体广告的数据统计

除了数据统计情况，部分新媒体平台后台还会展示趋势图，借助趋势图，广告人员可以对比分析不同新媒体广告的效果，判断受众更喜爱哪种类型的广告内容，分析哪种广告策略更有效等。

### 专家指导

针对户外新媒体广告，在新媒体平台后台没有提供数据统计和分析功能的情况下，广告人员可以借助百度统计、5118站长工具等开展数据分析。

### 2. 开展问卷调查

开展问卷调查也是评估新媒体广告效果的有效方法，广告人员据此可以了解广告对受众的影响程度，以及广告在传递信息和塑造品牌形象方面的效果。广告人员在利用问卷调查来评估新媒体广告的效果时，首先需要明确问卷调查的目的和内容，包括要了解的信息、问题的设置、调查的对象（受众群体）等。其次，要根据确定的调查内容设计问卷问题，问题可以涉及受众对广告内容的喜好程度、理解程度，对品牌的认知程度，购买意愿，等等。再次，可以通过电子邮件、短信、社交媒体等渠道向受众发放问卷。最后，在问卷调查结束后，需要收集和整理问卷数据，并对收集到的问卷数据进行分析和解读。例如，图4-11所示为某品牌为了解受众对某广告的评价而设计的调查问卷（部分）。

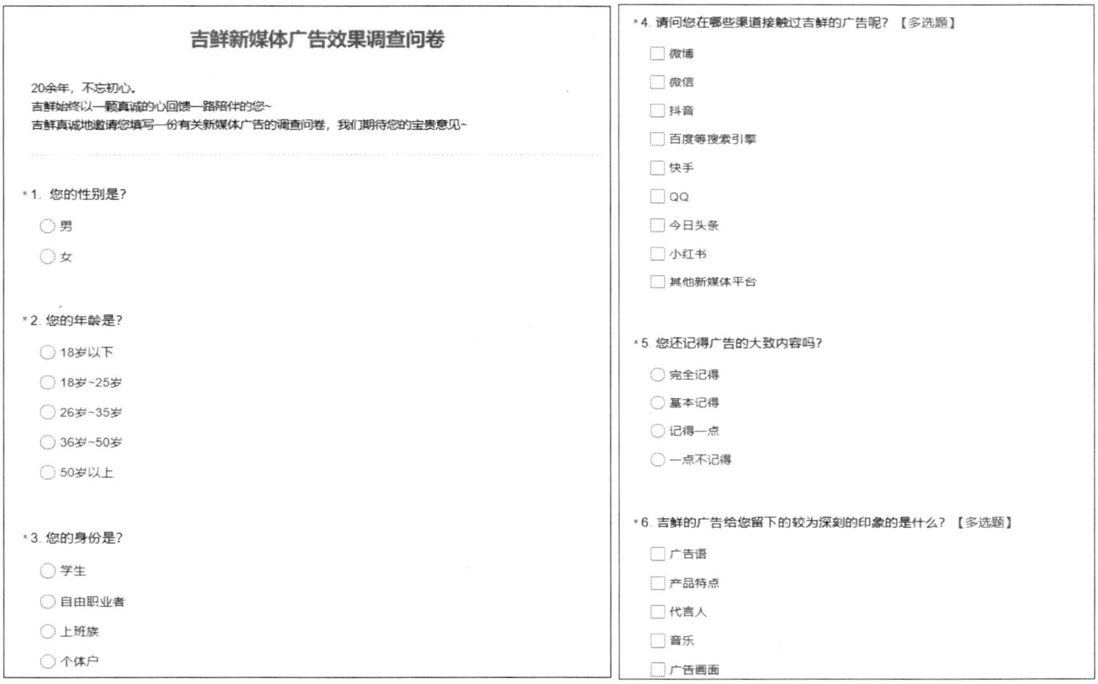
吉鲜新媒体广告效果调查问卷

20余年，不忘初心。
吉鲜始终以一颗真诚的心回馈一路陪伴的您~
吉鲜真诚地邀请您填写一份有关新媒体广告的调查问卷，我们期待您的宝贵意见~

*1. 您的性别是?
- 男
- 女

*2. 您的年龄是?
- 18岁以下
- 18岁~25岁
- 26岁~35岁
- 36岁~50岁
- 50岁以上

*3. 您的身份是?
- 学生
- 自由职业者
- 上班族
- 个体户

*4. 请问您在哪些渠道接触过吉鲜的广告呢？【多选题】
- 微博
- 微信
- 抖音
- 百度等搜索引擎
- 快手
- QQ
- 今日头条
- 小红书
- 其他新媒体平台

*5. 您还记得广告的大致内容吗?
- 完全记得
- 基本记得
- 记得一点
- 一点不记得

*6. 吉鲜的广告给您留下的较为深刻的印象的是什么？【多选题】
- 广告语
- 产品特点
- 代言人
- 音乐
- 广告画面

图4-11　调查问卷（部分）

## 三、任务实训

图4-12所示为某品牌分别发布在微博、抖音、微信中的新媒体广告，广告内容一致，但收获的广告效果却不同。试着根据图片中的相关数据，分析该品牌发布的新媒体广告的效果。

### 1. 实训目标

（1）掌握新媒体广告效果的评估指标。

（2）掌握新媒体广告效果的评估方法。

### 2. 实训要求

（1）说明图4-12所示的哪些指标可以用来评估该品牌发布的新媒体广告的效果。

（2）根据图4-12所示的指标分析该新媒体广告的效果。

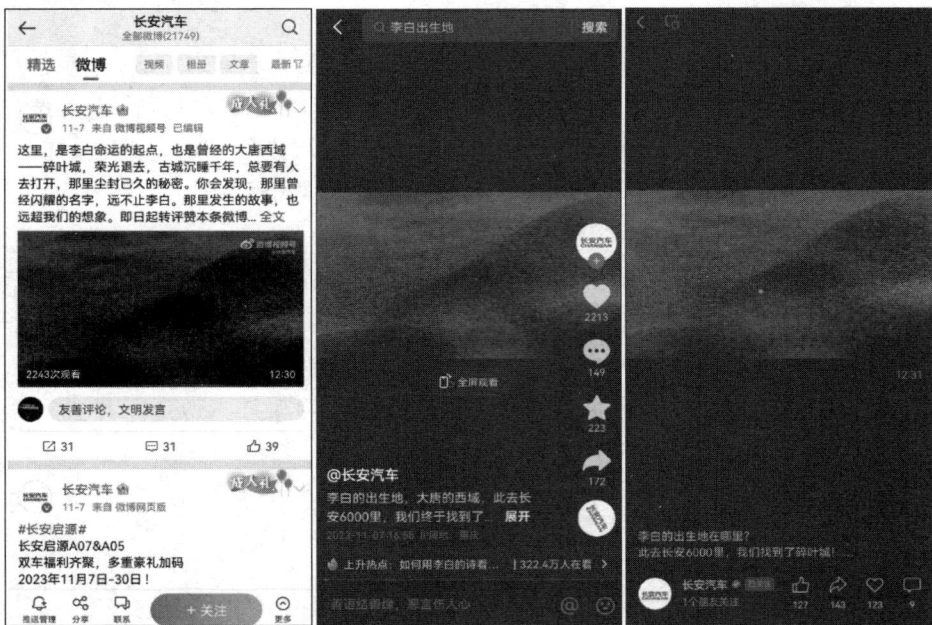

图4-12　某品牌发布在不同平台的新媒体广告

### 3. 实训思路

根据图4-12可知，观看数、点赞数、评论数、收藏数和转发数都可以作为评估指标来评估新媒体广告的效果。在分析时，不仅要分析新媒体广告本身的投放效果，还要分析新媒体广告在不同发布平台的效果。

## 四、任务考核

助选日用是一个新创日用品品牌，为了提高品牌的知名度，并促进品牌产品的销售，其在主流的新媒体平台中投放了较多新媒体广告。图4-13所示为品牌投放在抖音、微信平台的新媒体广告的相关数据截图。请查看相关数据，填写表4-5并上交。

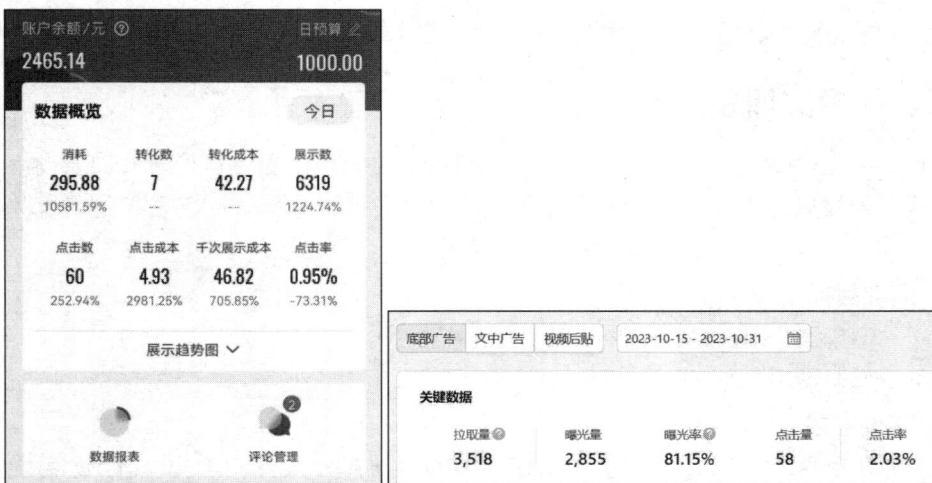

图4-13　新媒体广告的抖音（左）和微信（右）数据

表4-5 任务考核

| 序号 | 考核内容 | 分值 | 说明 |
|---|---|---|---|
| 1 | 分析品牌投放在抖音的新媒体广告的效果 | 30 | |
| 2 | 分析品牌投放在微信的新媒体广告的效果 | 30 | |
| 3 | 分析品牌投放的新媒体广告可能存在什么问题 | 40 | |

# 拓展延伸

## （一）应用诉求策略的重点

在选择诉求策略时，广告人员需要考虑企业的实际情况和市场需求，选择合适的策略。但在选择并应用诉求策略前，广告人员一方面需要找准诉求对象，另一方面需要明确诉求重点。

- **找准诉求对象**：诉求对象是指广告针对的目标受众。一般来说，市场定位与产品定位的过程就是进行目标受众定位的过程，因此，市场和产品定位过程中明确指向的受众群体就是广告的诉求对象。另外，存在市场和产品所指向的受众群体最终没有做出购买决策的情况，如产品指向幼年群体，但实际购买决策者是他们的父母。因此广告人员还要考虑最终决策者。

- **明确诉求重点**：诉求重点是指广告重点传达的信息。广告诉求重点主要由广告目标和诉求对象的需求决定。例如，若广告目标是提高品牌知名度，那么广告应当向受众传达关于品牌的各种信息；若诉求对象的需求侧重产品品质，则广告应向受众强调产品质量。

## （二）新媒体广告媒体组合策略

基于市场的需要和广告诉求，将广告投放在单一的媒体平台不能很好地达到广告效果，因此通过多种媒体密集投放同一则广告，是优化广告效果的常用方式。但实际上并不是广告投放的媒体越多、投放的频次越高就能达到理想的广告效果，广告人员可以灵活运用广告媒体组合策略来选择投放的媒体。

- **同类媒体的组合**：同类媒体的组合即将属于同一类型的媒体组合起来，例如，将微博和微信组合起来进行广告投放，从而对某一细分市场或具有相同需求的受众群体进行广告信息传播。

- **不同类型的媒体组合**：不同类型的媒体组合即将不同类型的媒体组合起来，如线上线下广告传播常将户外新媒体广告、网络视频广告等组合在一起，以有效地整合多个媒体的优势，加深受众对广告的印象。

- **与企业自有媒体组合**：企业自有媒体是指企业自备的，用于促销产品或宣传品牌的媒体，如企业自建的网站、网店、产品销售站点等。与企业自有媒体进行组合，可以进一步发挥众多媒体的优势，更好地进行广告传播。

## （三）新媒体广告排期策略

新媒体广告排期是指对广告的发布时间和频率进行计划和安排，以实现最佳的广告效果。

排期需要考虑多种因素，包括广告预算、目标受众的特点、传播渠道的覆盖范围和影响力等。通过对排期的合理规划和执行，广告人员可以有效地提高广告的曝光量和点击率，提升品牌知名度和影响力，促进产品的推广和销售。以下是一些常见的新媒体广告排期策略。

- **持续排期：** 在整个广告运作过程中，广告始终持续发布，没有明显的变化。实施这种策略的前提是产品市场在不断扩大，受众购买产品比较频繁，或者该产品属于某种短缺性的、有限的产品。这种策略的不足是由于其在排期上的一成不变，媒体投放情况不能很好地与销售情况相结合。

- **交叉排期：** 在一个较长的广告周期之内，根据广告规模或媒介传播情况，对不同规格的广告相互交叉播出。这种策略可以对不同规格的广告形成互补性冲击，同时也相应地降低了广告播出成本。它的明显不足是，有时广告显得缺乏统一性。

- **季节性排期：** 根据产品的季节性特点来安排广告的发布时间和频率。这种策略适用于有明显季节性需求的产品，如服装、旅游产品等。在产品旺季到来之前，广告人员通过提前进行广告宣传和开展促销活动，可以刺激受众的购买欲望和需求，为销售旺季的到来做好准备。同时，在销售旺季，广告的发布频率提高，以最大限度地提高产品的销售量和品牌知名度。

- **节假日排期：** 根据节假日的特点和受众的需求来安排广告的发布时间和频率。在节假日期间，受众的购买欲望和需求会相应增加，此时进行广告宣传，可以有效地吸引受众的注意力，提高产品的销售量和品牌知名度。同时，在节假日之后，也可以根据受众的反馈和销售情况，对广告效果进行评估和调整广告策略，以更好地满足市场需求和优化广告效果。

## 实战与提升

（1）假设某公司今年的预测销售额为1100万元、预测利润为200万元，其将广告投入与销售额的比例定为8%、广告投入与利润的比例定为3%。请分别采用销售额百分比法和利润额百分比法计算该公司今年的广告预算。

（2）观察图4-14所示的两则新媒体广告，分析其分别采用了哪种类型的诉求策略。

图4-14 两则新媒体广告

（3）图4-15所示为某品牌开展某场直播后获取的相关数据，请分析直播数据，并列出可以用来评估直播广告效果的指标。

图4-15　直播相关数据

# 项目五

# 新媒体文案的写作方法

## 学习目标

**【知识目标】**

- 掌握新媒体文案标题的写作方法。
- 掌握新媒体文案开头和正文的写作方法。
- 掌握新媒体文案结尾的写作方法。

**【素养目标】**

- 增强新媒体文案写作的诚信意识和规范意识。
- 培养通过新媒体文案传播正能量、弘扬优秀传统文化的意识。

## 学习导图

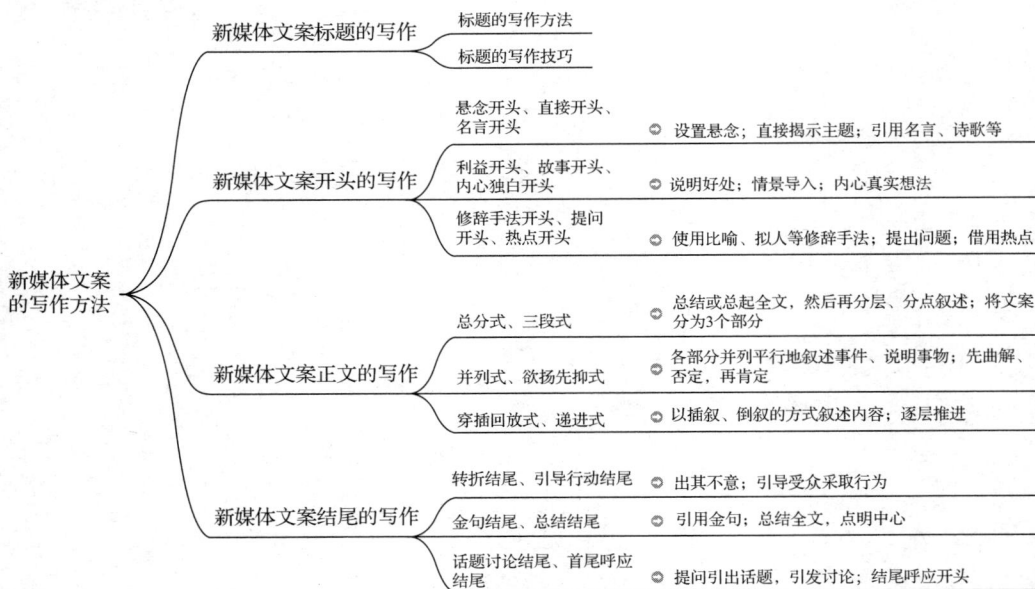

新媒体当前已广泛渗透人们生活和工作的各个领域。人们只需打开手机，随意浏览几个App，就能阅读到各种类型的新媒体文案。虽然新媒体文案的种类、数量繁多，但质量参差不齐。仔细观察那些出色的新媒体文案，会发现它们在内容制作方面非常精良，独具创意。例如，2023年8月，顾家家居发布了一个短视频《支点》，图5-1所示为短视频片段截图。该短视频以家具给人带来的物理支撑以及家带给人的精神支撑为切入点，通过细腻而深刻的文案、温情而真挚的独白，生动诠释了家的内涵——家，是能撑住生活的重量，抚慰人们心灵的支点。

图5-1 《支点》短视频片段截图

该短视频文案没有过分渲染家、家人对人的情感支持，而是展现了不同群体具有代表性的日常生活碎片，如一趴、一躺、一靠等，很好地刻画了人们日常在家中的真实状态。结尾处的"生活总有重量，也总有能接住你的地方。无论生活明媚，抑或风雨，愿这小小支点把你缓缓接住，也把你稳稳撑起"文案则很好地表达了家是如何成为人们精神与生活的支点的，点明了文案的主题。同时，在文案中，顾家家居还向受众展示了产品在家庭生活场景中的多样化应用，如"累了，它托着"（展示沙发时），"困了，它伴着"（展示床垫时），"吃饱了，有它撑着"（展示餐椅时）等，表达了家具和家人一样，能带给受众陪伴与支持。

该文案结构清晰、引人入胜，不仅展现了家居产品的具体功能，又巧妙地将家居产品拟人化，表达家居产品能够支撑起人们的日常生活，构建起品牌与受众的情感连接。因此，文案一经发布，就引发了大量网友的关注和讨论，为品牌带来了不少流量。在新媒体时代，广告不再仅给人单纯的视觉享受，文案的力量越来越重要。文案人员如果能够熟练使用新媒体文案的写作方法，打造出关注度高的文案将不再是难事。

【思考】

（1）顾家家居发布的短视频文案使用了哪种修辞手法？

（2）顾家家居是如何诠释家的含义的？

## 任务一 新媒体文案标题的写作

虽然新媒体文案主要借助具体内容来达到推广或销售的目的，但是文案标题的好坏也会在一定程度上影响文案的点击率和最终转化率。因为受众在浏览新媒体文案时，一般最先看到的就是标题。标题如果具有吸引力，新媒体文案就能在很大程度上吸引受众的注意，使受众产生阅读兴趣，最终达到推广或销售的目的。

**课堂讨论**

针对下列问题展开讨论。
（1）你会被哪种类型的新媒体文案标题吸引？
（2）阅读量高的新媒体文案的标题都有什么特点？
（3）新媒体文案中不能使用的词语有哪些？

## 一、任务目标

新媒体文案的标题是吸引受众注意和促进内容传播的关键因素之一。好的新媒体文案标题能够引起受众的好奇、兴趣和共鸣，从而促使他们进一步阅读内容。本任务主要介绍新媒体文案标题的写作方法和写作技巧，以帮助文案人员写出有趣的、引人注目的标题。

## 二、相关知识

### （一）标题的写作方法

新媒体文案的标题常常起到引人注意、点明主题的作用。文案人员若能掌握标题的不同写作方法，就能打造更出彩的标题，进而促进产品或品牌的营销与传播。

#### 1. 宣事式

宣事式标题就是不玩文字游戏、直接点明产品宣传意图的标题，这种标题通常开门见山，直接宣告某一事项或直接告知受众会获得哪些利益或服务，让受众一看标题就知道文案的主题。折扣促销、产品上新等活动推广文案多使用这种标题。以下是宣事式标题的示例。

> 华为2023年秋季全场景新品发布会，多款新品亮相！
>
> 读客天猫旗舰店"6·18"返场活动，折扣优惠享不停！
>
> 有奖征集：等你来投！晒团圆，赢好礼！

#### 2. 警告式

警告式标题通过严肃、警示、震慑的语气来说明内容，以起到提醒、警告的作用，常用于描述事物的特征、功能等内容。需要注意的是，警告式标题可以有一定夸张效果，但不能扭曲事实，要在陈述事实的基础上，以发人深省的内容、严肃深沉的语调给受众以暗示，使受众忍不住阅读文案正文。以下是警告式标题的示例。

> 千万不要随便购买四件套！
>
> 小心落地就脱妆！夏日控油装备等你选购！
>
> 不会吧！你竟然还在用这种方法吹头发！

### 3．提问式

提问式标题用提问的方式来引起受众的注意，引发他们去思考问题，加深他们对文案的印象，让他们想要读完全文一探究竟。在考虑要提的问题时，要从受众关心的利益出发，这样才能引起他们的阅读兴趣。提问式标题可以是反问、设问，也可以是疑问。以下为提问式标题的示例。

> 华为××××值不值得入手？
> 情绪课程：你的情绪背后隐藏的真实需求是什么？
> 除了写文案，文心一言还能干什么？

### 4．对比式

对比式标题通过对比手法来衬托当前产品的特点，从而加深受众对产品的认识，引起受众的关注。对比的表现手法比较灵活，大致有以下3种。

- 将性质截然不同的事物进行对比，如"震惊！有一种传输速度比猎豹还快"
- 将不同品牌的不同产品或具有相同功能的产品进行比较，如"OPPO Find X6 Pro对比华为P60 Pro：拍照篇"。
- 将行业内品牌不同但同质的产品进行比较，如"海尔洗地机对比大卫魔术拖把，看看谁能把地拖得更干净！"

### 5．证明式

证明式标题以见证人的身份阐释产品或品牌的好处，以增强受众的信任感，既可自证，也可他证。该类型的标题常使用口述的形式传递信息，语言自然通俗。以下是证明式标题的示例。

> 我把这台vivo手机摔了100次，结果……
> 两年深度使用经验告诉你：这样做掐丝珐琅，绝对不会错！
> 比亚迪车主反馈，这款车的外观回头率太高了！

### 6．新闻式

新闻式标题比较正式且具有权威性，以报告事实为主，包括新产品发布、行业趋势以及企业重大决策等，目的在于引起受众的好奇。新闻式标题往往使用词语和短语来传达核心内容，使受众能够快速了解主题。以下是新闻式标题的示例。

> 今天10点，××手机正式开售！
> 2023年创新设计大会召开，100个项目获奖。

### 7．号召式

号召式标题用鼓动性的语言，号召受众做出某种决定或行为。其语言一般具有暗示性和指向性，能让受众受到鼓动，做出标题提倡的某种行为。号召式标题一般具有祈使意味，以动词开头，但在写作时要注意用语要委婉，要考虑受众不愿意被支配、命令和要求的心理特点。以下是号召式标题的示例。

到成都的街头走一走，国庆节去成都体验诗意文旅！

收藏！这些实用清洁好物，总有一款适合你！

学会这几个PPT制作技巧，你将少走很多弯路！

### 8. 盘点式

盘点式标题主要通过列出某个领域或主题的内容，来吸引受众的关注，具有较强的总结性和针对性，多用于总结经验分享类和知识普及类的内容，具有较强的实用性，能够获得较高点击量。以下是盘点式标题的示例。

"双十一"好书盘点，总有一本能打动你！

聊聊10个影响手机续航的重要因素。

10家风格独特的汉服淘宝店都在这里啦！一次性全部给你！

### 9. 颂扬式

颂扬式标题用正面、积极的态度，对产品或服务的特征、功能进行适度、合理的称赞，以突出产品或服务的优点。以下是颂扬式标题的示例。

了不起的中国制造│拆解安踏冲锋衣。

××××系列鸢尾紫新色，美到挪不开眼。

🎓 **专家指导**

颂扬式标题要拿捏好表述的分寸，要避免强烈的感情色彩，以事实为依据，避免出现炫耀、夸大等不真实的情况，否则会引起受众的反感。

### 10. 悬念式

悬念式标题通过设置悬念，利用受众的好奇心来引起受众对文案的阅读兴趣。写作悬念式标题时切忌故弄玄虚。悬念式标题与警告式标题存在相似之处，即让人感到好奇，但是悬念式标题的主要作用在于激发受众的好奇心，诱发受众追根究底，从而使受众产生继续阅读的欲望。以下是悬念式标题的示例。

"大吃一惊"系列积木大赏，看完我都动心了！

××悄悄传授一个月考过初级会计师的秘诀！

### 11. 话题式

话题式标题通过热词与热议的话题，引起受众的关注。在撰写话题式标题时要注意紧跟时事。文案人员可以在百度和微博的热搜排行榜中选择合适的热门话题写作话题式标题。以下是话题式标题的示例。

"多巴胺"穿搭，给夏天点颜色看看！

## （二）标题的写作技巧

优秀的新媒体文案标题不但能使受众有阅读的欲望，而且还有引导其消费、刺激其购买的作用。若想撰写出优秀的新媒体文案标题，文案人员可灵活使用以下标题写作技巧。

### 1. 巧用符号

巧用符号可以增加标题的吸引力。符号能给受众强烈的感官刺激，增强其点击的欲望。标题中的符号可以分为3类。

- 一是标准的标点符号，如表示兴奋、喜悦、愤怒、震惊等情绪的感叹号，表示意犹未尽或未完待续的省略号等。例如，"听书效果差？知识不过脑！科学家做了个实验……"
- 二是数字符号，如1、2、3等，多在盘点式标题中使用。
- 三是"符号化"，即将标题中的名词用广大受众熟悉的词转述替代。例如，推广成都××路的一家店，这家店或这条街道可能很多人不了解，因此可转换为成都地铁1号线××站或玉林路（较为出名的街道）××米处等辨识度更高的词。

### 2. 借力借势

借力是指利用别人的资源或平台（如专家、社会潮流或新闻媒体），对自己的产品或服务进行推广营销，以快速达到推广目的。该方法适合那些没有太多精力投入新媒体营销的初创企业或中小企业采用，能够快速提高它们的知名度。借势主要是指借助热门事件、新闻等（如世界杯、奥运会、热播电视剧），作为文案标题的创作源头，通过大众对其的关注来引导大众对文案的关注，以提高文案的点击率和转载率。

例如，2023年第19届亚运会在杭州召开，与杭州亚运会相关的事件在网上引起热议，许多品牌便借势写作了新媒体文案。图5-2所示为伊利和吉利汽车发布的有关杭州亚运会的新媒体文案标题，两则标题均直接加入"亚运"二字，能够吸引关注杭州亚运会的受众点击浏览文案。

图5-2 借势杭州亚运会的新媒体文案标题

### 3. 借助文化

借助文化可以增加文案标题的文化内涵和质感，优化文案标题的表达效果。文案人员可以借助诗词、成语典故、谚语、歇后语和名人名言等创作文案标题，增强文案标题的感染力。例如，某零食品牌在霜降节气发布的宣传文案标题"霜露结满秋意，'枣'该'核'你相遇"，某搜索引擎网站发布的宣传文案标题"丝丝春雨润万物，刷刷资讯育新知"等。

### 素养课堂

中华优秀传统文化源远流长、博大精深，是中华文明的智慧结晶。我国传统文化中有许多典故、成语、诗词等，它们富有象征意义和隐喻，能够增强说服力。在写作新媒体文案时结合中华优秀传统文化，不仅能够为文案增添文化内涵，也能促进中华优秀传统文化的传承和弘扬，这与党的二十大精神所强调的"坚持和发展马克思主义，必须同中华优秀传统文化相结合"是一致的。

### 4. 善用谐音

谐音式标题利用谐音来表达隐含的意思。谐音富有很强的生活气息，具有幽默感、趣味性和口语化的特点，是人们比较喜欢和易于接受的一种语言表达方式。例如，图5-3所示为不同品牌发布的宣传海报，标题中的"芝士"和"'栀'识"均为知识的谐音，左图是为了推广奶香生椰芝士流心糯月饼，右图是为了推广名为"山野栀子"的饮品。

图5-3 不同品牌运用谐音的宣传海报

**专家指导**

好的谐音式标题能起到画龙点睛、引导受众思考和提示文案内容的作用，但滥用则会适得其反，让人一头雾水。因此在使用谐音写作标题时要避免使用俗套的、博人眼球的词语生拼硬套。

### 5. 利用名人效应

在"粉丝经济"时代，很多受众都有喜欢或欣赏，甚至视为榜样的名人，如艺人、作家、企业家、学者等，这些名人往往有一定的粉丝、流量，因此文案人员可以利用名人效应来创作文案标题，吸引关注名人的受众的注意。以下是利用名人效应写作的标题示例。

国庆特惠！××同款珍珠项链低价购。

××和××都爱用的防晒霜！清爽不油腻，两瓶只需79.9元！

### 6. 渲染情感

渲染情感也是文案标题的一个写作技巧，借助感情色彩可以让文案标题更加生动、引人入胜，激发受众的情感共鸣。文案人员可以在标题中使用带有情绪色彩的词汇，或是将文案内容与受众的情感需求联系起来。例如，某按摩椅的文案标题"懂爸妈的疲累，胜过千言万语"就是利用该技巧进行写作的，可以很好地引发受众的情感共鸣，让受众关注文案和产品。

### 7. 表明利益

表明利益即在文案标题中直白地表明受众可以获得的好处。同时，文案人员可以在标题中使用具体的数字，给受众提供直观、清晰的文案信息，增加他们对文案的兴趣，如"鸿星尔克2折！冲锋衣买一送一！""快速学习英语的秘籍！30天内让你流利对话"等文案标题。

### 8. 制造紧迫感

制造紧迫感也是写作标题时常用的技巧，常和表明利益的技巧一起使用，旨在为受众传达"先买先得""买到就是赚到""机不可失"等信息，刺激受众的消费欲望，如"品牌服饰6折，数量有限！"等文案。

### 9. 巧用修辞

巧用比喻、夸张、对偶、双关、拟人和引用等修辞手法不仅可以增加标题的吸引力和趣味，还能使标题更有创意。表5-1所示为巧用修辞的标题示例。

**表5-1 巧用修辞的标题示例**

| 修辞手法 | 说明 | 示例 |
|---|---|---|
| 比喻 | 用某些类似的事物来比拟另一事物 | 3种方法，让英语学习变得和"呼吸"一样简单 |
| 夸张 | 通过夸大、放大某个事物的特征、效果或表现来增强表达效果 | 这30本高分好书，好看得让人喘不过气来！ |
| 对偶 | 用字数相等、结构相同、意义对称的一对短语或句子来表达相近或相反的含义 | 可回收的包装，可持续的时尚 |
| 双关 | 使用多义词或同音（或音近）词，赋予语句双重含义 | 智慧生活可以更美的 |
| 拟人 | 把事物人格化，赋予事物人的言行或思想感情 | 每一块服软的肉都爱过一个懂火候的灶 |
| 引用 | 把诗词歌赋、名言警句、成语典故、俗语方言等引入标题中 | 百闻不如一试，喝过方知××（饮料产品）好 |

## 三、任务实训

### 实训一：为微信公众号推文拟定标题

某粉丝较多的媒体号要为一个提供服饰、彩妆产品购物折扣信息的微信公众号写作一篇推文，请为该推文设计一个有吸引力的标题。

#### 1. 实训目标

（1）掌握标题的写作方法。

（2）掌握标题的写作技巧。

#### 2. 实训要求

（1）要体现该微信公众号的定位。

（2）要体现该微信公众号提供折扣信息的要点。

### 3. 实训思路

标题的拟定方法有很多，一般结合文章内容的框架来设计，可以采用提问式、证明式、悬念式、话题式等标题写作方法，只需抓住受众感兴趣的内容且符合微信公众号的定位。例如，"亲测！用这个'宝藏'微信公众号购物更优惠！"等标题。

#### 实训二：为一篇与保温杯相关的文案拟定标题

某测评博主写了一篇关于保温杯选购的文章，文章中盘点了保温杯的不同类型和多种选购方法，自然地推广了几款保温杯。请为文章拟定能激发受众购买欲望的标题。

### 1. 实训目标

（1）灵活使用标题的不同写作方法。

（2）掌握修辞手法在标题写作中的使用。

### 2. 实训要求

（1）为该文章拟定3个能激发受众购买欲望的标题。

（2）运用拟人、夸张、比喻、引用等修辞手法。

### 3. 实训思路

可参考前文介绍的写作方法和案例进行构思，或者在网上搜索与保温杯相关的文章，学习并借鉴阅读量较高的文章的标题。要让标题激发受众的购买欲望，可以强调保温杯的独特卖点，提问式、宣事式、证明式和悬念式标题都可以采用。同时，选择合适的修辞手法，并注意避免过于夸张和误导，且与文章内容相符，如"保温杯选购｜哪款是你的温暖守护者？"等。

## 四、任务考核

根据以下标题，填写表5-2并上交。

上班族的理财选择，5个理财小技巧，教你摆脱"月光"。

如何用10分钟复制××奶茶店新品？这个省钱妙招你值得学习！

千万不要这样看书，否则视力可能会下降！

表5-2　任务考核

| 序号 | 考核内容 | 分值 | 说明 |
| --- | --- | --- | --- |
| 1 | 分别简述这3则标题的写作方法 | 40 | |
| 2 | 使用其他标题写作方法改写第1则标题 | 30 | |
| 3 | 使用标题写作技巧改写第3则标题 | 30 | |

## 任务二　新媒体文案开头的写作

新媒体文案开头即文案内容的第一句或者第一段话，直接影响受众点击文案后的下一步行动。如果文案开头索然无味，受众很可能会直接关闭页面，丧失阅读文案正文的兴趣。因此，掌握文案开头的写法对文案人员来说是十分有必要的。

**课堂讨论**

针对下列问题展开讨论。
（1）新媒体文案的开头可以如何设计？
（2）如果要推广某彩妆产品，你会设计什么样的开头？

# 一、任务目标

新媒体文案的开头具有承上启下的作用，上需承接标题，下需引导受众进一步阅读。新媒体文案开头的写法较多，如悬念开头、直接开头、名言开头、利益开头、故事开头、内心独白开头、修辞手法开头、提问开头、热点开头等。文案人员要掌握新媒体文案开头的写法，以充分吸引受众的注意，激发其好奇心，引导其继续阅读文案正文。

# 二、相关知识

## （一）悬念开头

悬念开头就是在开头设置一个悬念，以激发受众的好奇心，引导受众浏览文案正文。在开头制造悬念的方法比较多，文案人员可以在开头故意设置一些疑问，而不立即给出答案，以引发受众的思考；或是采用倒叙的手法讲述一个情景或故事，而不讲述结局。悬念开头文案的示例如下。

> 我以前不知道为什么他要放弃年薪20万元的工作，陪老婆在淘宝卖衣服，直到昨天晚上的一席谈话！

## （二）直接开头

直接开头就是开门见山，直接揭示文案的主题思想或点明要说明的对象，要求快速切入文案核心，将文案需要表达的内容直接展现给受众。例如，若是要推广某产品或服务，就要立即表明某产品或服务是什么、有什么好处、能解决什么问题等。这种写作方法常以标题为立足点直接进行阐释，避免受众产生心理落差。例如，图5-4所示的两则文案开头就直接点明了文案的核心信息。

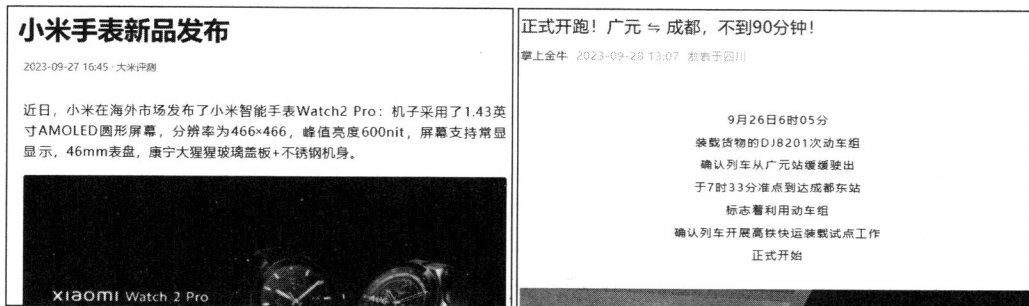

**小米手表新品发布**

2023-09-27 16:45 · 大米评测

近日，小米在海外市场发布了小米智能手表Watch2 Pro：机子采用了1.43英寸AMOLED圆形屏幕，分辨率为466×466，峰值亮度600nit，屏幕支持常显显示，46mm表盘，康宁大猩猩玻璃盖板+不锈钢机身。

xiaomi Watch 2 Pro

正式开跑！广元 ⇆ 成都，不到90分钟！

掌上金牛 2023-09-28 13:07 发布于四川

9月26日6时05分
装载货物的DJ8201次动车组
确认列车从广元站缓缓驶出
于7时33分准点到达成都东站
标志着利用动车组
确认列车开展高铁快运装载试点工作
正式开始

图5-4　直接开头

### （三）名言开头

名言开头即在文案开头精心设计一则精练、扣题又意蕴深厚的句子，或使用名人名言、谚语、诗词等，引领文案的内容，突显文案的主旨及情感。名言一般具有言简意赅的特点，运用得当不仅能充分展示文案主题，还能丰富文案的文化底蕴，从而大大提高文案的吸引力和可读性。例如，图5-5所示的两则文案开头就引用了名言。需要注意的是，使用名言作为开头常常见仁见智，切记不能牵强附会，而是要顺势而言之。

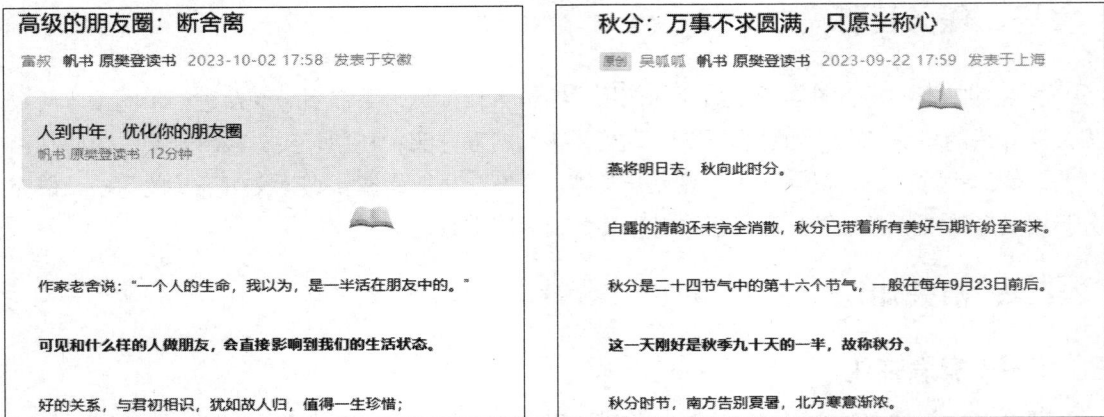

图5-5　名言开头

🎓 **专家指导**

有些歌词、金句也被划分到名言行列，将其作为文案开头，通常可以快速引起受众的情感共鸣，从而自然过渡到文案正文。

### （四）利益开头

以利益开头的文案对受众有较强的吸引力，即便受众目前并没有购买需求，但在利益的驱使下，不少受众也会选择继续查看相关信息。例如，图5-6所示的文案开头就直接表明了"立减200元"的利益，来引起受众的兴趣，让受众愿意继续阅读文案。

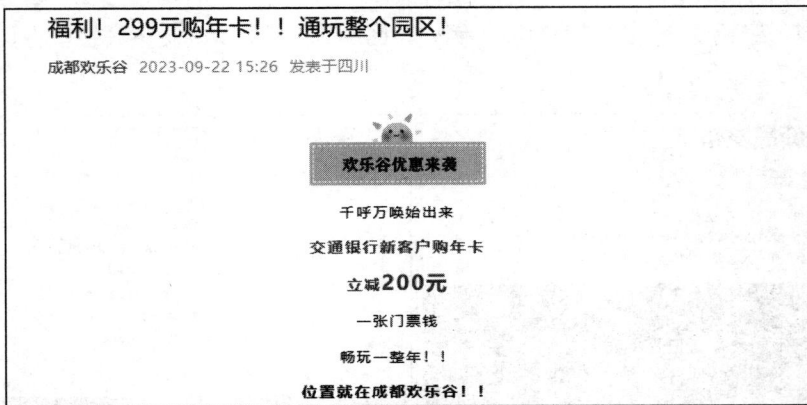

图5-6　利益开头

## （五）故事开头

故事开头也就是情景导入，即在文案的开头创造一个故事情境。文案人员可以用富有哲理的小故事，或使用与文案的中心思想或段落相关的小故事作为开头，然后通过描绘与品牌或产品相关的场景或通过故事情节来植入广告。图5-7所示为以故事开头的文案示例。

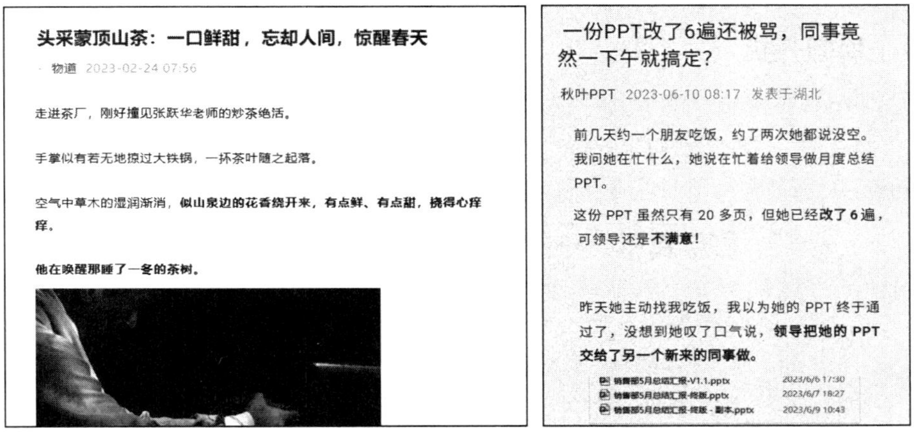

图5-7　故事开头

## （六）内心独白开头

内心独白指通过人物的自思、自语等内心表白，揭示人物隐秘的内心世界。在文案开头采用内心独白，容易给受众情真意切的印象，引起受众的情感共鸣。以下为某美妆品牌发布的短视频开头部分的文案，文案从主角的内心感受出发，向受众传达出了一种勇往直前、无惧前行、追求自我的精神，并从侧面激励了受众勇往直前。

> 从我小时候起　你们就告诉我什么都不要怕
>
> 不要怕黑
>
> 不要怕摔倒
>
> 不要怕做自己
>
> 不要怕去追寻自己的梦想
>
> 现在我就要**30**岁了，我做了个决定……

对于以内心独白开头的文案，需要注意以下3点。

- 一是在人物方面可以第一人称的方式呈现，由角色直接说出他们的内心感受和想法，或以第三人称的方式描述，通过叙述者的视角来展现角色的内心世界。
- 二是在情节方面可叙述出相对完整的心路历程。
- 三是在氛围方面语调要舒缓亲切。

## （七）修辞手法开头

除了在标题中使用修辞手法，在文案的开头部分也可以使用修辞手法。在文案开头运用修辞手法可以增强文字的表现效果，让文案开头变得更加生动形象。以下为某品牌发布的文案的开头，其运用排比让文案温情满满。

因为我已经认识了你一生；

因为一辆红色的Rudge自行车曾经使我成为街上最幸福的男孩；

因为你允许我在草坪上玩蟋蟀；

………………

### （八）提问开头

疑问句容易引起受众的好奇，以提问开头可以自然而然地引入文案的主题，还能引起受众的思考，同时显得文案主旨鲜明、中心突出。例如，图5-8所示为今日头条中的一篇文案，其开头就提出了疑问"你有没有这样一种习惯？"然后引出下文——耳朵的保护方法。

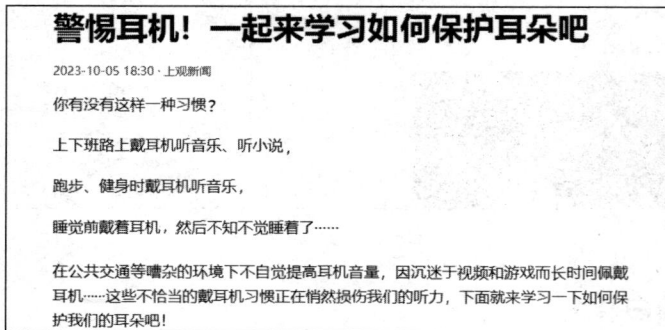

图5-8　提问开头

### （九）热点开头

热点同样是文案开头写作的一大切入点，热点的讨论范围较广、热度高，将热点作为文案正文的开头，可以引起受众的阅读兴趣。例如，图5-9所示为结合杭州亚运会写作的开头。

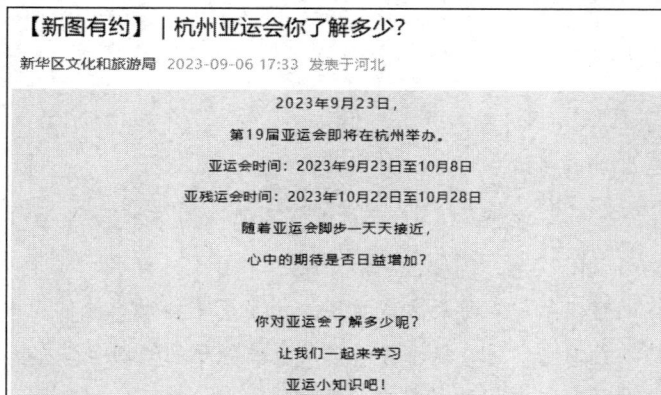

图5-9　热点开头

## 三、任务实训

### 实训一：为宣纸的推广文案设计开头

宣纸是我国传统的古典书画用纸，有易于保存、经久不脆、不会褪色等特点，故享有"纸寿千年"之誉。宣纸按纸张洇墨程度还可以分为生宣、半熟宣和熟宣。七安斋是一家售卖宣纸、毛笔等书写工具的网店，临近中秋佳节，其准备撰写一篇新媒体文案来推广店内的半熟宣纸，初步拟定标题为"你有多久没有书写了？"请结合本任务所学的知识为文案设计开头部分的内容。

### 1. 实训目标

（1）掌握名言开头的写作方法。

（2）掌握故事开头的写作方法。

（3）掌握提问开头的写作方法。

### 2. 实训要求

（1）开头要与主题相关，能自然引出宣纸。

（2）不能直接以利益吸引受众，要讲究"软营销"。

### 3. 实训思路

名言开头的思考方向较多，与绘画、艺术类有关皆可，可在网络上搜索相关的名言；故事开头则可以自身的经历、学生的故事或与之有关联的艺术家的故事为切入点；提问开头可围绕标题"你有多久没有书写了？"写作。

### 实训二：为某乡村度假民宿的推广文案设计开头

山东省烟台市地处山东半岛东北部，东连威海，西接潍坊、青岛，南邻黄海，北濒渤海。一山一宿是烟台市的一家民宿，该民宿采用新中式风格，整体以原色设计为主，搭配字画、盆景、陶瓷、古玩、屏风、茶具等装饰品，大气而优雅。该民宿三面环水，附近有医疗、餐饮、商业配套设施，景色优美。2023年4月，山东省淄博市烧烤的火热，吸引了众多网友前往山东旅游。一山一宿准备利用新媒体文案开展宣传推广，请为其推广文案设计一个吸引力强的开头。

### 1. 实训目标

（1）掌握直接开头的写作方法。

（2）掌握悬念开头的写作方法。

（3）掌握内心独白开头的写作方法。

### 2. 实训要求

（1）为该民宿设计3个不同的文案开头。

（2）体现该民宿"新中式""大气优雅""风景优美"等特色。

### 3. 实训思路

直接开头可直接从民宿的装修风格、环境等方面撰写；悬念开头可以设置一些悬念引起受众的疑问；内心独白开头可以从厌倦都市生活、寻求宁静生活的心理角度考虑。

## 四、任务考核

阅读以下三则新媒体文案的开头，填写表5-3并上交。

各位小伙伴，炎炎夏日即将到来，这个夏日你准备阅读什么类型的书？是在惊悚悬疑的推理著作中找寻一丝夏日难得的"清凉"，还是蓄势待发，阅读一些长知识的作品，抑或是沉浸在经典之中，在喧嚣中寻找心灵的平静呢？今天小安要推荐给大家的书就涵盖了以上所有类型。

亲爱的小伙伴们，"双十一"的活动截止时间为11月11日22:00哦。还没有下单的小伙伴抓紧时间了，只要"双十一"当天进店消费任意金额，就有机会赢取榨汁机一台。

这个周日就是母亲节了，很多人说，与其在朋友圈为妈妈送上祝福，还不如送妈妈一份实际的礼物。但你想好送妈妈什么礼物了吗？××体检中心建议你带妈妈来做一次全身体检，为妈妈的健康保驾护航。

表5-3　任务考核

| 序号 | 考核内容 | 分值 | 说明 |
| --- | --- | --- | --- |
| 1 | 说明三则新媒体文案的开头类型 | 30 | |
| 2 | 分析三则新媒体文案开头的设计 | 20 | |
| 3 | 列出修辞手法开头的案例并另选产品进行仿写 | 50 | |

## 任务三　新媒体文案正文的写作

新媒体文案的正文是文案的核心所在，是文案的创意和结构组织的具体体现，它能充分展示文案的整体脉络，将文案人员想向受众传达的内容清晰详尽地表达出来。

**课堂讨论**

针对下列问题展开讨论。
（1）你知道的新媒体文案正文结构有哪些？
（2）《我害怕阅读的人》这篇文案用的是什么结构？谈谈你的理解。

## 一、任务目标

新媒体时代也是内容营销的时代。新媒体文案作为内容营销的一种手段，其重要性不言而喻。而新媒体文案正文作为整个文案的核心部分，能够有效传递产品信息、树立品牌形象等，因此，文案人员要掌握文案正文的写作方法，尤其是结构组织方法，使正文脉络清晰、行文自然。本任务主要介绍总分式、三段式、并列式、欲扬先抑式、穿插回放式、递进式等，帮助文案人员快速组织文案结构。

# 二、相关知识

## （一）总分式

总分式结构一般先总结或总起全文，点明主题，然后再分层、分点叙述，呈现出一个发散的结构。其中，"总"是指文章的总起或总结，起点明主题的作用；"分"指的是分层叙述，即围绕中心论点横向展开分论点，一一进行论证，逐层深入；最后呈现出一个发散的结构。

采用总分式的结构可以让受众快速获取所需信息，同时还能突出主题，增强文案对受众的吸引力。例如，一篇名为"亮相春晚的三星堆，到底是个什么堆？点击查看满分答案"的文案就是总分式结构（见图5-10），第一段总结全文要讲述的内容，然后从"为什么叫三星堆""三星堆是什么""三星堆文化是什么"等方面展开论述，详细介绍了三星堆的相关知识和具体的游园指南，脉络非常清晰。

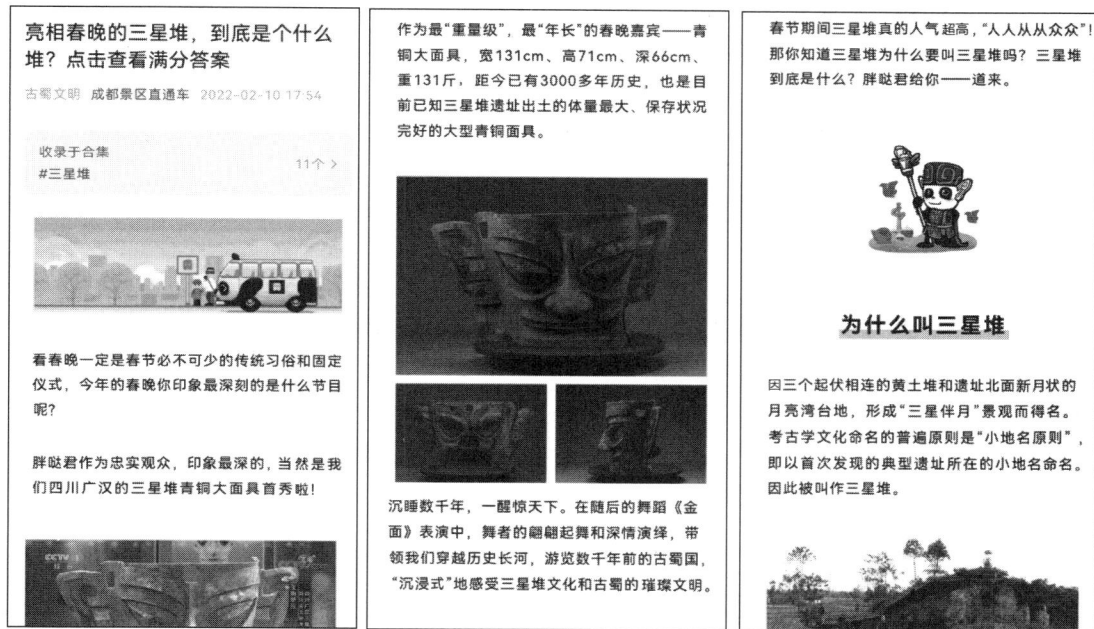

图5-10　总分式结构

🎓 **专家指导**

正文结构除了有总分式以外，还有总分总式，它在总分式结构的基础上加了个结论，这个结论是对全文的归纳、总结和必要的引申。在运用总分总式结构时要注意，结构间必须有紧密的联系，分述部分要围绕总述的中心，总述部分应是分述部分的总结或结论。

## （二）三段式

三段式写法是从新闻学中的"倒三角"写法延伸而来的，这种结构比较适合营销软文的写作，文章主要分为3段。

- **第1段：** 以简练的语言对事件的主体、客体、时间、地点等进行概述，再用一句话简单概括出这一事件的意义。
- **第2段：** 对第1段中的事件展开描述，交代事件发生的背景、过程和相关的细节，重点在于描述事件的"由来"。
- **第3段：** 主要提出针对事件的观点，升华事件的意义。

### 专家指导

值得注意的是，三段式写法的"三段"并不是指文案由"3个自然段"组成，而是将全文分为"3个部分"的意思。

在某些关于产品介绍和销售的文案中，三段式写法的具体表现为：第1段用一段话或陈列要点的方法来浓缩全文的销售话术，如总结核心卖点等销售语言；第2段则解释销售语言中的卖点或者将销售语言延伸开来，展开描述，这部分可用并列结构；第3段是最后一部分，主要任务是让受众马上行动，一般强化产品的某些独特优势，点明它能满足受众什么需求。在三段式写作中，最后一段最为重要，在这一段中要把受众使用产品之后的体验、效果直接描述出来，让受众产生购买欲望。使用这种写作方法的多为电商平台引导购物的系列软文。

## （三）并列式

并列式结构一般从描述主体的各方面特征入手，不分先后顺序和主次，各部分并列平行地叙述事件、说明事物。并列式结构下，各部分是相互独立的、完整的，能够从不同角度、不同侧面来阐述主体，即材料与材料间的关系是并行的，前一段材料与后一段材料位置互换，并不会影响文案主题的表现。并列式结构的文案正文各部分关系紧密，共同为文案主题服务，显得文案知识面广、条理性强。例如，产品详情页文案就常采用并列式结构，分点并列介绍产品卖点，各卖点之间没有明显的主次之分，如图5-11所示。

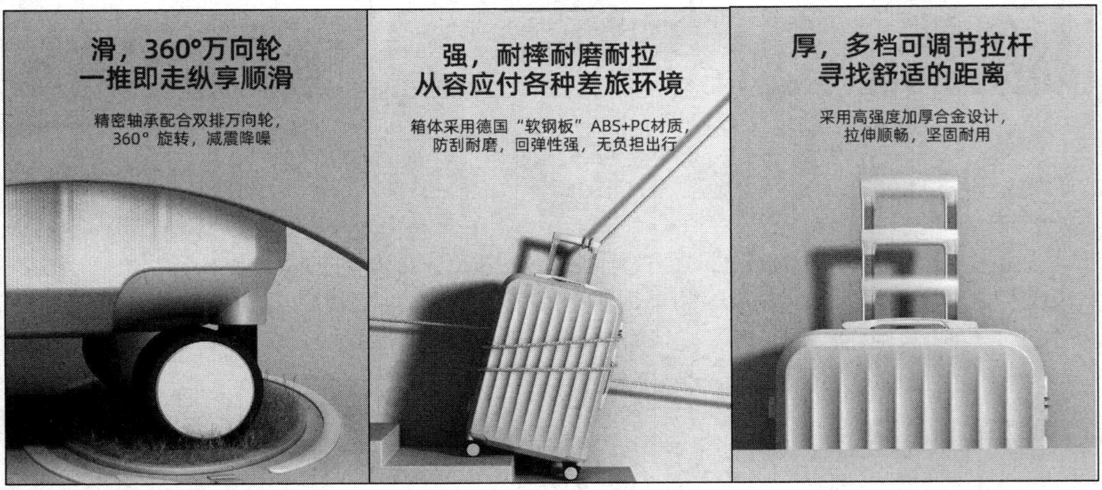

图5-11　并列式结构

除了产品详情页文案外，很多分享推广型的软文正文也常采用并列式结构。并列式结构的文案基本分为两种：一种是围绕中心论点，平行地列出若干个分论点；另一种是围绕一个论点，列出几个并列的论据。不管是哪种文案，文案人员都要注意，并列的内容要各自独立又紧紧围绕着中心论点，且要防止各部分内容形成从属或交叉关系。

### （四）欲扬先抑式

欲扬先抑式也称抑扬式，是指为了肯定某人、事、景、物，先用曲解或嘲讽的态度去贬低或否定它，然后再肯定它的写作方法。例如，要写某个产品的好处，开头先写它的缺陷，正文再肯定、赞扬产品的好处，要注意"抑少扬多，扬能压抑"。

通过软文推广产品、服务时，也可以写它们的"不好"，这种"不好"一般都不是紧要的，而是一些不影响文案主题的"不好"。

欲扬先抑式写作结构可以解除受众的心理防线，增强品牌的反差感，加深受众对品牌的印象。除了加多宝之外，春光食品在成立26周年时围绕椰汁发布的多条"郑重声明"系列微博文案也属于典型的欲扬先抑式结构，文案看似罗列了品牌的缺点和受到的各种质疑，实际上却突出了产品的优质选材，巩固了品牌形象，进而传播品牌文化。图5-12所示为春光食品发布在微博中的部分声明。

图5-12　欲扬先抑式结构

### （五）穿插回放式

穿插回放式结构一般以某物或思想情感为线索，通过插叙、倒叙的方式叙述内容，具有超越时空、内容灵活等特点。采用该结构时，需先确定好串联内容的线索，然后围绕一个中心点组织内容。

例如，标题为"在平安回家的前提下，和自己谈谈心吧"的新媒体文案就采用了穿插回放式结构（见图5-13）。其先描述了主人公从坐上列车到回家途中的感想，穿插了其学生时代和上班后坐车回家时的不同心境，最后引出"每个人的心里，都会有一个符号，让我们不曾忘记自己为了什么而努力"的主题，借机推广某品牌的牛奶。

晚上好。

今天你回到家了吗？

还是在路上？

我是今天，

才坐上回家的车。

上车前，

旁边的列车刚刚启动，

月台就传来了一阵嘹亮的风声。

车厢喧闹，

喧闹到每一个人的声音，

都能传到耳里。

声音明明很多，

可是我却感到安静了。

安静到，只能听见自己心底里的想法。

行驶的列车，

穿梭在城市和山野之间，

无数的故事在其中延展开来。

归家路上也还在努力着的人们，

各怀着心事和念想。

足够碰巧的话，

也许你也会在列车上拥挤的人群里，

看到抱着计算机，

用键盘敲下这句话的我。

想起以前读书时坐车回家的路上，

都是心无旁骛地想着，

回家要吃什么，想见谁。

真正成人后，

开始被更庞大的念头占据了。

去年回到家，我在房间里发现一本学生时代的笔记本，里面有句很像满分作文的话："只有勇往直前地奋斗，不折不挠地拼搏，才会拥有幸福人生。"

随着年岁渐长，我们都很难相信像"打了鸡血"一样的话，但是总有一些朴素的念头，会一直留在我们的身体里。

每个人的心里，都会有一个符号，让我们不曾忘记自己为了什么而努力吧。

而一直致力于打造中国最好的牛奶的金典，也有着这样的追求。3 年的土壤净化，10 年产量牺牲，13 年坚持有机，金典对细节的极致追求和倾力的付出，最后铸就了 3.8g 优质乳蛋白。

每一个普通人的努力，和金典的追求，都是一脉相承的。

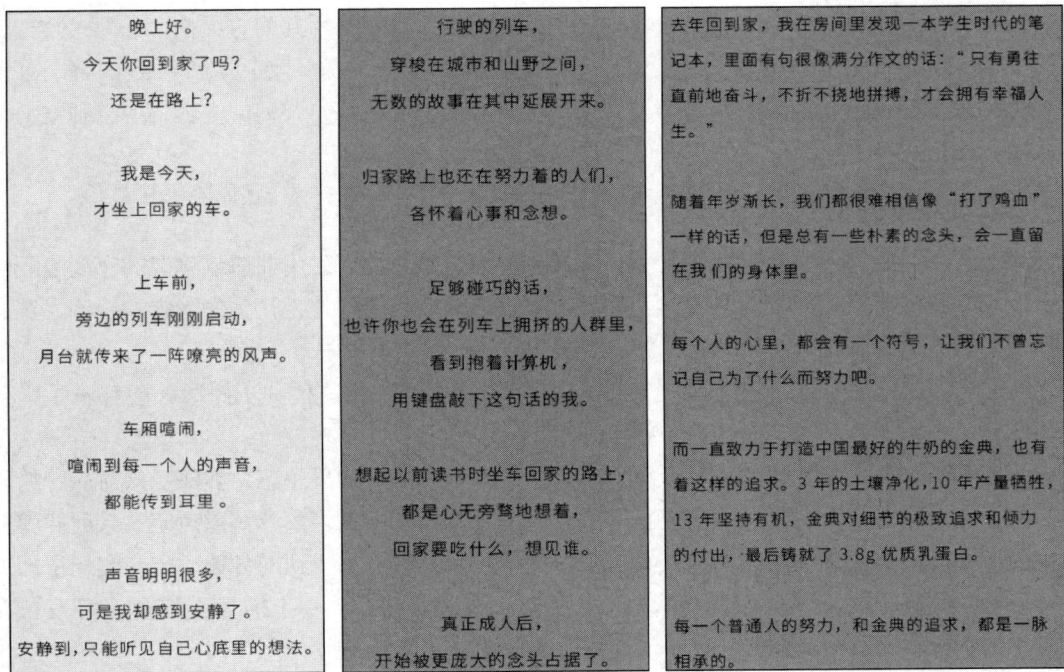

图5-13　穿插回放式结构

## （六）递进式

递进式结构是指按照事物或事理的发展规律以及逻辑关系，一层一层地组织材料的写作方式，写作时往往后一个材料建立在前一个材料的基础上，文案具有纵深发展、逐层推进、逻辑严密的特点。递进式结构的写作可以借由议论体、对话体或故事体的形式来实现，写作的重点往往放在文案的后半段，且写作思路倾向于逻辑推理，有一条清晰的思维脉络，可以引领受众跟随作者的思路阅读文案全文。

例如，某品牌发布的名为"一起打开有意思的未来"的新媒体文案就从满足个人兴趣、实现自我价值、照顾家人到为社会做贡献，层层递进，展现了从个人到他人再到社会的升华。其文案如下。

旁白：在阿里，兴趣可以当工作吗？宠物运营：当然可以啦，我的兴趣就是我的工作。"吸猫"吸成专业人士……在这里，我为热爱打工。

旁白：在阿里做技术是怎样的体验？技术实验室员工：我在升级小蛮驴的安全性联动多传感器多模型，我会通过我的努力，让它不管大的小的，远的近的都可以看得到。

旁白：阿里有什么有意思的员工福利吗？儿子（阿里员工）：爸妈，这次陪伴假期期间，我带你们去踏青啊。父母：孩子的工作有意思，把我们也安排得明明白白的。

旁白：阿里的日常工作有什么有意思的体验吗？寻找远方的美好设计团队：重要的是解决问题，比如帮助农民更好地销售特产。真正去经历，一起去做点有意思的事儿。

这类结构的文案具有逻辑严密的特点，内容的前后逻辑关系、顺序不可随意颠倒。需要注意的是，由于递进式结构层层递进地表达文案的主题，因此文案人员在创作这一类型的文案时，在开头就要牢牢抓住受众的视线，引导其观看完整的文案。递进式结构有以下3种表达方式。

- 由现象递进到本质，由事实递进到规律。
- 直接讲道理，层层深入。
- 首先提出"是什么"，然后分析"为什么"，最后讲"怎么办"。

例如，图5-14所示的文案正文便采用了递进式结构，首先描述了一个现象——现在很多年轻人经常不知道"吃什么"，然后透过这个现象分析了背后的原因——选择更多了、对食物的要求更高了等，最后告诉人们如何不为"吃什么"烦恼。整体逻辑是从"是什么"到"为什么"再到"怎么办"，层层递进，说服力很强。

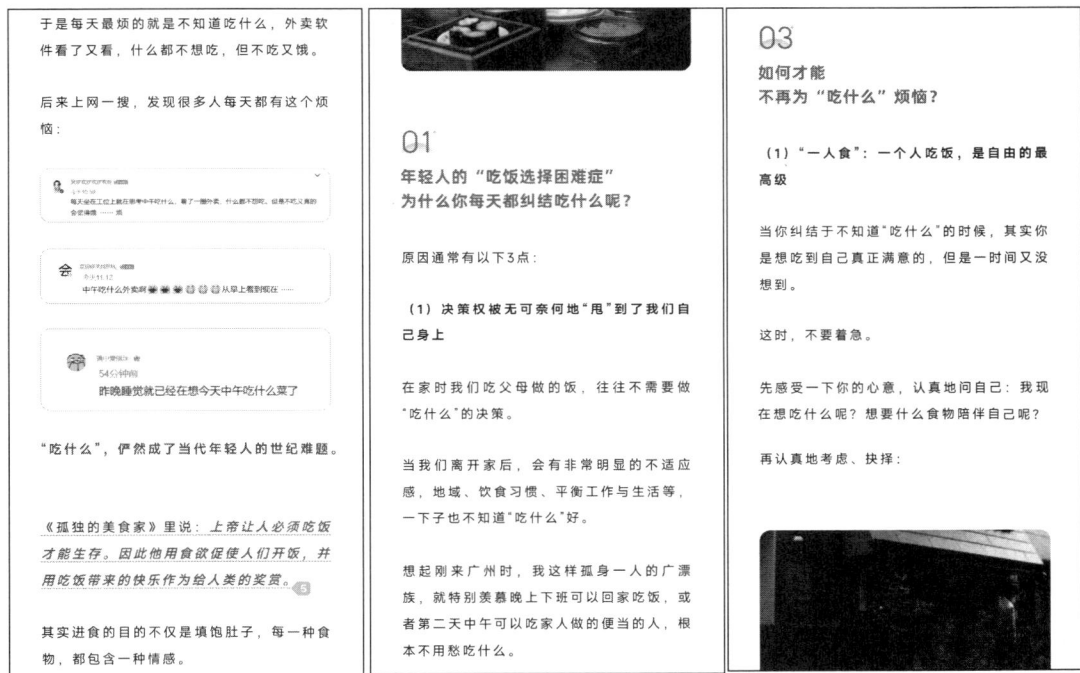

图5-14　递进式结构

### 素养课堂

业精于勤，荒于嬉；行成于思，毁于随。文案人员要想提高文案写作能力，提高文案质量，需要不断学习和训练自己的写作技能，包括语言表达、逻辑思维、修辞手法等方面。此外，文案人员还可以多研究一些阅读量高的文案或获奖作品，分析其用词、结构、表达方式等，借鉴其写作方法和写作技巧，积累写作经验。

## 三、任务实训

### 实训一：为五常大米设计总分式结构的推广文案

五常大米是黑龙江省哈尔滨市五常市的地方特产，是国家地理标志产品。五常大米的颗粒饱满、质地坚硬、饭粒油亮、香味浓郁。鑫隆是五常市的本土品牌，主营地方特产。临近五常大米新米上市，其准备设计一篇推广文案，请使用总分式结构进行写作。

### 1. 实训目标

（1）熟悉总分式结构的写作方法。

（2）运用总分式结构的写法组织文案结构。

### 2. 实训要求

（1）运用三段式结构的写法确定该文案的大致写作框架。

（2）该产品的卖点部分要详细并重点突出。

### 3. 实训思路

首先在网络中搜索五常大米的相关材料，然后寻找立意点，将其组织为总分式结构。例如，可以科普五常大米的知识为切入点，先在第一段总起全文，点明文案主要是为了向受众科普五常大米的发展背景、优势、选购方法等，然后分层叙述，并在文案中植入鑫隆五常大米的产品信息或购买链接。

### 实训二：为保温杯设计穿插回放式结构的推广文案

宜嘉是一个保温杯品牌，新推出了一款保温杯。保温杯的相关信息为：750mL大容量；PCT材质饮水口；316不锈钢内胆设计；强效保温12小时以上；杯口搭配有安全锁扣；螺旋杯口设计；硅胶防滑杯底；有梅、兰、竹、菊4种印花设计。请为其设计一个穿插回放式结构的推广文案。

### 1. 实训目标

（1）熟悉穿插回放式结构的写作方法。

（2）运用穿插回放式结构的写法组织文案结构。

### 2. 实训要求

（1）运用穿插回放式结构的写法确定该文案的大致写作框架。

（2）文案要以故事体的形式呈现。

### 3. 实训思路

首先确定一个主线故事，要能合理地引出保温杯，然后选择一个关键时间节点作为回放点，再根据主线故事和选定的关键时间节点，合理安排回放顺序。回放可以通过直接叙述、对话回忆、场景重现等方式呈现。例如，可以围绕"忙碌的学习间隙，妈妈默默端上一杯冲泡在保温杯中的牛奶"展开故事描述；或围绕"户外活动时，拿起盛满凉爽饮料的保温杯畅饮"的场景展开叙述。

## 四、任务考核

扫描右侧的二维码，查看新媒体文案正文写作范例，填写表5-4并上交。

新媒体文案正文
范例

**表5-4 任务考核**

| 序号 | 考核内容 | 分值 | 说明 |
| --- | --- | --- | --- |
| 1 | 说明3则新媒体文案正文的写作结构 | 40 | |
| 2 | 简述新媒体文案其他正文结构的写法 | 60 | |

## 任务四　新媒体文案结尾的写作

吸引受众读完一篇文案的最终目标是让其采取文案人员期待的行为，如转发文案至朋友圈、收藏文案或购买产品等。对新媒体文案的结尾进行设计，可以帮助文案人员实现文案目标。

**课堂讨论**

针对下列问题展开讨论。

（1）若某篇新媒体文案的写作目的是推广动画设计教学的网络课程，你会设计什么样的结尾？

（2）什么样的文案结尾会让你印象深刻？

## 一、任务目标

受众对文案的印象以及受众的后续行为常常会受文案结尾的影响，不同的结尾方式会产生不同的营销效果。本任务将介绍转折结尾、引导行动结尾、金句结尾、总结结尾、话题讨论结尾、首尾呼应结尾等不同的结尾设计方法，使文案人员能够收尾自如。

## 二、相关知识

### （一）转折结尾

转折结尾用出其不意的逻辑思维，给受众带来突如其来的变化或惊喜效果。这种结尾往往会让人觉得无厘头、出人意料，但又与前文有一定的联系，可以让受众惊叹文案构思的巧妙，使受众对文案留下深刻印象。例如，美团优选曾发布了一系列以"省"为主题的新媒体文案，该文案结尾就是典型的转折结尾。其部分文案如下所示。

我不再装模作样地拥有很多朋友，而是回到了孤单之中，

所以真正的我开始了独自的生活。

7块多一大袋马拉糕，我一个人就能吃完。

你内心肯定有某种火焰，能将你和他人区别开来。

用心里的火，蒸一蒸这包不到6块钱的翡翠干蒸，肯定也特别好吃。

时间不早了可我一刻也不想离开你，

一刻也不想离开你可时间毕竟是不早了，

最终决定打开一个不到9块钱的突尼斯软籽石榴，

石榴籽是单数就暂时离开你，是偶数就再也不离开你。

### （二）引导行动结尾

引导行动结尾即在文案结尾引导受众采取某种行为，如转发、点赞、收藏、留言、点击链

接跳转至某页面了解产品详情、关注、购买产品等。写作这类结尾时可以借助情感、利益等加强引导的效果，如"现在下单，再赠送好礼一份！"等。图5-15所示分别为引导点击"在看"和引导购买的文案结尾。

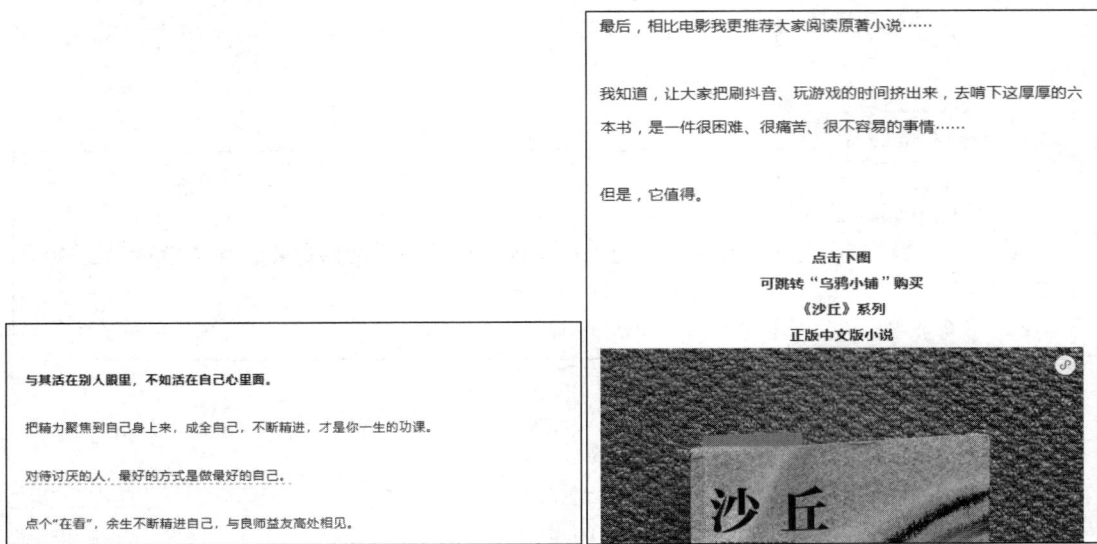

最后，相比电影我更推荐大家阅读原著小说……

我知道，让大家把刷抖音、玩游戏的时间挤出来，去啃下这厚厚的六本书，是一件很困难、很痛苦、很不容易的事情……

但是，它值得。

点击下图
可跳转"乌鸦小铺"购买
《沙丘》系列
正版中文版小说

与其活在别人眼里，不如活在自己心里面。

把精力聚焦到自己身上来，成全自己，不断精进，才是你一生的功课。

对待讨厌的人，最好的方式是做最好的自己。

点个"在看"，余生不断精进自己，与良师益友高处相见。

图5-15　引导行动结尾

### （三）金句结尾

金句通常指有哲理、有意义、有诗意的句子。金句以简练的语言表达深刻的思想，有一定内涵和启发性。在结尾使用金句可以增强文案的吸引力，帮助受众更好地领悟文案思想，引起受众共鸣，促使受众采取转发、收藏等行为。金句可以是摘自书籍、网络或影视剧中的名言警句，可以是对人生的深入思考、对情感的真实表达或对某一问题的鲜明观点等。例如，某推广PPT设计网课的文案在结尾部分鼓励受众购买课程，成为一个优秀的PPT设计者时，就使用了金句——"做你没做过的事情叫成长。做你不愿意做的事情叫改变。做你不敢做的事情叫突破。"金句对文案起到了画龙点睛的作用，其文案如下所示。

从一个"PPT制作者"成为一个"PPT设计者"，难吗？不轻松。但正在学习阶段的你，连个PPT都征服不了，谈什么征服世界？
做你没做过的事情叫成长。
做你不愿意做的事情叫改变。
做你不敢做的事情叫突破。

### 专家指导

金句的选择和使用要贴合新媒体文案的主题，不能随意选取，或断章取义，避免给人突兀感。

### （四）总结结尾

总结结尾就是在文末总结全文，点明中心。常见的总结结尾大多简洁明了地重述文案主要观点或核心信息，得出一个高度凝练、有启发性的结论，起到升华主题的作用，并给受众留下清晰明确的印象。例如，图5-16所示为一篇名为"永远不要占别人便宜"的文案，其结尾就重述了文案的主要观点，做出希望人们能够靠自己的本事去争取想要的东西的总结。

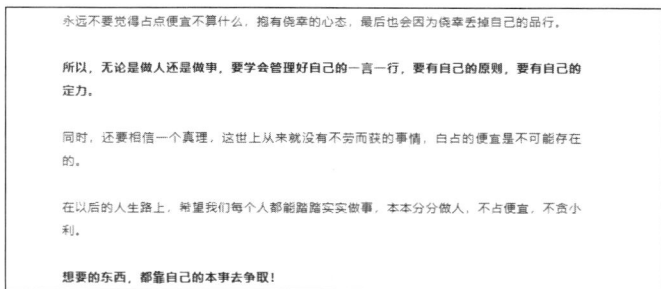

永远不要觉得占点便宜不算什么，抱有侥幸的心态，最后也会因为侥幸丢掉自己的品行。

**所以，无论是做人还是做事，要学会管理好自己的一言一行，要有自己的原则，要有自己的定力。**

同时，还要相信一个真理，这世上从来就没有不劳而获的事情，白占的便宜是不可能存在的。

在以后的人生路上，希望我们每个人都能踏踏实实做事，本本分分做人，不占便宜，不贪小利。

**想要的东西，都靠自己的本事去争取！**

图5-16　总结结尾

另外，从部分文案的正文可能不能明确看出主要观点或核心信息，可能只能看到对有关问题的阐述和分析，其结尾才明确说明和总结文案主题。例如，味千拉面推出的一篇短视频文案就讲述了味千拉面馆的馆长与女儿之间的动人故事，文案结尾引出"这一碗，让心里好满"的主题，把味千拉面"幸福味道"的品牌理念生动地展现在受众面前，同时传达了"好吃的拉面一定会让人觉得幸福"的观念，成功吸引了众多受众的注意，使味千拉面的品牌理念被受众所熟知和认同。

### （五）话题讨论结尾

在文案结尾发起话题讨论可以提高受众的参与度。此类结尾一般采用提问的方式，引发受众思考，激发受众积极互动，从而增加文案的热度，如图5-17所示。在写作此类结尾时，文案人员可以先对前文中的观点进行总结，然后再提出问题、引导受众留言互动，问题尽量与文案主题相关，或是对主题的延伸或其他角度的讨论。

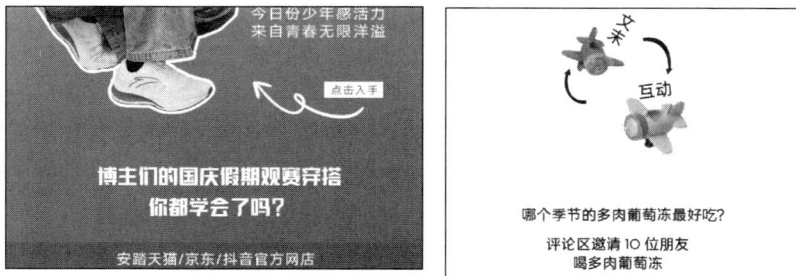

图5-17　话题讨论结尾

### （六）首尾呼应结尾

首尾呼应是指文案结尾和文案的标题或开头相互呼应，更好地突出文案主题，加深受众印象。首尾呼应的具体写法是在开头和结尾对同一事物（情感或态度）进行说明、解释、交代等，即文案的开头部分提出观点，文案的正文部分对观点进行分析，文案的结尾部分再次强调观点并升华主题，从而使文案能够浑然一体。例如，某文案在开头抛出了观点——跑步是性价比较高的运动，生活中的很多不如意，经过跑步的碾压，似乎都变得微不足道（见图5-18），结尾则呼应了该观点，并升华了主题——跑步是所有运动方式中比较简单、有效的，去尽情享受跑步带来的快乐，当你一步步穿过阴云密布，就会邂逅崭新的自己（见图5-19）。

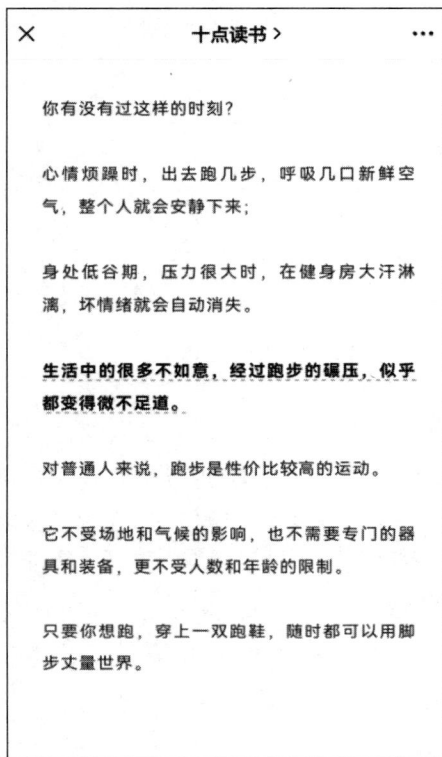

图5-18　文案开头

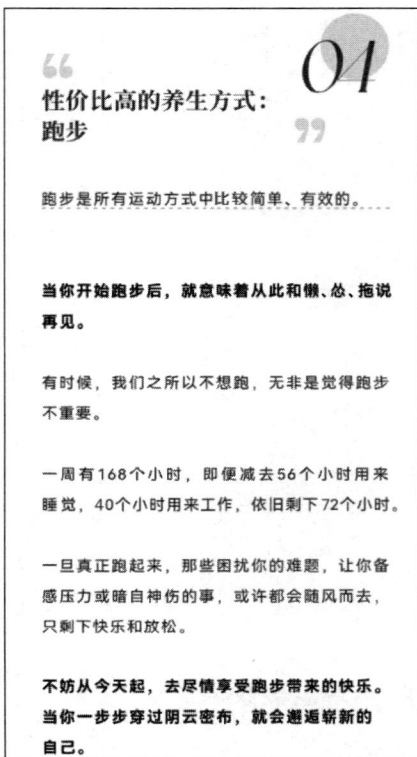

图5-19　文案结尾

### 素养课堂

在写作新媒体文案前，文案人员一定要阅读并熟悉《中华人民共和国广告法》《广告管理条例》《中华人民共和国民法典》等。这些法律法规规定了文案中严禁使用的词汇和禁止的行为，如严禁使用"国家级""第一""首个""最先进""独家""仅此一次""最后一波""专家推荐"等词汇，及普通化妆品不得宣传具有特殊用途功效、医疗作用或使用医疗术语等。因此，文案人员应当树立规范意识和法律意识，确保文案内容合法合规，确保所发布的文案不会误导受众、损害受众利益，切实履行好社会责任。

## 三、任务实训

中秋节是我国的传统节日，也称仲秋节、团圆节、八月节等。吃月饼、赏月、赏桂花、点灯笼、猜灯谜等是中秋节常见的传统习俗。中秋佳节临近，某食品品牌推出了一款价值139元的中秋月饼礼盒，内含五仁、莲蓉、豆沙、蛋黄4种口味，并且同步推出了买两件打8折的促销活动。请构思一篇新媒体文案，并为文案精心设计一个结尾。

### 1. 实训目标

（1）掌握金句结尾的写作方法。

（2）掌握引导行动结尾的写作方法。

（3）掌握话题讨论结尾的写作方法。

### 2. 实训要求

体现"中秋""团圆""家人""感恩"等要点。

### 3. 实训思路

中秋节是一个充满美好寓意的传统节日，在写作时可以把重点放在家人团聚上，先介绍与中秋节相关的背景知识和习俗等，然后描述中秋节时家人围坐在一起品尝月饼、赏月、观看中秋节目等场景，引发受众联想。在写作结尾时，可以使用金句结尾，引用与中秋节有关的诗句，如"但愿人长久，千里共婵娟""好时节，愿得年年，常见中秋月"等，表达对未来的美好期待；可以使用引导行动结尾，勾起受众的情感共鸣和消费欲望，如"现在购买，享受两件8折优惠"，促进月饼的销售；可以使用话题讨论结尾，提出"你们都喜欢吃什么口味的月饼？""你们家乡有什么特别的中秋节习俗呢？"等问题吸引受众参与留言互动。

## 四、任务考核

观察图5-20所示的产品图片，填写表5-5并上交。

图5-20　某除尘掸产品图片

表5-5　任务考核

| 序号 | 考核内容 | 分值 | 说明 |
|---|---|---|---|
| 1 | 为除尘掸设计一个话题讨论结尾 | 40 | |
| 2 | 为除尘掸设计一个转折结尾，要求展示设计思路 | 60 | |

## 拓展延伸

### （一）新媒体文案标题的写作原则

新媒体文案多借助网络进行传播，而标题往往是为文案带来流量的关键。在这样的前提下，新媒体文案的标题在写作中应遵循如下原则。

- **容易被搜索引擎收录**：百度、搜狗等搜索引擎在国内的受众较多，尤其是百度。如果新媒体文案的标题能被其收录，将有效增加产品的曝光量和潜在客户量。要想增加被收录的概率，首先标题最好是原创且与流行词相结合的；其次标题中若有（转化率高的）关键词，关键词的排名最好靠前；最后标题最好不与其他标题重复。
- **组合关键词**：关键词能够提高标题的排名，而将多个关键词进行组合之后，其搜索结果往往会更加精准，因此其排名会大大提高。
- **站在受众的角度**：标题与受众搜索语句的匹配程度越高，越容易被受众看到并点击，因此标题的设计要充分考虑受众的搜索习惯和搜索需求。
- **标题形式要新颖**：要想使标题脱颖而出，文案人员可灵活运用想象、拟人、联想、逆向思维等写作技巧设计标题，增强其新颖性。

## （二）在新媒体文案中设置悬念

在新媒体文案写作中，设置悬念可以充分引发受众的好奇心，吸引受众阅读文案全文一探究竟。文案人员一般可参考以下3种写法来设置文案的悬念。

- **设疑**：先在文案开头设置疑问，引起受众的好奇，然后随着文案的展开而逐层解释疑问。
- **倒叙**：将受众最感兴趣、最想关注的东西先说出来，接下来再叙述原因。
- **隔断**：当一件事情已经引起了受众的兴趣，受众正想继续了解后面的事时，突然中断，改叙述另一件事情，这时受众会惦记着前一件事情，这就形成了悬念。

在设置悬念时还要注意以下4点。

- 不要过早揭开谜底，应该随着内容的深入而层层揭开。
- 重视受众的感受，从受众的角度出发安排情节。
- 悬念应该设置得精彩，最好有一些激烈的情节冲突。
- 答案要符合常识，不能前言不搭后语，漏洞百出。

## （三）新媒体文案的排版

除了文字，新媒体文案中的色彩和图片的排版和设计也非常重要，版面清新、有创意的文案可以给受众留下深刻而持久的印象，增强推广效果。在为新媒体文案排版时，需要满足几个基本要求。

- **标题醒目**：标题应使用醒目的字体，且字号一般在20以上，从而在视觉上与正文形成明显的区分。
- **适当分段**：如果文案的字数较多，应适当分段（每段3～5行为宜），最好每个段落之间空一行。
- **图片大小要协调**：文案中的配图所占版面的比例要恰当，具体比例取决于文案的内容、受众的阅读习惯以及文案人员的审美等。一般来说，长文案可使用较小的配图，以适当缓解大段文字带来的压迫感；而短文案可以选择更大的图片来吸引受众眼球。
- **突出重要内容**：文案排版应突出重要的内容，可以添加少量图形（如箭头），为重点文字设置其他颜色或加粗，为段落添加下画线、底纹、框线等来引导视线，方便受众快速了解重要信息。

- **留白：** 在规划文案的版面布局时，应该适当在版面内留白，以达到视觉上的舒适感。一般而言，文字离页面边缘应至少40mm，段落间距为1～2行，行距为1.5倍。此外，图片和文字之间也要有适当的留白。

# 实战与提升

（1）扫描二维码，查看淘宝发布的视频式新媒体文案，分析该文案的标题、开头和结尾分别采用了哪种写作方法。

（2）扫描二维码，查看提供的新媒体文案，分析该文案采用了哪种写作结构，这种写作结构有什么好处。

淘宝的视频式文案　新媒体文案展示

（3）双面绣也叫两面绣，是我国优秀的民族传统工艺之一。双面绣始于宋代，是在同一块底料上，同一绣制过程中，绣出正反两面图像，图案同样精美的绣品。图5-21所示为某非遗专营店内的全手工双面绣摆件，请围绕该摆件写作一篇新媒体推广文案。

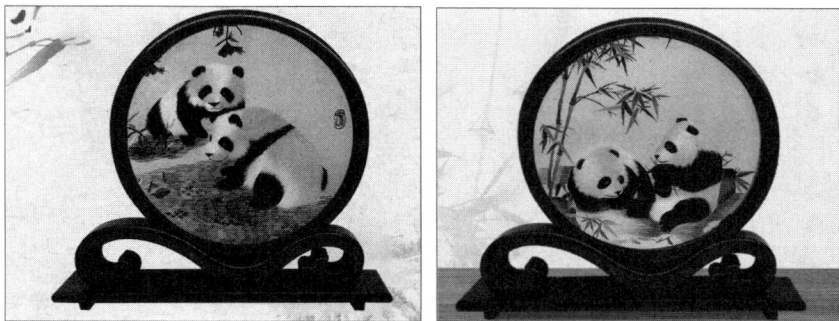

图5-21　全手工双面绣摆件

**提示：** 根据文案的主题，在网上搜索双面绣的详细信息，阅读双面绣的新媒体文案，然后构思文案的整体框架，再结合本项目所学知识确定正文结构，精心设计文案的标题、开头、正文和结尾。

# 项目六

# 主流新媒体平台文案的写作

## 学习目标

【知识目标】
- 掌握微信文案和微博文案的写作方法。
- 掌握短视频文案和直播文案的写作方法。
- 掌握社群文案的写作方法。

【素养目标】
- 践行社会主义核心价值观，传播积极、健康和正向的内容。
- 自觉规范网络行为，维护网络环境。

## 学习导图

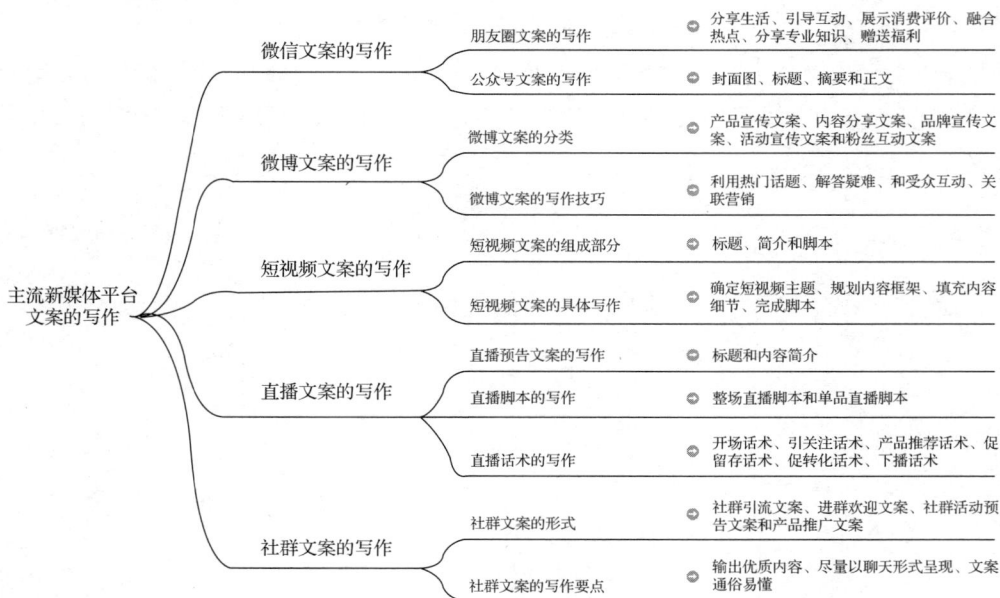

### 案例导入

方太是一个专注于厨房电器研发和制造的品牌，拥有吸油烟机、水槽洗碗机、净水机、嵌入式灶具、嵌入式消毒柜、嵌入式微波炉、烤箱、蒸箱、燃气热水器等多条产品线。近年来，方太紧跟直播电商发展的步伐，利用直播带动了旗下多款产品的销售。

方太作为家庭耐用厨电产品品牌，其直播间获取流量往往要比销售美妆产品、食品、生活用品等的直播间难。为了获取更多流量，方太采用了多种引流方式，如提前在微博、微信、小红书等平台中发布直播文案，在抖音、微博等平台发布预告短视频等。在为直播引流时，方太非常注重直播文案的写作。无论是直播前还是直播后的文案，方太总是会利用走心、表明态度，或充满诗意的文案展现直播主题和直播亮点，这不仅能很好地为直播间引流，还能在一定程度上宣传产品或品牌。例如，图6-1所示为方太发布在微博中的直播预告文案，其利用充满诗意的文案很好地展现了直播主题和亮点，如"赏春味""特约设计师"等，很好地吸引了受众观看直播。其中，"万物复苏，无尽春色化作人间美味  共食春色，挚友相聚争献荟萃精益""设计，不只设计房子更是让家成为幸福的容器"等文案则很好地展现了品牌理念，巩固了品牌形象。

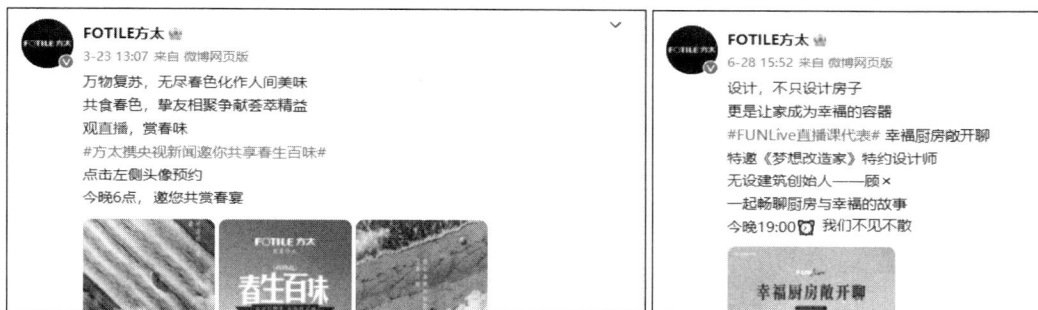

图6-1  方太发布在微博中的直播预告文案

除此之外，为了让文案被更多人看到，方太还会在文案中添加话题。在这些话题中，部分是平台中的热门话题，如"厨房好物""厨房用品"等，凭借热门话题的高关注度，方太快速获得了受众的关注，成功为直播间引流。同时，方太还会自行创建与直播、产品或品牌相关的话题，并将话题添加在文案中，以提高直播、产品或品牌的曝光度。

【思考】

（1）方太发布的文案有什么特点？

（2）为了让文案被更多人看到，方太采用了哪些方法？

## 任务一  微信文案的写作

微信是开展新媒体营销的重要平台，具有受众数量多、受众黏性强、使用频率高等特点，能够为产品和品牌的宣传和推广提供更多的可能性，是大多数企业常用的新媒体平台之一。微信文案即在微信中发布的文案，文案人员只有熟练掌握微信文案的写作，才能更好地推动企业在微信平台开展宣传和推广工作，促进营销目标的实现。

针对下列问题展开讨论。

（1）你会屏蔽哪种类型的朋友圈文案？哪类营销性质的朋友圈文案你能接受？

（2）你关注了哪些类型的微信公众号？关注的原因是什么？

## 一、任务目标

微信平台的文案主要有两种，分别是朋友圈文案和公众号文案。朋友圈文案多以日常生活分享、个人感悟等为主，表达方式较为随意和亲切；公众号文案则涵盖了多种类型，包括新闻资讯、行业动态等，表达方式相对更为正式和专业。本任务将介绍朋友圈文案和公众号文案的写作方法，以帮助文案人员轻松写出吸引力强的微信文案。

## 二、相关知识

### （一）朋友圈文案的写作

朋友圈拥有巨大的流量，因此许多企业都将朋友圈作为重要的营销渠道，并通过朋友圈文案实现产品或服务推广或宣传等目的。但是朋友圈比较私人化，因此朋友圈文案的写作比较讲究，一般来说，朋友圈文案既要有可看性，又要实现营销目的，同时还要避免受众反感，这就需要文案人员掌握一些写作方法。

#### 1. 分享生活

分享生活是朋友圈的重要功能，生活分享式的文案会让受众感到真实、亲切，可以拉近与受众的距离。相比之下，若是直接发布一些令人厌烦的硬广文案，可能会造成受众的反感，甚至被屏蔽或删除。因此，文案人员可以在朋友圈中分享自己生活中的感受和趣事，或分享生活实用知识等，然后在其中自然而然地融入营销信息，让受众在了解营销信息时，感受其与实际生活的相关性，增强他们购买产品的欲望。例如，图6-2所示的朋友圈文案就是一则融合营销信息的文案，文案表面在分享美景，实则在推广旅游产品。

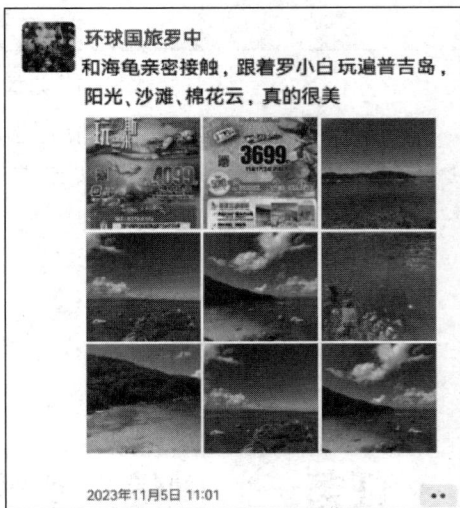

图6-2　分享生活的朋友圈文案

#### 2. 引导互动

互动是增加文案关注度的一种方式，通常可以直接在朋友圈中发起一些互动性比较强的话题，吸引受众参与讨论。互动话题最好比较新奇，有一定的讨论价值、宣传力度与实用价值，也可以适当用福利来吸引受众。除了话题讨论，还可以引导受众留言、点赞或转发文案，并说明互动福利，提高受众互动的积极性，如从转发文案的受众中抽取一位或几位受众送礼；也可以发起一些趣味活动，如猜谜、竞拍等；也可以采用提问的方式增强互动性。例如，图6-3所示的朋友圈文案就采用了提问的方式与受众互动。

### 3. 展示消费评价

受众购买产品后常常会做出有关产品的使用心得、购物体验等方面的评价，这些评价也可以展示在文案中，增强文案的真实性。消费评价是对产品质量、商家服务、品牌形象等的真实反映，体现了受众的满意度。文案人员可以将这些消费评价整理出来，以文字或图片的形式发布在朋友圈中，让更多的潜在受众了解产品和品牌。例如，图6-4所示的朋友圈文案中就展示了受众对产品的消费评价，并且这种对话式的消费评价更为真实可信，更容易获得受众的认可和信任。

图6-3 引导互动的文案

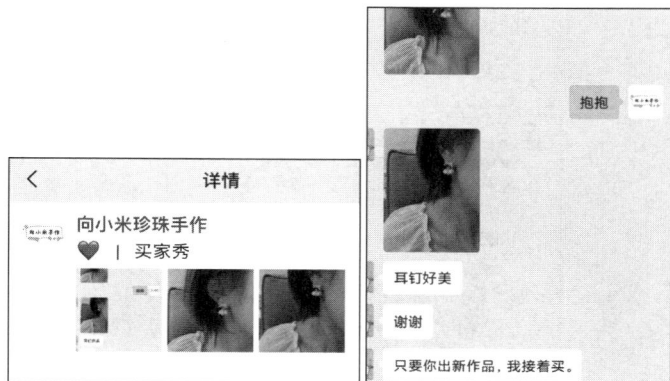

图6-4 展示消费评价的文案

### 4. 融合热点

热点具有较高的关注度，可以吸引很多受众。文案人员可以在社交媒体或新闻资讯平台等渠道收集整理合适的热点，并结合产品或品牌写作朋友圈文案，这样既能给受众带来新鲜感，又能增强产品和品牌的关注度。需要注意的是，融合热点并不是盲目跟风，而是从热点中寻找与产品或品牌契合的点。例如，图6-5所示为借助"大暑"这一节气发布的朋友圈文案，借助受众对节气的关注度，提高了文案的曝光量。

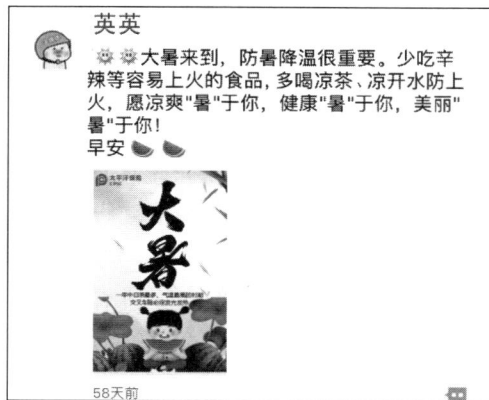

图6-5 融合热点的文案

### 5. 分享专业知识

分享专业知识即分享产品的使用方法、使用技巧或维护保养手段等，帮助受众了解产品的功能、特点等，解决受众使用过程中的一些实际问题，树立文案人员的专业形象，为以后的产品宣传和推广打下坚实的基础。对一些乐于了解新知识的受众来说，分享专业知识还有助于满足其求知欲。最后，为方便受众购买，文案人员还可在文案中表明购买方法和渠道或添加产品链接。例如，图6-6所示为某口腔连锁品牌的文案人员发布的朋友圈文案，其分享了实用的口腔知识，一方面体现了品牌的贴心，另一方面也为后续的营销做铺垫。

### 6. 赠送福利

赠送福利的写作方法一般直接表明为受众提供福利，这种文案有利于维系与受众之间的情感，获取更多受众的关注与好感。赠送福利的文案（见图6-7）一般会与引导互动的文案搭配使用，如要求参与人员点赞、转发，或分享给好友助力、集赞等可以获得红包或礼品奖励，采用此方法能达到较好的宣传推广效果。

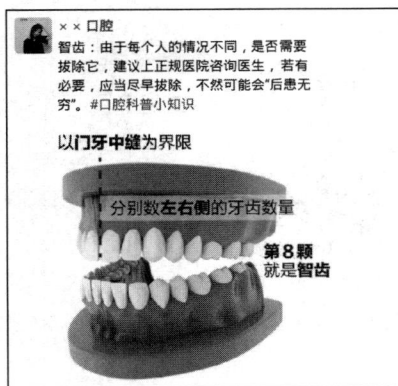

图6-6　分享专业知识的文案

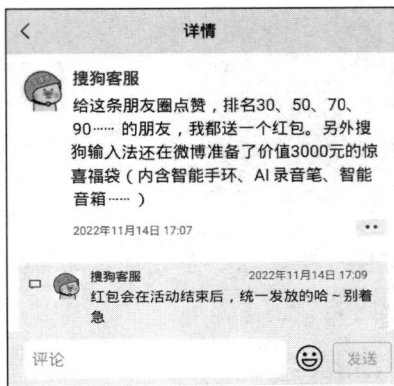

图6-7　赠送福利的文案

**专家指导**

　　直接展示产品信息的文案也是朋友圈文案的常见类型，这种文案的内容主要包括产品上新信息、产品详情信息、促销活动等。文案人员发布直接展示产品信息的文案时，应控制发布频率，一天1～2次为宜，这样既能刺激一些潜在受众产生购买兴趣，还能避免受众反感。另外，在写作朋友圈文案时，一是要注意文字精简，尽量保持在120字以内，以免文案太长被折叠，降低被看完的可能性；二是要注重图文结合，以及善用表情符号，避免内容单调。

### （二）公众号文案的写作

相比于朋友圈文案，公众号文案的受众面更广，传播效果也更好。如何写出优秀的公众号文案，从众多公众号文案中脱颖而出，是文案人员需要重点解决的问题。公众号文案的篇幅一般较长，且类型多样，但不管是哪种类型的公众号文案，基本由封面图、标题、摘要和正文4个部分组成。

### 1. 封面图

公众号文案的封面图是对文案内容的一个简要说明，用于快速吸引受众的注意，并激发受众潜在的浏览欲望。公众号文案的封面图一般为与推送内容或产品相关的精美图片，如果推送内容分为不同系列，还可以为每个系列设计风格对应的封面图。

另外，公众号文案的封面图有两种尺寸：第一种是单图文文案封面图和多图文文案首篇封面图，其长宽比为2.35∶1，图片像素建议为900px×383px，支持JPG、PNG和GIF格式，大小需不超过5MB；第二种是多图文文案次篇封面图，其长宽比为1∶1，图片像素建议为200px×200px。图6-8所示为不同尺寸的封面图展示。为了优化封面图的效果，直观地展示重要信息，文案人员可以着重设计单图文文案封面图和多图文文案首篇封面图，如选择设计好的海报，或者使用充满设计感的文字，突出主题或卖点等。多图文文案次篇封面图的尺寸较小，其图片只需简单、直观。若推送的多图文文案属于不同系列，可以统一各系列风格，设计样式相同的封面图。

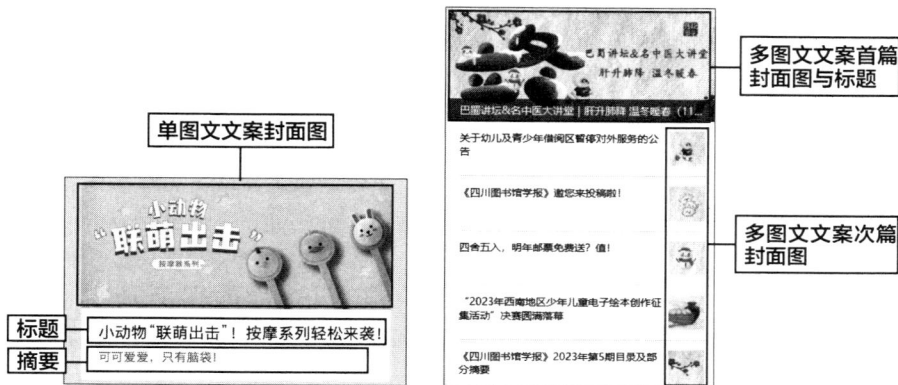

图6-8　不同尺寸的封面图展示

### 2．标题

除了封面图外，好的标题也能够引发受众对文案的阅读兴趣。要写出一个好标题，除了可以从标题的各类写法着手（可参考项目五新媒体文案标题的写作方法）外，还可以在标题中使用独特的格式吸引受众，提高公众号文案标题的辨识度。一般而言，可以在标题前使用竖线"|"或方头括号"【 】"，并将品牌或产品名、归纳的要点、文案的分类标签或个性化标签等作为关键词填在前面或中间，与其后的标题分隔开，更好地打造公众号的个性化风格，加深受众对品牌或产品的印象。

### 3．摘要

摘要是位于封面图下方的一段引导性文字，可以引导受众快速了解文案的主要内容，或通过提出具有吸引力的问题，吸引受众点击文案，增加文案点击量和阅读量。一般来说，设置好的摘要在推送的单图文文案中显示，多图文文案中则不会显示，但当某篇多图文文案被单独分享出去后，其摘要将被显示。若不设置摘要，原摘要位置则会自动显示文案正文的前几句话，这可能削弱文案的吸引力，因此文案人员应注意设置摘要。

文案人员写作摘要时，摘要应简洁明了，可以直接点明文案的主题和重点，或揭示文案中有惊喜，如优惠信息或促销活动，激发受众的阅读欲望。另外，摘要的字数要控制在50字以内，字数不宜太多。例如，图6-9所示为某篇推广跑鞋的公众号文案的摘要和正文（部分），该文案的摘要采用提问的方式设置了一个悬念，可以有效吸引受众点击文案查看详情。

图6-9  推广跑鞋的公众号文案的摘要和正文（部分）

### 4. 正文

公众号文案在利用封面图、标题、摘要等引起受众的注意后，还需要用优质的正文来打动受众。一般来说，公众号文案主要有原创和转载两种模式，原创难度较大，但受众的忠诚度会更高。公众号文案正文的写法也可以参考项目五中新媒体文案正文的写作的相关内容，这里补充一些公众号文案正文写作的策略。

- **内容要满足受众需求**：要想吸引受众阅读甚至产生转化效果，就应当从受众的需求出发进行内容的策划与定位，一般而言，行业热门消息、有深度的干货、品牌文化、生活实用技巧、生活感悟、产品福利活动等方面的内容可以有效激发受众的分享欲和传播欲，为公众号吸引更多属性相同的精准受众。例如，"书单来了"微信公众号的多数受众都喜欢阅读，因此其文案内容就从受众的需求出发，向受众推送与书籍相关的内容，如图6-10所示，受众若在阅读文案时发现了喜欢的书籍，可以直接通过文案中添加的小程序购买。

图6-10  满足受众需求的内容

- **配图要美观、适当**：在文案中配图可以增强内容的表达效果，缓解受众的阅读压力，优化阅读体验，使传达的信息更加直观、丰富。在配图时，文案人员需要注意4点：一是配图要清晰，应尽量使用分辨率高的图片；二是配图应当结合文案内容，不可以随意插入吸引眼球但与内容无关的图片；三是图片不能影响内容的连贯性，不要在两个段落中间添加过多的图片；四是图片大小要合适，过大的图片会使受众打开文案的速度变慢，过小的图片会使文案内容展现不完整，影响美观度。

### 🎓 专家指导

> 要使公众号文案看起来简洁、大气、美观，还需要注重排版。一般情况下，公众号文案的排版可以从配色和版式两个方面入手。公众号文案的配色一般与品牌色保持一致，如果没有品牌色，则应使用与图片相对统一的、温和的色调。在设计版式时，应当遵循对齐、对比和统一的原则：对齐主要包括左对齐、右对齐和居中对齐3种形式，默认一般为左对齐；对比主要是指标题与正文的对比、重点内容与普通内容的对比；统一是指排版样式统一，包括正文内容字体样式一致、重点内容字体样式一致、行距一致、风格一致等。秀米、135编辑器、i排版等都是非常好用的排版工具，没有专业排版经验的文案人员也可以轻松使用。

## 三、任务实训

庭步女鞋是一家淘宝女鞋店铺，主要售卖女士凉鞋、拖鞋、单鞋、运动鞋等。该店铺近期上架了4款单鞋，并推出了上新3天内购买立减50元的活动。为了促进单鞋的销售，店长准备分别写作一则朋友圈文案和公众号文案。

女鞋产品图片

### 1. 实训目标

（1）掌握朋友圈文案的写作方法。

（2）掌握公众号文案的写作方法。

### 2. 实训要求

（1）写作一则表面为分享生活，实际为产品推广的朋友圈文案。

（2）写作一则以产品为核心的公众号文案。

### 3. 实训思路

写作生活分享式的朋友圈文案时，写作重点要放在分享生活上，自然融入产品信息。例如，分享时间紧迫的赶车经历，然后在其中植入单鞋穿着轻便、舒适的信息。在写作以产品为核心的公众号文案时，可以按照标题、封面图、摘要和正文的顺序进行写作。例如，可以写作单鞋的介绍内容，标题可以选用宣事式或证明式，正文可以选用并列式的写作结构，在开头直接阐述网店单鞋上新，正文直接展示单鞋的细节和卖点，结尾结合促销信息促使受众购买单鞋，封面图则可以直接选取单鞋图片，摘要可以直接表明产品上新的主题。

## 四、任务考核

结合本任务所学的知识，填写表6-1并上交。

表6-1　任务考核

| 序号 | 考核内容 | 分值 | 说明 |
|---|---|---|---|
| 1 | 收集5篇宣传性质的朋友圈文案并说明其写作方法 | 30 | |
| 2 | 写作一篇朋友圈文案推销自己的鞋 | 30 | |
| 3 | 自选产品，设计一篇满足受众需求的公众号文案 | 40 | |

## 任务二　微博文案的写作

　　微博作为当今较受欢迎的社交媒体平台，用户类型多样，包括个人微博用户、企业微博用户、政务微博用户、组织机构微博用户和临时微博用户等。同时，其用户数量庞大，成为企业或品牌开展营销的重要平台，微博用户主要通过写作文案来开展营销推广。

**课堂讨论**

针对下列问题展开讨论。
（1）你觉得微博为什么这么受欢迎？
（2）你更愿意分享什么类型的微博文案？

### 一、任务目标

　　微博文案具有发布门槛低、传播及时、传播广泛的优势，是进行广告营销的理想阵地。目前，微博营销越来越受到企业和品牌的重视，写作微博文案成为文案人员的必备技能。本任务将对微博文案的分类、微博文案的写作技巧等知识进行介绍，让文案人员能够掌握微博文案的写法，更好地适应微博营销的需要。

### 二、相关知识

#### （一）微博文案的分类

　　微博文案根据内容侧重点的不同，一般可以分为产品宣传文案、内容分享文案、品牌宣传文案、活动宣传文案和粉丝互动文案等。

- **产品宣传文案**：产品宣传文案侧重于直接宣传产品，通常会开门见山地介绍产品卖点以及产品促销信息，并号召受众购买。
- **内容分享文案**：内容分享文案侧重于分享有趣、搞笑、实用的内容，以吸引受众关注，获取流量。例如，图6-11所示的微博文案通过简洁明了的文字和清晰的配图，将实用的知识传递给受众。
- **品牌宣传文案**：品牌宣传文案是用于推广和宣传品牌形象的文案。很多品牌会通过官方微博账号发布与品牌相关的内容，如品牌最新动向、品牌实力、品牌故事、品牌理念等，以加深受众对品牌的认知，巩固品牌形象。

- **活动宣传文案**：活动宣传文案主要用于宣传和推广各种线上或线下活动，如线上直播活动、线下见面会、展销会等，让受众了解活动的相关信息，并激发他们的参与兴趣，扩大活动的传播范围。
- **粉丝互动文案**：粉丝互动文案是专门与粉丝互动的文案，旨在增加粉丝的黏性和参与度。它可以采用多种形式，如征集意见、征集作品、邀请点评、发起话题讨论（见图6-12）和投票活动等。

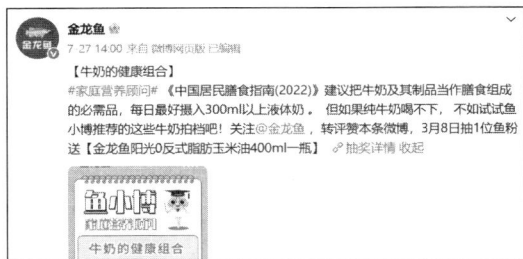

图6-11　内容分享文案

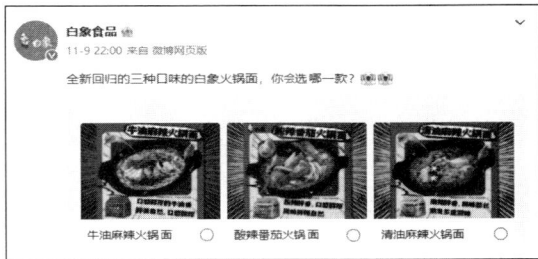

图6-12　粉丝互动文案

## （二）微博文案的写作技巧

微博拥有广泛的受众，每天产生的信息数量也非常庞大，但大部分受众都会比较关注自己感兴趣的信息。因此，为了吸引受众，文案人员还需要掌握一些特定的写作技巧来写作微博文案。

### 1. 利用热门话题

微博中的热门话题往往是一段时间内大多数受众关注的焦点，凭借话题的高关注度宣传产品或服务，可以快速获得受众的关注。在微博中，"#××#"代表参与某个话题，在微博文案中添加热门话题，可以让文案自动与热门话题连接，让文案被更多受众搜索到，提高微博文案的曝光率。在选择话题时，文案人员应注意热门话题的时效性，不能选择时间久远的话题。同时，选择的话题应与推广的产品或品牌有一定关联性，避免引起受众的反感。例如，图6-13所示为微博的热门话题，图6-14所示为某品牌借助热门话题中的"#早睡早起的人到底赢在哪儿#"话题创作的微博文案，巧妙地展示了品牌产品。

图6-13　热门话题

图6-14　利用热门话题创作的文案

## 2. 解答疑难

文案选取与受众工作、生活息息相关的话题或受众普遍面临的问题、难题或疑惑，也可以引起受众的关注。文案人员若能针对这些问题给予良好的解决方案，还能获得受众的认可和信任。尤其是针对品牌或产品问题的疑难解答，更能增进受众对产品或品牌的了解，促使受众做出购买决策。例如，某母婴品牌的微博文案针对"如何让宝宝按时入睡？""如何应对宝宝半夜哭闹？"等育儿难题进行解答，既解决了受众的难题，又提高了受众的好感度，有利于为品牌积累粉丝。

## 3. 和受众互动

利用微博文案和受众互动，有利于拉近受众与企业或品牌之间的距离，培养忠诚受众。发起话题讨论、有奖转发、有奖征集、有奖竞猜、转发受众发布的微博文案都是有效的互动方式。例如，图6-15所示为微博上常见的"转发+评论"式抽奖活动的文案，不仅吸引了受众的关注，还扩大了文案的传播范围。

## 4. 关联营销

关联营销是指品牌与其他品牌账号合作，通常通过共同创建话题，或使用@功能表明关联对象，以更好地与关联对象进行互动和联合营销。这种营销方式可以借助双方的影响力提高品牌的曝光度和知名度。在写作关联营销的微博文案时，首先要表明关联对象，其次可以描述品牌与关联对象的合作方式，如推出联名产品等，最后可通过提供福利引导受众做出具体的行为，如留言、转发、购买联合产品、关注合作双方的官方微博账号等。例如，图6-16所示为某食品品牌发布的关联微博文案，文案通过话题"夏日消暑小卖部"将两个品牌关联起来，突出了两个品牌的共同点——产品清凉解暑。此外，其还通过带话题留言抽奖的活动促使受众参与互动，提升关联营销活动的热度。

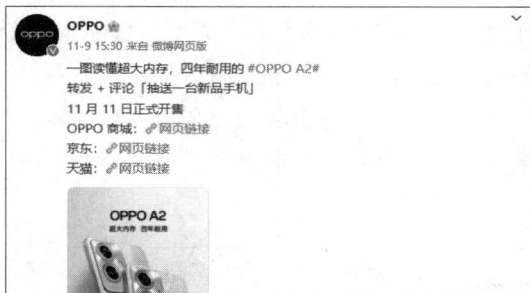

图6-15 "转发+评论"式抽奖活动的微博文案

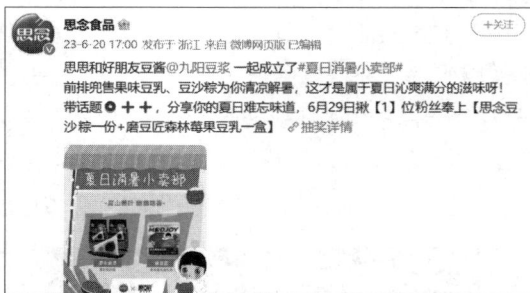

图6-16 某食品品牌发布的关联微博文案

### 专家指导

当需要表达的内容无法通过简短的语言、精练的图片表述清楚时，还可以使用头条文章。它是微博的一个长文产品，包含了封面图、标题、导语、正文等诸多元素。头条文章的写作方法与公众号文案相似，文案人员可以参考公众号文案写作方法。另外，要想增强受众的认同感和文案的吸引力，文案人员可以将文案主语设定为第二人称，如"冬天皮肤干燥，你一定要注意以下护肤技巧哦"，这样的语气亲切随和，富有感染力，能拉近与受众的距离。

## 三、任务实训

查看图6-17所示的某品牌鼠标的展示图片，为该产品写作一篇微博文案。

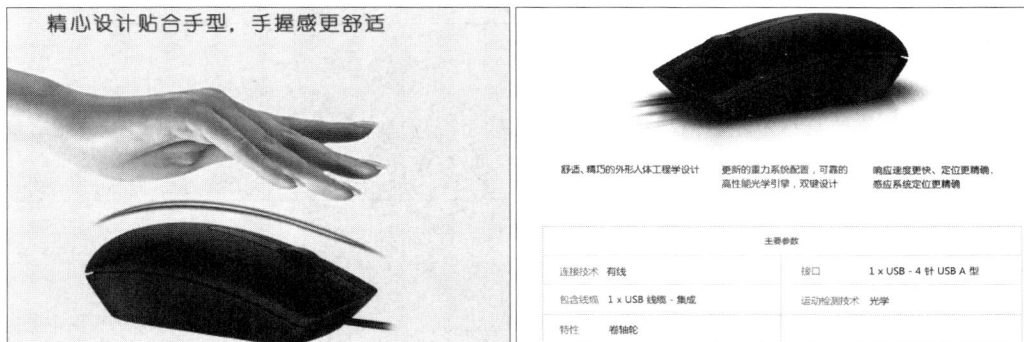

图6-17　某品牌鼠标的展示图片

### 1. 实训目标

掌握微博文案的写作方法。

### 2. 实训要求

（1）写作一则直接宣传产品的微博文案。

（2）在微博文案中加入热门话题。

### 3. 实训思路

根据产品信息及其特点，先在微博的热门话题榜单或热搜榜中挑选与产品有关联的话题，如果榜单中没有合适的话题，可以查找讨论度较高且与产品相关的话题；然后根据热门话题的内容和产品特点确定写作切入点，顺势植入产品信息。在写作微博文案时，注意产品信息要自然融入，语言尽量轻松、口语化，再加入话题标签，插入产品图片和表情符号，丰富文案的表现形式。

## 四、任务考核

结合本任务所学的知识，填写表6-2并上交。

表6-2　任务考核

| 序号 | 考核内容 | 分值 | 说明 |
|---|---|---|---|
| 1 | 选择一个你喜爱的品牌，收集3篇其发布的微博文案，并说明文案应用的写作技巧 | 50 | |
| 2 | 为你的手机写作一篇能为受众解答难题的微博文案 | 30 | |
| 3 | 在微博上搜索并整理关联营销品牌共同创建的微博话题 | 20 | |

## 任务三　短视频文案的写作

相比于图文类文案，短视频文案更加直观且具有冲击力，节奏快，适应受众碎片化阅读的习惯。同时，其互动性和社交属性强，除了受到许多受众的喜爱，也被众多企业或品牌所青睐。

**课堂讨论**

针对下列问题展开讨论。
（1）你是否有经常观看的短视频账号？其发布的短视频是哪种类型的？
（2）在短视频平台中，哪种类型的短视频更容易被分享和传播？

## 一、任务目标

短视频文案是短视频的重要组成部分，能够帮助受众理解短视频主题，指导后续的短视频拍摄和制作工作。本任务将介绍短视频文案的组成部分和写作方法，以帮助文案人员掌握短视频文案的写法，写出质量较高的短视频文案。

## 二、相关知识

### （一）短视频文案的组成部分

短视频文案并不单指旁白或字幕，一般来说，短视频文案由标题、简介和脚本等部分组成。

- **标题：** 标题是对短视频主题的高度概括，好的标题可以引起受众的好奇心，吸引受众观看短视频，从而为短视频带来流量。
- **简介：** 简介常用于展示短视频的概要、素材来源、作者感想、故事经过、灵感、作者号召、链接等内容，可以辅助标题的表达，帮助受众快速了解短视频内容。
- **脚本：** 脚本是指表演戏剧、拍摄电影等所依据的剧本。在短视频领域，脚本是整个短视频的发展大纲，用以确定剧情的发展方向和拍摄细节。短视频脚本可以分为提纲脚本、文学脚本、分镜头脚本3种。提纲脚本涵盖短视频的各个拍摄要点，通常包括对主题、风格、画面和节奏的阐述，新闻类、旅行类短视频常使用提纲脚本；文学脚本类似电影剧本，以故事的开始、发展和结尾为线索，通常只需要写明短视频中的主角需要做的事情或任务、台词等；分镜头脚本由一个个镜头组成，每个镜头用"镜号×"表示，每个镜头包括画面内容、景别、拍摄方式（镜头运用）、时长、台词和音效等内容。其中，分镜头脚本在短视频文案的写作中比较常见，其内容更加精细。例如，表6-3所示为某品牌的美食制作短视频的分镜头脚本。

提纲脚本和文学脚本示例

### 专家指导

部分短视频平台并不严格区分标题与简介，如抖音只需一段简短的文本介绍。因此，在发布短视频时可直接简单介绍短视频内容，或提炼内容重点。

表6-3　某品牌的美食制作短视频的分镜头脚本

| 镜号 | 景别 | 拍摄方式 | 画面内容 | 台词 | 声音 | 时长 |
|------|------|----------|----------|------|------|------|
| 1 | 近景 | | 把山楂糕切成小块备用 | 大家好，今天来自制巧克力山楂球，先把山楂糕切成小块 | | 2秒 |
| 2 | 近景 | | 拿出××牌黑/白巧克力，打开包装，慢慢展示，然后将其切碎 | 先把巧克力切碎，这次准备的是××品牌的黑/白巧克力，这款巧克力选用优质可可豆制成，浓郁丝滑、甜而不腻 | | 4秒 |
| 3 | 中景 | 固定镜头，正面拍摄 | 把巧克力放入玻璃碗中，再把玻璃碗放入小锅中，隔水融化巧克力 | 接下来把巧克力隔水融化成液体 | 轻快的背景音乐 | 2秒 |
| 4 | 特写 | | 把巧克力装入裱花袋，再挤入球状模具（5分满） | 把巧克力装入裱花袋，再挤入模具中，只要5分满哦 | | 2秒 |
| 5 | 近景 | | 放入提前切好的山楂糕 | 把山楂糕放到巧克力上 | | 1秒 |
| 6 | 近景 | | 再挤入一层巧克力覆盖山楂糕 | 再挤入一层巧克力，然后等待巧克力凝固就可以啦，等不及的小伙伴可以放入冰箱冷藏哦 | | 2秒 |
| 7 | 特写 | | 切开巧克力山楂球，向镜头展示 | 现在巧克力山楂球就做好啦，是不是很简单！赶紧做起来吧，记得一定要用××牌巧克力哦 | | 3秒 |

## （二）短视频文案的具体写作

短视频文案中标题和简介的写作与公众号文案的标题和摘要的写作类似，此处不赘述。脚本是短视频文案中较为重要的部分，是短视频拍摄和制作的基础。与文字和图片的呈现方式不同，短视频是由一个个镜头组合起来的，因此在写作时要遵循一定的写作思路，才能写出完整的脚本。短视频脚本的写作思路为确定短视频主题、规划内容框架、填充内容细节、完成脚本4个部分。

### 1. 确定短视频主题

短视频一般都有一个明确的主题，如分享平价好物、讲述旅行体验、分享仿妆教程或通勤穿搭等。一个明确的短视频主题，可以为后续的脚本写作奠定基调，让短视频内容紧紧围绕主题展开。短视频的主题通常需要根据账号定位来确定，服装穿搭类账号的短视频，主题可以为初春连衣裙搭配、职场着装；美妆类账号的短视频，主题可以为化妆教程、仿妆教程等。确定短视频主题，有利于确保后续的内容的一致性和连贯性，同时方便进行下一步的内容规划。

## 2. 规划内容框架

规划内容框架即确定通过什么样的内容细节及表现方式来展现短视频主题，包括人物、场景、事件及转折点等，并对此做出详细的规划。例如，依据表6-3的分镜头脚本规划的内容框架如下。

- **拍摄主体：** 巧克力山楂球的原料和成品。
- **人物：** ××（主角姓名）。
- **场景：** 厨房。
- **事件：** ××（主角姓名）展示巧克力山楂球的制作方法。
- **产品植入方法：** 将要植入的××品牌巧克力以原料的形式呈现在受众面前，并通过念台词的方式把巧克力的信息口述出来。

## 3. 填充内容细节

填充内容细节是将内容框架转化为具体场景和情节的过程。在这个过程中，文案人员需要着重思考每个角色在故事中的发展和情感变化；为每个镜头编写对话；设计角色在每个镜头中的具体动作；描述每个镜头的环境和背景细节，包括场景的布置、道具的使用和灯光的设置等；确定每个镜头的视角、拍摄方式等；考虑每个镜头中的音效和音乐选择；等等。

## 4. 完成脚本

完成内容细节的填充后，就可以直接确定每个镜头的镜号、景别、拍摄方式、画面内容、台词、声音、时长，然后将其整理为完整的脚本。

- **镜号：** 镜号即镜头编号，一般按组成短视频画面的镜头的先后顺序编号，用数字表示。
- **景别：** 景别一般包括远景、全景、中景、近景和特写5种，不同的景别可以表现不同的人物特征以及情绪等，具体可以根据故事整体脉络以及矛盾冲突来设置。例如，主角受到巨大打击，可用面部表情或手部动作特写表现人物的心理变化。

  景别、运镜与机位介绍

- **拍摄方式：** 拍摄方式包括运镜和机位。常见的运镜方式包括固定镜头和推、拉、摇、移等运动镜头。机位包括平视机位、俯视机位、仰视机位等。
- **画面内容：** 画面内容需要用精练、具体的语言描述出要表现的具体画面，必要时可以使用图形、符号来表达。
- **台词：** 台词是为镜头表达准备的，既可以是人物的对话，也可以是旁白或标注的文字。台词若是人物的对话，则要能推动剧情，并展示人物性格。例如，要塑造一个勤俭持家的人物形象，可以设计该人物在买菜时与菜店主讨价还价的对话。台词若是旁白或标注的文字，则应起到解释说明、助推剧情等作用。
- **声音：** 声音指背景音乐或音效。背景音乐一般使用与短视频主题匹配的音乐，如介绍传统文化的短视频可以使用古风音乐；音效包括现场的环境声，如雷声、雨声、动物叫声等，其作用是增强真实感和代入感。
- **时长：** 时长与内容的详略有关。通常应根据短视频的整体时间、故事的主题和主要矛盾冲突等确定每个镜头的时长。

## 三、任务实训

某文具品牌最近推出了一款磁扣式笔记本，3本只需29.9元，该笔记本的封面采用仿皮材质，手感细腻，内页采用加厚纸张，顺滑、不浸墨。另外，该笔记本还支持激光刻字，共有红色、黑色、灰色和棕色4种颜色。为促进产品的销售，该品牌打算拍摄"带货"短视频推广该笔记本。

### 1. 实训目标

（1）认识短视频脚本。

（2）掌握分镜头脚本的写作。

### 2. 实训要求

（1）为品牌的"带货"短视频写作分镜头脚本。

（2）按照确定短视频主题、规划内容框架、填充内容细节、完成脚本的流程写作脚本。

### 3. 实训思路

为"带货"短视频写作分镜头脚本，需要先确定短视频的主题，可以先在短视频平台中查看同类产品的"带货"短视频，分析其内容主题，再确定自身"带货"短视频的主题。在确定主题后，就可以规划大致的内容框架，确定拍摄主体、出镜人物、事件等，然后填充具体的细节，完成最终的分镜头脚本。例如，拍摄一个笔记本测评主题的"带货"短视频，购买多种类型的笔记本进行测评，总结各种类型笔记本的优点和缺点，然后利用口述的方式介绍本文具品牌的磁扣式笔记本的优点，吸引受众购买。

## 四、任务考核

结合本任务所学的知识，填写表6-4并上交。

表6-4　任务考核

| 序号 | 考核内容 | 分值 | 说明 |
|---|---|---|---|
| 1 | 查看抖音热榜中"带货"性质的短视频，分析其作品描述有什么特点 | 30 | |
| 2 | 查看你喜欢的短视频账号发布的某条短视频，总结该短视频的主题 | 30 | |
| 3 | 选择任意产品撰写一个有创意的分镜头脚本 | 40 | |

## 任务四　直播文案的写作

随着直播的火热，越来越多的企业和品牌开始在各大直播平台中开设直播间，以促进产品的销售和品牌推广。为了最大限度地发挥直播的推广效果，写作一个吸引力强的直播文案非常重要。

针对下列问题展开讨论。
（1）你有经常观看的直播账号吗？说明你经常观看的原因。
（2）你或你的家人是否在直播间购买过产品？购物体验如何？

## 一、任务目标

直播文案能够帮助受众了解产品或活动信息，促使受众产生购买欲望，是企业或品牌销售产品的关键。总的来说，直播文案主要包括直播预告文案、直播脚本和直播话术等，是开展直播营销必不可少的部分。本任务将对直播预告文案、直播脚本和直播话术进行介绍，以帮助文案人员了解和掌握直播相关文案的写作技巧，更好地完成直播营销工作。

## 二、相关知识

### （一）直播预告文案的写作

直播预告文案即预告直播内容的文案，其作用在于让受众提前知晓直播内容，包括标题和内容简介两个部分的内容。

- **标题**：写作直播预告文案的主要目的是吸引尽可能多的受众来观看直播，所以标题一定要简洁明了。一般来说，大部分直播平台中的直播预告文案标题限制在12个汉字以内，文案人员可以在标题中展示直播主题或直播亮点，如"五一穿搭'宠粉'福利日""会员0.01元享好礼"，还可以通过设置疑问的方式，引起受众对直播的兴趣。图6-18所示为淘宝直播平台中的直播预告文案标题示例。

- **内容简介**：内容简介是对直播预告文案标题的解释或对直播内容的概括。一般来说，直播预告文案的内容简介只需简洁明了，可以与直播嘉宾、直播优惠、直播活动、特色场景、主播、产品故事等有关。例如，图6-19所示为淘宝App中的一则直播预告文案，其内容简介介绍了直播产品的特色及优惠、福利等，可以有效吸引受众进入直播间观看直播。

图6-18  标题示例

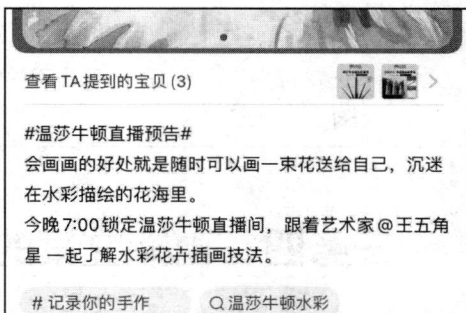

图6-19  内容简介示例

直播预告文案不仅可以发布在直播平台中，也可以发布在其他新媒体平台中，如微博、微信、小红书等。但需要注意的是，发布在其他新媒体平台中的直播预告文案，一定要表明直播平台和具体的直播时间，且表述风格和形式等要与发布平台的内容要求一致。

### （二）直播脚本的写作

直播脚本与短视频脚本的作用类似，规划了整场直播的流程框架，便于直播团队提前明确直播内容和活动、梳理直播流程、把控直播节奏、推动直播有序进行。直播脚本主要有整场直播脚本和单品直播脚本两种。

#### 1. 整场直播脚本的写作

整场直播脚本是对整个直播流程和内容的细致说明，可以让直播团队中的人员根据工作职责实现默契配合。整场直播通常遵循一定的流程，首先是开播后的开场预热，引导受众关注；然后是活动预告，简单介绍所有产品并重点推荐热门产品；接着逐一讲解产品，中途可设置互动环节；最后回顾几款主推产品，再次吸引受众下单，还可以预告下一场直播的内容和时间等。表6-5所示为某品牌的整场直播脚本示例。

**表6-5 整场直播脚本示例**

| ××品牌整场直播脚本 | |
| --- | --- |
| 直播时间 | 2023年11月11日20:00—22:00 |
| 直播地点 | 第10直播室 |
| 直播主题 | ××品牌"双十一"促销 |
| 直播目标 | 吸引5万人进入直播间，销售额达到200万元 |
| 产品数量 | 15款 |
| 主播介绍 | 小李 |

| 直播流程 | | | | |
| --- | --- | --- | --- | --- |
| | | 人员分工 | | |
| 时间段 | 流程规划 | 主播 | 助理 | 场控 |
| 20:00—20:10 | 开场预热 | 自我介绍，与进入直播间的受众打招呼，介绍开场抽奖规则，强调每日定点开播，预告今日主推产品 | 演示直播截屏抽奖的方法，回答受众问题 | 向各平台分享开播链接，收集中奖信息 |
| 20:11—20:20 | 活动预告 | 简单介绍本场直播的所有产品，说明直播间的优惠力度 | 展示所有产品，补充主播遗漏的内容 | 向各平台推送直播活动信息 |
| 20:21—20:46 | 产品推荐 | 讲解第1～5款产品，全方位展示产品外观，详细介绍产品特点，回复受众问题，引导受众下单 | 协助主播展示，回复受众问题 | 发布产品的链接，回复受众订单咨询 |
| 20:47—20:49 | 福利派送 | 直播间人数满2万人即抽奖，中奖者获得保温杯一个 | 提示派送福利的时间节点，介绍抽奖规则 | 收集中奖者信息，与中奖者取得联系 |

| 直播流程 | | | | | |
|---|---|---|---|---|---|
| 时间段 | 流程规划 | 人员分工 | | | |
| | | 主播 | 助理 | 场控 | |
| 20:50—21:15 | 产品推荐 | 讲解第6~10款产品 | 同产品推荐部分 | 同产品推荐部分 | |
| 21:16—21:18 | 红包活动 | 与受众互动，鼓励受众参与 | 提示发送红包的时间节点，介绍红包活动规则 | 发送红包，收集互动信息 | |
| 21:19—21:44 | 产品推荐 | 讲解第11~15款产品 | 同产品推荐部分 | 同产品推荐部分 | |
| 21:45—21:47 | 福利派送 | 直播间人数满5万人即抽奖，中奖者获得斜挎包一个 | 同福利派送部分 | 同福利派送部分 | |
| 21:48—21:57 | 产品返场 | 对呼声较高的产品再次讲解 | 协助场控向主播提示返场产品，协助主播回复受众问题 | 向助理与主播提示返场产品，回复受众的订单咨询 | |
| 21:58—22:00 | 直播预告 | 预告明日主推产品，引导受众关注直播间，强调明日准时开播和直播福利 | 协助主播引导受众关注直播间 | 回复受众订单咨询 | |

### 2. 单品直播脚本的写作

单品直播脚本是围绕单个产品写作的直播脚本，对应整场直播脚本的产品推荐部分。单品直播脚本是围绕产品来撰写的，核心是产品卖点，需要对产品参数、用途、工艺、价格、使用场景等详细阐述。以服装为例，单品直播脚本可以围绕服装的尺码、面料、颜色、款式、细节特点、适用场景、搭配等方面进行阐述。为了详细介绍产品，单品直播脚本通常会分点叙述，且多以表格的形式呈现。表6-6所示为单品直播脚本示例。

表6-6　单品直播脚本示例

| 脚本要素 | 具体内容 |
|---|---|
| 产品名称 | ××（品牌名）2023年冬季新款加绒宽松圆领套头灰色卫衣 |
| 零售价 | 359元 |
| 直播价 | 199元 |
| 产品卖点 | （1）小图形设计，彰显个性<br>（2）宽松型的卫衣，修饰身材<br>（3）偏短款，搭配裤子显腿长 |
| 产品利益点 | （1）价格优惠<br>（2）买一件减40元，买两件减90元 |

🎓 **专家指导**

整场直播脚本和单品直播脚本并不是一成不变的，可根据实际情况修改。同时，文案人员还可以凭借积累的写作经验创作直播脚本模板，后续写作只需套用模板即可。

## （三）直播话术的写作

直播话术是指直播过程中主播使用的一系列口头表达和沟通技巧，旨在吸引受众的注意力、提高互动参与度，并有效地传达信息、推销产品或实现其他特定的目的。直播过程中的常见话术主要包括开场话术、引关注话术、产品推荐话术、促留存话术、促转化话术、下播话术等。

直播话术的模板和示例

- **开场话术：** 开场话术用于直播暖场，可以是基本的自我介绍或问好，或是对受众观看直播的感谢，也可以是对本次直播主要内容的介绍，好的开场话术可以活跃直播氛围，拉近与受众的距离。

- **引关注话术：** 引关注话术是引导受众关注直播账号的话术。在写作引关注话术时，一方面可以使用积极、鼓励的语气，突出受众关注直播账号的好处和价值；另一方面还可以结合福利等，激发受众的关注欲望，引导受众关注直播账号。

- **产品推荐话术：** 产品推荐话术是主播在介绍产品时要说的话，作用是让受众了解产品、产生购买产品的欲望。在写作这类话术时，可以先介绍产品的材质、工艺、功能、成分等基本信息，然后说明产品独特的卖点，最后强调产品的作用和能带给受众的利益，促使受众购买产品。

- **促留存话术：** 促留存话术是促使受众停留在直播间的话术。写作促留存话术时，可以向受众预告福利，如"××分钟后发红包或送礼品"；或是设计一些互动问题和活动等，延长受众停留在直播间的时间。

- **促转化话术：** 促转化话术是引导受众下单购买产品的一类话术。这类话术有两个写作要点：一是打消受众的顾虑，取得受众的信任，如讲述本人、朋友或同事等使用产品的经历；二是提供优惠，如重点强调产品的优惠信息，或通过将产品平常价格、线下门店价格等与直播间优惠价格进行对比，来强调直播间优惠幅度大。

- **下播话术：** 下播话术是主播结束直播时要说的话。下播话术可以是对受众观看、分享直播及点赞、评论等互动行为的感谢，也可以是再次介绍和推荐热卖产品，还可以是预告下一场直播的时间、产品、优惠、福利或嘉宾等，提前为下一场直播造势。

# 三、任务实训

某直播间打算开展一场农产品专场直播，由资深农产品主播小琪进行直播"带货"。该场直播打算推销多款农产品，其中主推产品是××牌长粒香米。该大米产自黑龙江省五常市（该地土壤肥沃、光照充足），采用人工种植，施农家肥，有28道加工工序。此外，该大米外观饱满透亮、口感软糯香甜，拥有××机构颁发的证书。该大米一袋为5千克，网上旗舰店一件的日常价为59元，直播价为3件90元，还送一个大米收纳盒，上架数量为200袋。

### 1. 实训目标

（1）掌握单品直播脚本的写作。

（2）掌握直播话术的写作。

### 2. 实训要求

（1）围绕长粒香米的相关信息写作单品直播脚本。

（2）围绕长粒香米的相关信息写作直播时的产品推荐话术。

### 3. 实训思路

要写作单品直播脚本和直播时的产品推荐话术，首先应充分了解长粒香米的基本信息，包括规格、种植方式、加工工序、卖点和价格等，然后根据单品直播脚本和产品推荐话术的模板和示例进行写作。其中，产品推荐话术应着重强调产品的卖点和利益点。另外，在写作产品推荐话术时，语言风格应口语化，以便让受众感到亲切和自然。

## 四、任务考核

阅读下列资料并结合本任务所学的知识，填写表6-7并上交。

匠铸是一个使用红模铸造工艺的铁锅品牌。薄是匠铸铁锅的一大特色，其锅壁薄到只有2.2毫米，具有导热均匀、升温快的优点。同时其锅底特意做厚一些，方便储热，减少油烟，还有炒菜香的优点。另外，该铁锅不添加涂层，开锅后能慢慢形成油膜，越养越润，越用越不粘；由于没有涂层，因此对身体也无害，更不挑锅铲，铁铲、木铲都能用。不仅如此，该铁锅还经过渗氮处理，锅身形成保护层，防腐耐锈。为了促进该铁锅的销售，匠铸决定与某直播"达人"合作，邀请该直播"达人"在直播间宣传铁锅。该铁锅为经典圆底设计，直径为36cm，零售价为299元，直播价为238元，下单即送价值69元的电煮锅。直播时间为10月30日20:00，直播平台为抖音。

表6-7　任务考核

| 序号 | 考核内容 | 分值 | 说明 |
|---|---|---|---|
| 1 | 为匠铸铁锅品牌撰写直播预告文案 | 30 | |
| 2 | 为匠铸铁锅撰写单品直播脚本 | 30 | |
| 3 | 为匠铸铁锅撰写产品推荐话术 | 40 | |

## 任务五　社群文案的写作

社群是指以某种网络平台为载体，将拥有共同兴趣爱好或某种需求的网民聚集在一起，相互沟通交流，展示各自价值而形成的一种社交群体。微信群、QQ群等都是常见的社群，它们可以满足人们在不同领域的需求，如社交、学习、创业等。由于社群的高活跃度和巨大流量，其也成为企业和品牌开展营销的重要平台，而社群文案则是在社群中进行营销推广的媒介。

### 课堂讨论

针对下列问题展开讨论。
（1）你加入过什么类型的社群？加入该社群的原因是什么？
（2）你知道哪些优秀的社群营销案例？

# 一、任务目标

社群文案是文案人员为引导社群成员做出企业所期望的商业行为而创作的文案。社群文案作为企业和品牌营销的重要手段，要想保证社群营销的效果，文案人员需要了解社群文案并掌握社群文案的写作方法。本任务将详细介绍社群文案的相关知识，包括社群文案的形式和写作要点等。

# 二、相关知识

## （一）社群文案的形式

一般来说，社群文案主要包括社群引流文案、进群欢迎文案、社群活动预告文案和产品推广文案等。

### 1. 社群引流文案

社群引流文案即为吸引更多受众主动加入社群而写作的文案。任何社群在成立之初或成长过程中都要进行引流，以扩大受众群体，为后续开展营销积累受众。社群引流文案一般包括社群简介、社群利益点以及进群方式等。例如，某运营研究社发布了一则社群引流文案，其主标题"上运营社，找组织"为简要的社群介绍，副标题"黄××、张××、秋××等40位知名运营人士，邀你加入运营研究社"则是社群利益点。文案还通过以下文字介绍进群方式，对运营感兴趣的受众大多会抱着试一试的心态加入社群。

> 10位运营图书作者，
> 30位京东、百度、腾讯等知名企业运营总监，
> 都到"组织"里了，你还不来？
> 扫码并回复关键词"找组织"，
> 加入运营研究社即可免费解锁精品课程。

### 2. 进群欢迎文案

受众加入社群之后，对社群主题、社群规则、社群福利等还不了解，因此进群欢迎文案是十分有必要的。进群欢迎文案通常包含欢迎语、社群主题、社群福利、社群规则等，在欢迎受众的同时，方便受众深入了解社群。例如，图6-20所示为某蛋糕店粉丝社群的进群欢迎文案。

### 3. 社群活动预告文案

为了提高社群成员的凝聚力，许多社群会开展各种类型的活动，如社群分享活动、社群讨论活动、社群问答活动，以及社群线下活动等。社群活动预告文案即提前向社群成员宣传和介绍社群活动的相关文案，主要目的是提前宣传活动，并激发社群成员的参与兴趣。一般来说，社群活动预告文案主要包括活动名称、活动时间、活动主题、活动规则、参与条件、报名方式等信息。例如，图6-21所示为某书籍网店粉丝社群中的社群活动预告文案。

### 4. 产品推广文案

产品推广文案是一种专门用于宣传和推广产品的文案。它的主要作用是激发受众的购买欲

望，促进产品销售。产品推广文案主要包括产品信息、产品卖点和产品优惠信息等。为方便受众购买产品，文案中还会添加购买链接，以促成变现。例如，图6-22所示为某社群中的产品推广文案。

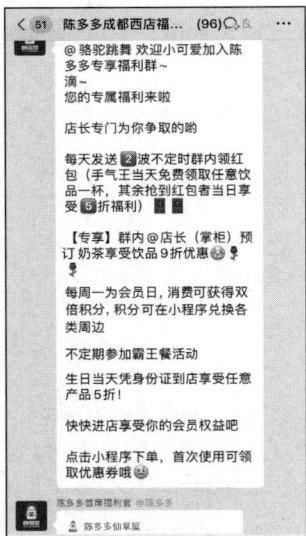

图6-20　进群欢迎文案　　　　图6-21　社群活动预告文案　　　　图6-22　产品推广文案

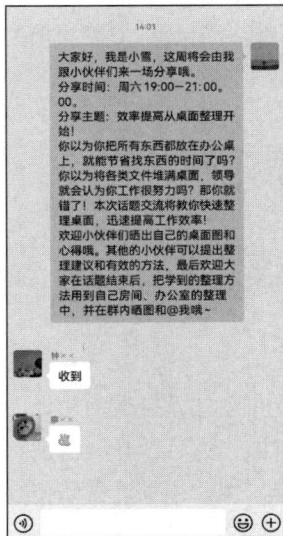

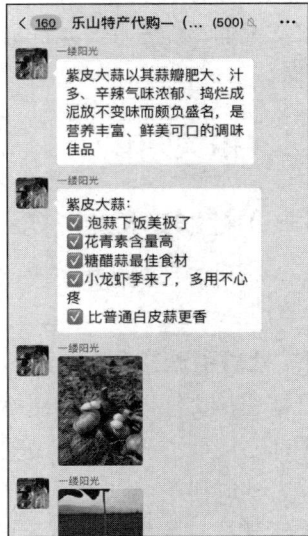

## （二）社群文案的写作要点

一个社群要想持续运作下去，需要让社群成员感受到社群的价值，社群文案是体现社群价值最直接的表现形式，文案人员要用心写作社群文案，与受众建立稳定的互动关系。总的来说，文案人员在写作社群文案时需要注意以下要点。

- **输出优质内容：** 内容是社群文案的基础和关键，只有优质的内容才能够吸引用户的注意力，让他们对社群产生兴趣，并愿意留下来参与互动。如果内容质量低下，用户可能会选择离开，导致社群活跃度下降。另外，优质的内容能够提高社群在行业内的知名度和影响力。当社群内容被广泛传播和认可时，社群的吸引力和影响力也会随之提升。
- **尽量以聊天形式呈现：** 同样的内容，相较于单纯的文字罗列，对话形式更能集中人的注意力，让人感到好奇和产生新鲜感。如果文案人员能把社群文案塑造成交流分享的模式，营造一种轻松愉悦的交流氛围，那么群成员会比较容易接受。况且社群本质上属于交流平台，以聊天形式呈现社群文案会更合理、不突兀。
- **文案通俗易懂：** 在写作社群文案时，文案应简洁明了，要避免使用生僻、专业的词汇，以便社群成员快速理解文案信息。

### 素养课堂

互联网群组建立者、管理者应当履行群组管理责任，依据法律法规、用户协议和平台公约，规范群组网络行为和信息发布。这就要求企业或品牌社群的管理人员切实履行管理责任，不在群内发布未经核实或损害受众权益的信息或链接，并且还应当规范群内信息的发布，自觉抵制违法违规行为，营造健康的社群环境。

## 三、任务实训

会帮是一个会计知识分享社群，致力于为广大会计从业者和学习者提供一个交流、学习和成长的平台。该社群主要会讨论各类与会计和税法相关的知识，还会交流一些实际工作经验。现需要在社群中推广一本会计实操的书，已知该书已被某会计师事务所的高管认可和推荐。

### 1. 实训目标

（1）掌握社群文案的基础知识。

（2）掌握社群文案的具体写作。

### 2. 实训要求

以群主身份发起一场会计疑难问题讨论活动，撰写一段活动预告文案，并在其中融入产品推广信息。

### 3. 实训思路

该文案可以参考社群活动预告文案的写作方法来构思，写作讨论活动的预告文案时，还可以使用@功能，以便提高群成员的参与度，然后围绕"会计疑难问题解答"的主题写作文案，引发社群成员的讨论。以下为社群活动预告文案示例。

> @所有人 大家好！我是××。非常感谢大家长期以来在社群中的活跃交流与互相分享，这不仅丰富了我们的会计知识储备，更在无形中提升了我们的专业素养。在这里，我有个好消息要和大家分享。你们知道吗？最近有一本会计实操的书受到了业内的高度关注。这本书的内容涵盖了会计和税法知识，更重要的是，它列出了大量的实际案例，提供了一系列的实用技巧和策略。对我们社群来说，这本书无疑是一本极具参考价值的实战指南。因此，为了更好地帮助大家理解和应用这本书的内容，我提议在社群中开展一场关于"会计疑难问题"的讨论活动，活动时间为周五20:00—21:00。大家可以在活动中提出自己在实际工作中遇到的难题，其他成员可以给出自己的建议。相信通过此次活动，我们能从中获得宝贵的启示，期待大家的积极参与！

## 四、任务考核

结合本任务所学的知识，填写表6-8并上交。

表6-8　任务考核

| 序号 | 考核内容 | 分值 | 说明 |
|---|---|---|---|
| 1 | 为某写作培训机构写作一篇社群引流文案 | 50 | |
| 2 | 假设你创建了一个摄影爱好者社群，请为其写作一篇进群欢迎文案 | 50 | |

## 拓展延伸

### （一）利用"3+4+3"公式规划短视频内容

为了打造有吸引力的短视频内容，文案人员可以尝试运用"3+4+3"公式。

- **3**：前一个3指黄金3秒，即在开头3秒内吸引受众注意。文案人员可以直接将短视频的冲突、情绪、高潮等放在开头，吸引受众停留，如直接在开头阐述谁做了什么，或介绍主角的身份、提出疑问等。

- **4**：从文字、画面、剪辑、口音4个维度来增加吸引力。其中，文字用于阐述主题；画面和剪辑则是在视觉设计上吸引受众，如在画面背景、剧情中植入产品，制作酷炫的转场效果等；口音则指使用方言，通常可以在一些宣传片、写实的Vlog（Video blog，视频日志）和搞笑视频中使用，以增强文案的趣味性。

- **3**：后一个3指灵活运用3种独特的结尾，营造氛围。一是引导式结尾，通过简短的一句话或一个话题等，直接引导受众关注、收藏、点赞和评论，如"关注我，带你认识更多平价好物""喜欢的话，点个爱心"；二是反转式结尾，通过设计一个与开头不一样的结局，提高短视频的精彩程度；三是共鸣式结尾，通过在结尾加入总结性的文字或感悟等，丰富短视频的内涵，引发受众的思考与联想，这种结尾在故事类短视频和传达理念的短视频中比较常见。

### （二）微博文案与微信文案的区别

微博文案与微信文案都属于新媒体文案，写作手法有一定的相似性，如善用流行语言、图文结合等。但两者也有很多不同之处，具体如下。

- **字数**：首先是字数限制的区别。正常情况下，微博文案多为短文案，字数比较少，大约在140字，所以微博文案要求简短精练，突出重点（当然也可使用长文案，但在这种碎片化阅读占主流的平台，长文案的使用率稍低，不占优势）。相比之下，微信文案没有字数限制，可以洋洋洒洒地写出更长、更详细的内容。这为文案人员提供了更大的创作空间，使文案人员可以进行更深入的阐述、提供更丰富的信息。

- **"吸粉"能力**：微博文案与微信文案都具有可读性强和易于传播的特点，但相比之下，微信文案的私密性更强，受众需要搜索并关注微信公众号或添加对方为好友才能看到其公众号文案和朋友圈文案，而微博文案在搜索到微博账号之后一般可随意查看。同时，微信公众号文案是在受众关注微信公众号之后手动获取的，其文案篇幅更长，受众容易产生疲惫感，所以微信公众号文案在一定程度上不易促进粉丝增长。而微博文案可以即时更新且简短精要，传播的范围更广、受众更多，所以账号粉丝增长速度更快。

- **发布频率**：无论是公众号文案还是朋友圈文案，其发布频率都有一定限制。公众号分为订阅号与服务号，其发布次数是有规定的，订阅号1天只能推送1次消息，服务号则是1月4次。朋友圈文案的私密性强，为避免打扰受众，一天应不多于5次。而微博文案的刷新速度快且及时，其关注人数远远多于朋友圈文案和公众号文案的关注人数，且受众浏览微博文案多是为了打发时间，因此文案人员发送多条文案信息也不会招致太多反感。

## 实战与提升

（1）现进行电动牙刷买一送一活动，且买299元的电动牙刷还送一套价值120元的替换刷头，其具体的产品信息为：每分钟36 000次震动，深层清洁口腔死角；刷头采用灵敏小圆头设计，呵护牙龈；长久续航，一年仅需充一次电；采用全新降噪技术，刷牙无噪声；全身防水，可随意冲洗。请为该电动牙刷写作一篇朋友圈文案和公众号文案。

**提示：** 朋友圈文案和公众号文案均可以从口腔清洁知识分享的角度入手。

（2）李洋洋是一家园艺工具网店的店主，该网店出售花盆、花架、爬藤支架等产品。他了解到，市面上很多塑料花盆的透气性不好，容易影响植物生长，秉持着帮助人们解决难题的理念，他一直致力于改进花盆的设计，终于设计出了一款排水性、透气性好的花盆。该花盆采用PP树脂材质，兼顾硬度和韧性，拥有12cm、14cm、16cm等多种口径，盆底、盆侧面都设计了透气孔，有利于排水、生根发苗，且能避免土壤中滋生细菌。现在这款花盆刚上市，为了促销，网店开展了8折活动。请为李洋洋写作一条解答疑问的微博文案，并且要自然融入产品。

（3）高乐轩是一个文具品牌，最近推出了一款48色的油画棒套装，套装内的油画棒都是经典色系，笔触柔软细腻，颜色鲜艳。开学季来临，高乐轩准备与某直播"达人"合作销售这款油画棒套装，日常售价为68元，直播价为49元，并且下单即赠送油画棒涂色卡和小号刮刀。请为高乐轩的油画棒套餐写作短视频脚本和单品直播脚本。

**提示：** 短视频脚本的主题可以是"用油画棒画一幅画"，然后在短视频中融入产品介绍。

# 商务文案的写作

## 学习目标

**【知识目标】**

● 掌握产品文案、品牌文案和活动文案的写作方法。

● 掌握营销软文的写作方法。

● 掌握AI文案的写作方法。

**【素养目标】**

● 培养法律意识，遵守职业道德规范。

● 树立版权意识，尊重他人版权。

## 学习导图

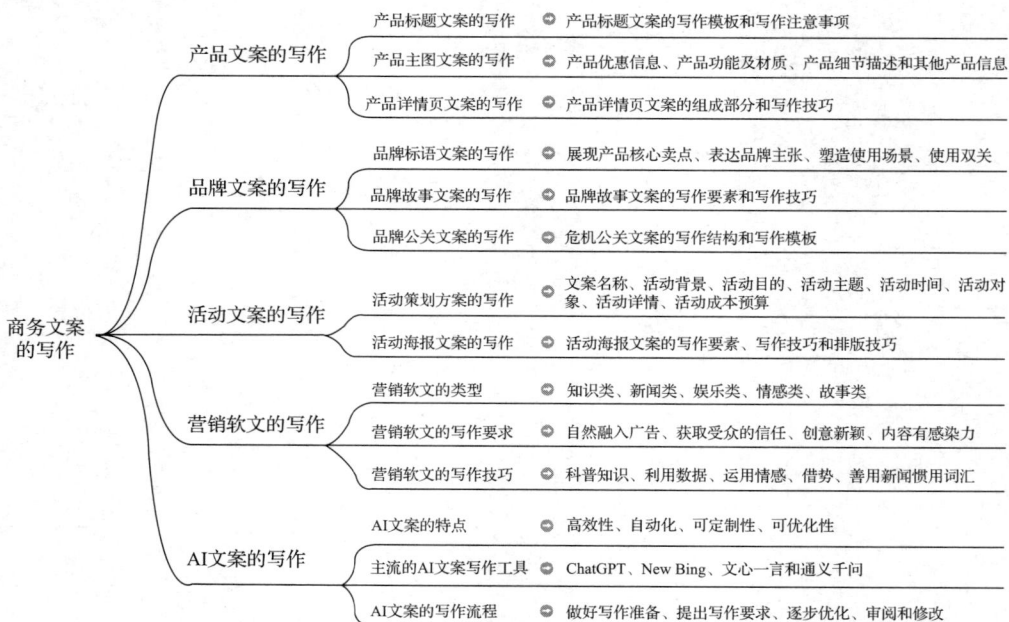

## 案例导入

1997年，谭木匠正式创立，其致力于研发、制造及销售天然、手工、富有民族传统文化韵味和具有时尚现代风格的高品质木制品，主要产品包括木梳、木镜、手珠、车饰、家饰等木工艺饰品。谭木匠以木为本质，在技术上将现代制造技术与传统手工艺技术相结合，在文化上将现代流行时尚与中国传统文化工艺相结合，在个性上将产品的艺术性、工艺性、观赏性、收藏性与实用性相结合，从而打造了众多深受人们喜爱的产品。

谭木匠的木梳非常有名，为了促进木梳的销售，谭木匠不仅会在产品详情页文案中介绍木梳的设计思路、设计亮点、功能、制作工序、原材料等信息，还会利用精美的产品图片延长受众在页面停留的时间，有效吸引受众购买。除了产品详情页文案，谭木匠还发布了一些品牌故事文案来宣传品牌的发展理念，提升品牌的知名度等。谭木匠发布的品牌故事文案很多，包括创始人谭传华从一个失去右手的农村孩子成了老师，又选择浪迹天涯，最终选择回乡创业的故事，也有品牌经营和品牌员工的故事，以及受众的暖心故事等。值得注意的是，谭木匠的员工中，有近一半是残疾人，在其写作的关于品牌的故事文案（见图7-1）中，其不仅体现了品牌的人文关怀，展现了一种关于"美好"与"爱"的情感，还有对产品制作工艺和细节的介绍，很好地体现了谭木匠的匠人精神。这些故事成为谭木匠开拓营销之路的重要情感媒介，使受众了解并认同品牌的文化和理念，在受众心中树立了一个坚持手工艺传承与用心传达爱的品牌形象。

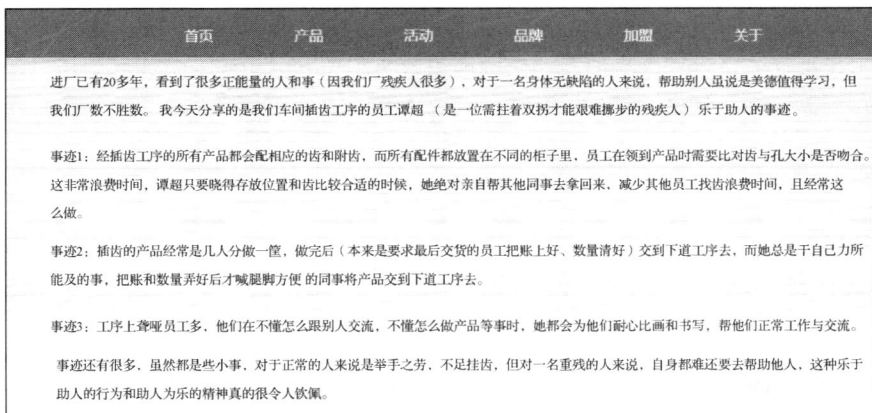

图7-1 谭木匠的品牌故事文案

【思考】

（1）谭木匠的产品详情页文案中包括哪些内容？

（2）谭木匠发布的品牌故事文案有什么作用？

## 任务一 产品文案的写作

在线上销售产品时，受众摸不着产品，为此，文案人员需要通过文案对产品进行详细介绍，激发受众的购买欲望，促进受众消费，进而促进产品的销售。

针对下列问题展开讨论。
（1）你觉得产品文案中的哪些元素会增强你的购买决心？
（2）如果让你写作一篇产品文案，你会介绍哪些信息？

## 一、任务目标

产品文案是受众购物时的重要参考内容，承担着产品展示、产品介绍、产品促销、树立品牌形象和提高产品交易转化率的责任，因此文案人员需掌握产品文案的具体写作方法。本任务将介绍常见的产品文案的写作方法，包括产品标题文案、产品主图文案和产品详情页文案，从而让文案人员具备写作各类产品文案的能力。

## 二、相关知识

### （一）产品标题文案的写作

产品标题文案是产品文案中的标题部分，可以视作产品文案的"门楣"，是受众决定是否查看完整产品文案的先决因素。产品标题文案一般出现在受众搜索结果页面的产品主图右侧或产品主图下方，通常受众点击产品链接后，即可查看完整文案。

#### 1. 产品标题文案的写作模板

产品标题文案主要由与产品相关的关键词组成，观察并分析一些效果较好的产品标题文案可以发现，产品标题文案有一定的写作模板，具体如下。

> 模板1：品牌名（可以省略）+产品名+叫卖+属性
> 模板2：叫卖+品牌名（可以省略）+叫卖+属性+产品名
> 示例1：得力48色重彩油画棒专业美术油性色粉棒绘画油彩棒
> 示例2："××同款"大卫高品质加厚拖地免手洗平板拖把

- **品牌名/店铺名：** 既可以是品牌名，也可以是店铺名。如果是品牌知名度较高或想推广产品品牌的商家，建议在标题中加入品牌名。但是新创品牌最好不要把品牌名放入标题中，因为新创品牌没有名气，搜索的受众较少，而品牌名会占据标题的字数，减少其他关键词在标题中展示的机会。
- **产品名：** 产品名是标题的基本要素，如保温杯、项链等，必须包含在标题内，否则可能会出现即便受众看到了标题，也不知道具体是什么产品的情况。产品名还包括产品的别名，如"土豆"的标题还可以加上"马铃薯""洋芋"，增加被受众搜索到的概率。
- **叫卖：** 使用特价、促销、包邮或上新等具有叫卖性质的词语，如"艺人同款""3盒包邮"等。
- **属性：** 受众一般会在搜索框中输入描述产品属性的词语来查找需要的产品，也就是说，受众会比较关注产品的属性。产品规格、名称、材质、类别、重量和颜色等均属于产品属性。例如，就某款连衣裙而言，"白色""纯棉"等均是其属性。

**专家指导**

为了使产品标题文案更符合受众的搜索习惯，增加被受众搜索到的概率，文案人员可以从产品自身固有的特性出发收集关键词，如产品规格、名称、材质、质量和颜色等，也可以利用淘宝的生意参谋、京东的京东商智等数据分析工具来收集热搜关键词，还可以通过平台中的搜索下拉框收集相关关键词。收集到关键词后，就可以将一些转化率高、与本产品匹配度高的关键词加入标题文案。

### 2. 产品标题文案的写作注意事项

有吸引力的产品标题是提高产品点击率的关键。在写作产品标题文案时，文案人员还应当注意以下事项。

- **忌堆砌关键词：**大多数平台都要求在填写产品的发布信息时，所填写的品牌、材质、规格等信息不能出现关键词堆砌的情形。例如，"铁观音茶饼浓香型乌龙茶老茶普洱茶包邮"就是典型的堆砌关键词的标题，因为一款茶不可能既是铁观音，又是普洱，禁止堆砌关键词有利于标题直观地展示产品的重要信息，方便受众了解产品。

- **忌滥用关键词：**滥用关键词一般是指在产品标题文案中滥用品牌名或与本产品无关的关键词。滥用关键词不仅不能匹配到目标受众，还可能会被系统判定为违规而降权。滥用关键词的情况主要包括：在产品标题中使用并非用于介绍本产品的词汇；故意在产品标题中使用热度较高但与本产品无关联的关键词；在产品标题中恶意添加赠品、奖品的描述等。

- **忌使用重复的标题：**同质产品较多的店铺，容易出现将同一标题应用到类似产品中的情况，使产品标题变得高度相似或完全相同。这种行为是万万不可取的，其不仅会影响受众对产品的印象，还容易被平台判定为重复铺货（在店铺中重复售卖相同产品两件或两件以上）而降权。

- **忌长时间使用相同的标题：**一般来说，产品标题一旦确定，就不要在短时间内频繁或大幅度地修改，但是也不能长时间使用相同的标题，应根据市场变化和产品销售需要等进行修改。例如，季节性显著的产品，可能需要根据季节变化而调整标题；在促销时也需要对标题进行适当修改。

**专家指导**

产品标题文案的长度有限，大多数文案人员都会选择尽可能地占满，导致标题紧凑，断句不易，给受众带来较差的阅读体验。部分文案人员使用"-""/""·"等符号来隔开关键词，这虽然会让标题更容易阅读，但这种标题不易被搜索引擎收录，因此，建议在需要断句的地方加入空格。

## （二）产品主图文案的写作

产品主图也被称为产品推广图，是在搜索结果页面上，随搜索结果出现的图片，位于产品标题左侧或上方。除了产品标题的吸引力，产品主图文案的吸引力也是受众是否浏览产品的重要影响因素。一般来说，产品主图文案内容多为经过提炼的产品卖点，起到吸引受众、传达产品重要信息的作用。要想提高产品主图文案的吸引力，激发受众的购买欲望，通常可以从产品的以下特点入手。

- **产品优惠信息：** 不少受众都有求廉心理，一般会认为产品的性价比越高越好。产品的优惠信息包括优惠活动名称、优惠时间、优惠方式和优惠力度等，产品主图文案一般应重点展示产品的优惠方式和优惠力度，如"买二送一""立减5元""上新9折"等，以便更好地吸引受众的注意。

- **产品功能及材质：** 产品主图文案有时还要简要展示产品功能及产品属性，让受众对该产品的功能等一目了然。例如，雪地靴的主图文案标注了"加绒加厚""加绒可选"；数据线的主图文案标注了"快充不伤机""抗弯折"；空调家电的主图文案标注了"除湿制冷""一级能效 智能变频"等。

- **产品细节描述：** 产品细节描述能让受众深入了解产品，对产品的品质更加信任，如在水杯的主图文案中加入"精致杯盖""加厚底座"等细节描述。

- **其他产品信息：** 包括产品销量、产品服务、产品物流信息等方面的描述，如借助名人效应的"××同款"；强调品质的"官网正品""原装进口"；展示销量的"全网销量超80万件"；说明物流信息的"顺丰包邮"；展示质检证书等。

一般而言，产品主图文案能展现的信息有限，因此一定要展示最有竞争力的信息，如价格、利益点等。另外，不少文案人员在写作产品主图文案时总想传达更多的信息，然而信息太多很容易导致受众抓不住产品重点，因此产品主图文案还要保证精练、简洁。

### 专家指导

部分产品的主图文案还会采用短视频的形式进行呈现。文案人员在撰写产品主图视频文案时，可以从以下3点出发：一是将产品置于真实的使用场景中，说明产品的使用场景；二是全方位介绍产品信息和卖点；三是用精简的文字介绍产品的关键卖点。

## （三）产品详情页文案的写作

产品详情页是展示和描述产品信息的页面，是承载产品大部分流量和订单的入口。产品详情页文案是产品文案的重要组成部分，其好坏直接关系到产品的购买转化率。

### 1. 产品详情页文案的组成部分

产品详情页文案主要起到增进受众对产品的了解、展示产品价值、增强受众购买信心的作用，其主要包括产品参数、产品价格和促销信息、产品核心卖点、产品细节、产品权威背书、售后服务等。

- **产品参数：** 产品参数通常包括产品的名称、编号、质量、产地、容量、尺寸、货号、材质、上市时间等信息，以及任何特殊的设计元素或者功能特点。这部分内容主要让受众了解产品。

- **产品价格和促销信息：** 产品的正常价格，以及任何现行的促销活动或折扣信息。对于有不同版本或配置的产品，文案中可能还会列出每个版本的价格。清晰的价格和促销信息可以方便受众快速做出购买决策，如果产品的价格和促销活动具有突出优势，还能加强受众的购买意愿。

- **产品核心卖点**：它是产品详情页的核心，主要描述产品的主要特色、优势和功能，其可能是产品的性能、质量、价格、服务等。一般来说，产品核心卖点应该体现出独特性和差异性，独特性是指产品独一无二、不可复制的特点；差异性是指与同类产品之间的区别。例如，图7-2所示为某品牌扫地机器人的核心卖点，文案中重点突出了产品杀菌力强等特色功能。

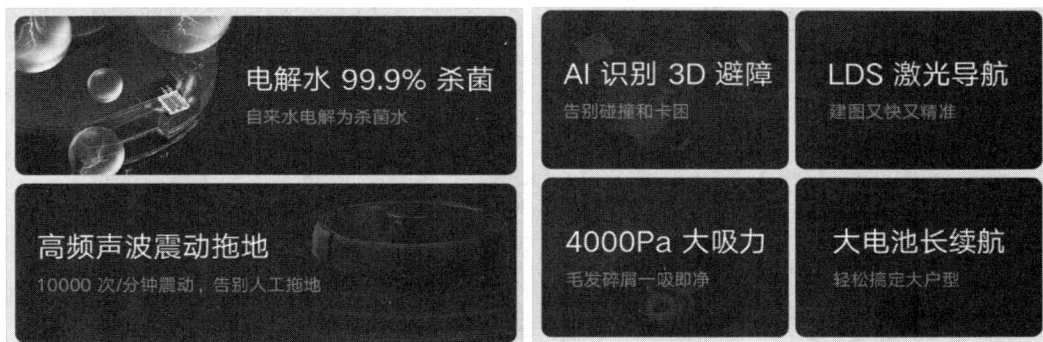

图7-2 某品牌扫地机器人的核心卖点

- **产品细节**：产品细节是展现产品局部信息的相关描述，主要包括材质细节、款式细节、做工细节、包装细节和内部细节等。产品细节的展示能帮助受众了解产品的细节，让受众对产品的品质更加放心。例如，床品四件套的详情页文案中可以加入更多展示细节的内容，如"定位绑绳""圆角床单""防尘拉链"等，并附上相关细节图。
- **产品权威背书**：产品权威背书是指通过权威机构或人士对产品的认可和推荐，为产品的质量和信誉提供担保。如果产品经过权威认证或者推荐，如获得过奖项、被知名人士或机构推荐等，在产品详情页文案中展示这些可以提高产品的可信度和权威性，从而使受众更加信任产品的品质，增强其购买信心和欲望。
- **售后服务**：对售后服务政策的描述，如退换货政策、保修政策等，有些产品详情页文案还可能提供附加的售后支持，包括安装服务等。

### 专家指导

部分产品详情页文案中还可能有操作演示、附件或配件清单、品牌介绍、物流信息说明等内容。此外，若某产品在网上有很多仿品，其详情页文案还会提供辨别真伪的方法。

### 2. 产品详情页文案的写作技巧

只将产品图片和卖点展示出来，不一定能够吸引受众并激发其购买欲望，文案人员还需要运用一些写作技巧，以便创作出吸引力强的产品详情页文案。

（1）抓住目标受众的痛点

痛点之所以会产生，多是因为受众对产品或服务的期望没有被满足。文案人员可以了解受众对产品或服务的不满之处或急需解决的问题，找到解决这些问题的办法，并在文案中表明产品可以满足其需求和解决其问题，从而打动受众，促使其购买产品。例如，图7-3所示为某品牌电饭煲的产品详情页文案，其抓住了受众使用电饭煲的痛点——涂层脱落、危害人体健康，然后使用"食品级304不锈钢球胆""安全耐用 不惧脱落"等文案表明使用该产品能解决这些痛点。

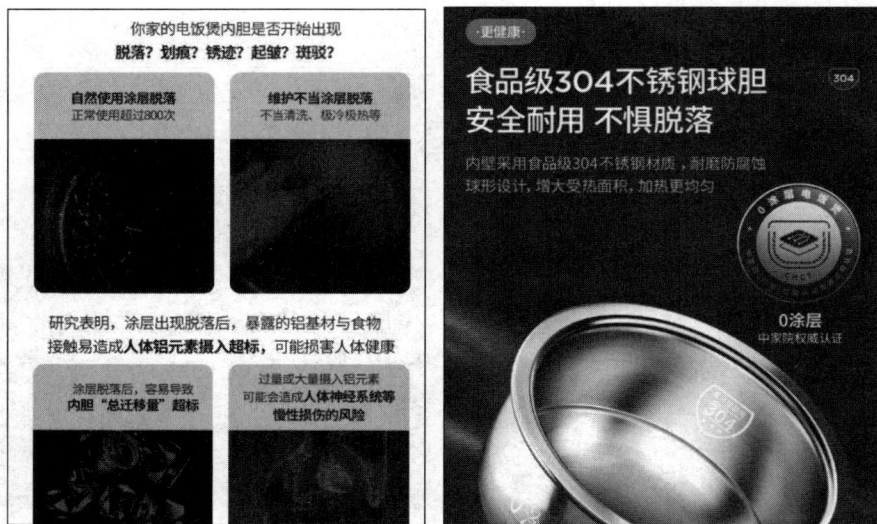

图7-3　抓住痛点的产品详情页文案

（2）体现产品价值

产品价值分为产品使用价值和非使用价值两种，写作产品详情页文案时，一定要既体现产品的使用价值又体现其非使用价值。

- **产品使用价值：**产品使用价值是产品的自然属性，即能够满足人们某种需要的属性，是一切同类产品都具有的共同属性。例如，大米的使用价值是充饥，衣服的使用价值是御寒，晴雨伞的使用价值是遮阳防雨。
- **产品非使用价值：**产品非使用价值通常指除了产品使用价值以外的价值，在产品详情页文案中，产品非使用价值可以从产品的附加价值、身份和形象、与职业的匹配度等角度挖掘。挖掘产品的非使用价值，可以赋予产品更加丰富的内涵。例如，一些艺术类摆件产品的详情页文案更强调产品的非使用价值，包括外观、设计等。

（3）调动受众的情感

调动受众的情感能为产品增加附加价值，让受众更加容易接受产品。其基本写作思路是从受众的情感需求出发，以爱情、友情、亲情、理想、人生、追求、情绪等为创作元素，充分调动受众的情感，引起受众的共鸣。例如，图7-4所示为某台灯的部分详情页文案截图，该文案将台灯"护眼"的卖点与对孩子的爱联系起来，赋予了产品感情色彩，容易吸引受众购买。

（4）利用对比

文案人员可以从解决一些受众关心的问题的角度进行产品对比，以突出自身产品的优势，如从产品质量、功能和服务等方面进行比较。例如，服装类产品可从做工、面料、厚薄、质地等方面进行对比；食品类产品可从产地、包装、新鲜度、加工和储存等方面进行对比。例如，图7-5所示为某品牌洗碗海绵的部分详情页文案截图，通过普通洗碗布与自家洗碗海绵的对比，凸显了洗碗海绵的使用体验更好，值得购买。

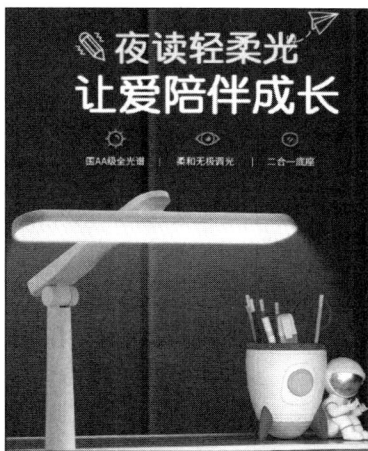

图7-4 调动受众情感的产品详情页文案

图7-5 利用对比的产品详情页文案

（5）应用第三方评价

第三方评价是指有购物经历的受众对产品、品牌或服务等的评价。从很多新媒体平台上都可以搜索到受众评价，许多品牌也鼓励受众分享购物经历和产品的使用感受，以供其他受众参考与评判。文案人员可以从第三方评价中选取反馈积极且客观公正的评价，将其展示在产品详情页文案中，增强文案的真实性。

🎓 专家指导

产品详情页文案的风格要与品牌或店铺的定位相符合，且突出特色和亮点。例如，同样是服装产品，民族服装的产品文案一般用语深沉，有文化内涵；时尚服装产品的文案用语较轻快、简练。

# 三、任务实训

友好家是一家经营人工智能产品的网店，网店最近上新了一款智能吸顶灯。该智能吸顶灯的外观和详细信息分别如图7-6、图7-7所示。

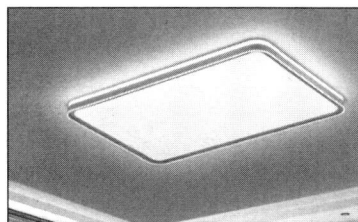

图7-6 产品外观

1. 支持遥控器控制、墙面开关和手机 App 控制。
2. 支持暖白光、白光、黄光和暗黄光 4 种灯光调节。
3. 采用大发光面和背面出光设计，可以减少天花板暗影，提供充足的光线。
4. 采用白色和金色的搭配设计，尺寸为90cm×60 cm×8 cm，质量为 6kg，额定功率为115W，适用面积为 25 ㎡~35 ㎡。
5. 价格为 1099 元，买两件打 8 折。
6. 支持小爱同学、小度音箱等主流智能音箱设备，只需发出指令就能进行开关灯、调节灯。
7. 提供免费上门安装服务。

图7-7 产品详细信息

## 1. 实训目标

（1）掌握产品标题文案的写作方法。

（2）掌握产品详情页文案的写作方法。

## 2. 实训要求

（1）为智能吸顶灯写作标题文案。

（2）为智能吸顶灯写作详情页文案。

### 3. 实训思路

**STEP 01** 写作智能吸顶灯的标题文案时，先根据产品信息提炼标题中的关键词，如智能吸灯顶、控制灯、灯饰等，然后查看同类热销智能灯的标题，或者在搜索框中输入智能灯、吸顶灯等关键词，查看搜索下拉框中排名靠前的关键词，收集可供使用的关键词，最后参考产品标题文案模板写作标题文案。例如，友好家智能吸顶灯客厅灯语音控制灯具灯饰。

**STEP 02** 写作智能吸顶灯的详情页文案时，先从产品详细信息中提炼产品卖点，然后确定产品详情页文案的组成部分，再根据产品信息确定各组成部分的内容，并提炼内容要点。例如，该智能吸顶灯的详情页文案包括产品参数、产品核心卖点、产品细节、售后服务等，产品参数文案即罗列的产品信息，产品核心卖点文案如"双面出光，打造层次丰富的光效"，产品细节文案如"做工精细，品质看得见"，售后服务文案如"免费上门安装，售后不用愁"。

## 四、任务考核

结合本任务所学知识，填写表7-1并上交。

表7-1 任务考核

| 序号 | 考核内容 | 分值 | 说明 |
|---|---|---|---|
| 1 | 在淘宝平台查看小爱音箱的标题文案，分析其标题中的关键词属于写作模板中的哪些部分 | 30 | |
| 2 | 查看小爱音箱的主图文案，分析其文案的写作 | 30 | |
| 3 | 以你常用的笔为例，构思其详情页文案的写作 | 40 | |

## 任务二 品牌文案的写作

品牌文案是针对品牌文化写作的用于树立品牌形象、推广品牌产品的一种文案。优秀的品牌文案能加深受众对品牌的印象，促进受众对品牌文化及品牌理念的认同。

**课堂讨论**

针对下列问题展开讨论。
（1）你有特别喜爱的品牌吗？其品牌理念和品牌文化是怎样的？
（2）你有哪些印象深刻的品牌标语？令你印象深刻的原因是什么？

## 一、任务目标

品牌文案是对品牌的深入阐述，能够将品牌理念、品牌文化、品牌定位等有效传达给受众，从而加深受众对品牌的认知。文案人员要善于利用品牌文案进行营销，将品牌自然而然地融入受众的生活，拉近受众与品牌的距离。本任务将对品牌标语文案、品牌故事文案和品牌公关文案的写作进行介绍，以帮助文案人员写出深入人心的品牌文案。

# 二、相关知识

## （一）品牌标语文案的写作

品牌标语就是品牌的广告标语，是用来传递有关品牌的描述性或说服性信息的短语，用于对外表达品牌在市场上的态度，突出品牌所代表的产品或服务的独到之处，或品牌对受众许下的具体承诺，以加深受众对品牌的积极认知。在写作品牌标语文案时，文案人员可以从以下角度出发。

### 1. 展现产品核心卖点

展现产品核心卖点也就是采用简短的文字直接展示产品的突出优势。文案人员需要找到本产品或品牌相比其他产品或品牌具有差异或优势的一个特点，如材质、新技术、独特工艺、秘方等，然后通过文字的阐述与引导，形成独特的品牌标语文案。展现产品核心卖点的品牌标语文案示例如下。

> 立白洗洁精：不伤手，无残留
> 京东：多、快、好、省
> vivo：柔光双摄，照亮你的美

### 2. 表达品牌主张

表达品牌主张的品牌标语文案以品牌的目标、主张为诉求点，一般比较简洁、精练、有内涵，有一定的深度和广度，传达了品牌的理念和态度。文案人员可以将品牌理念与态度浓缩成简短的一句话，并且保证其积极向上、充满正能量、能引起受众共鸣。表达品牌主张的品牌标语文案示例如下。

> 小米：永远相信美好的事情即将发生
> 百度：愿你不必百度，也能找到答案
> 安踏：永不止步

### 3. 塑造使用场景

塑造使用场景是指把产品或品牌与现实的使用场景联系起来，让受众产生代入感。文案人员可以先了解受众会使用到本品牌产品的场景，并分析与场景相关的要素（场合、对象、时间、心理活动、目的等），然后提炼出该场景下的主题（庆祝节日、乔迁之喜、宴请等），并结合品牌的定位与理念，用合适的文字进行描述。塑造使用场景的品牌标语文案示例如下。

> 溜溜梅：没事儿就吃溜溜梅
> 香飘飘：小饿小困，喝杯香飘飘
> 红牛：累了困了，喝红牛

### 4. 使用双关

双关是一种修辞手法，是指利用词语的多义或同音等，有意使语句表达两种意思，即言在此而意在彼。巧妙使用双关可以取得点石成金的效果，能化平淡为有趣，给受众回味空间。双关的表现手法可以分为以下两种。

- **谐音双关**：利用词语的同音或近音构成的双关。具体来说，要写作谐音双关的品牌标语，可以在谐音词语原有词义的基础上增加与产品名称或产品特点相关的意义，将原有词义和与产品相关的新义巧妙地融合在一起，增加品牌标语文案的信息量。
- **语义双关**：利用词语的双重意义构成的双关。语义双关的品牌标语通常既表达了品牌信息，又传达了深层的含义。

使用双关的品牌标语文案示例如下。

> 蔚来：蔚来已来（谐音双关，是蔚来，也是未来）
> 天猫：上天猫，就购了（谐音双关，"购"和"够"谐音，强调了天猫的便捷性和一站式购物体验）
> 美的：智慧生活可以更美的（语义双关，美的既是品牌名称，也含有美好的意思）
> 百事可乐：百事可乐，事事顺心（语义双关，百事可乐既是品牌名称，又表达了品牌对受众事事顺利、快乐满足的美好祝愿）

### 专家指导

> 品牌标语文案不是一成不变的。根据品牌定位、品牌发展战略的不同，品牌标语文案在不同阶段会有所变化。例如，快手发展前期的品牌标语文案为"快手，看见每一种生活"，品牌升级后的标语文案为"快手，拥抱每一种生活"，从"看见"到"拥抱"，是从"观察者"升级到"参与者"，也是从"认知"升级到"行动"。

## （二）品牌故事文案的写作

品牌故事文案是整合品牌发展过程中的产品信息、品牌形象、品牌文化等基本要素，加入时间、地点、人物以及相关信息，并以完整的叙事结构或感性诉求信息的形式传播推广品牌的文案。它赋予了品牌生机与活力，能有效传达品牌理念，拉近受众与品牌的距离，让品牌变得有血有肉。

### 1. 品牌故事文案的写作要素

品牌故事文案一般包括背景、主题、细节和结果等要素，通过文字将这些要素生动地描述出来，是文案人员写作品牌故事文案的关键。

（1）背景

背景是指要向受众交代故事发生的有关情况，包括发生了什么事情、在什么时候发生的、有哪些主要人物、故事发生有什么原因，即故事的时间、地点、人物、起因。背景的介绍并不需要面面俱到，只要说明故事的发生是否有什么特别的原因或条件。以下为某品牌的部分品牌故事文案，开头部分就是故事背景。

完整品牌故事文案写作要素示例

> 2005年，杨××从×××离职后，就加入了×××，并向顾××和梁××学习如何从职业经理人向创业者转型。他用了将近一年的时间，与大学同学张××一道，拜访了100多家企业，走遍了武汉的大街小巷，编写了3版商业计划书……

（2）主题

主题是品牌故事文案所表达的中心思想，一般融合在人物形象、情节、环境描写和语言描写之中，需要依靠受众整体把握、分析和挖掘出来。主题可以通过4种途径进行体现：一是人物形象的塑造；二是故事情节的展开；三是社会环境或生活环境的描写；四是一些抒情性的语句。

（3）细节

细节是烘托环境气氛、刻画人物性格和揭示主题的关键要素。细节描写就是抓住生活中细微的典型情节并加以生动细致地描绘，使故事情节更加生动、形象和真实。常见的细节描写方法有语言描写、动作描写、心理描写和肖像描写等，不管采用哪种方法，细节应具有代表性、概括性，能深刻反映主题，从而给受众留下深刻的印象。以下为某咖啡品牌的部分品牌故事文案，其就对咖啡店店主和侍者的相貌与举止进行了详细描写，甚至连围裙上的咖啡渍都写了出来。

> 咖啡馆里有温文尔雅的店主，灰白的发丝渗透着拥有一家咖啡馆的骄傲，他站在吧台后方亲切地向进来的熟客们问好；有忙碌的侍者，他干练且优雅地穿梭在座位间，白色的围裙上有咖啡淡淡的印渍和佚名的速写。

（4）结果

故事有起因就有结果，告知受众故事的结果能够加深他们对故事的了解和体会，有利于故事在他们心中留下深刻印象。故事的结果可以是随着故事情节发展的自然而然的结尾或转折式结尾，或者是直接在结尾处点明的故事主题，甚至可以是对故事所讲述的内容和反映的主题的分析。例如，京东曾发布过一个品牌故事《索》，该故事讲述了由于某村修了大桥、高速路，村民的生活越过越好，最后快递员不再采用溜索的方式送快递，但是经过溜索时，他还是会停下来看看，就当看风景。这个结尾不仅凸显了快递员的责任感和淳朴，加深了人物在受众心中的印象，还展现了当地生活的变迁，映射了我国乡村振兴的速度。

## 2. 品牌故事文案的写作技巧

品牌故事文案的写作角度并不单一，文案人员可从多个角度进行品牌故事的创作，如品牌历史、品牌理念、产品卖点、品牌相关人物和传说等。在具体写作时，文案人员可以使用以下写作技巧。

（1）揭示人物心理

人物的行为是故事的表面现象，人物的心理才是故事发展的内在依据。描写人物的心理即描写人物内心的思想活动，以反映人物的内心世界，揭露人物欢乐、悲伤、矛盾、忧虑等情绪，可以更好地刻画人物性格，增强故事的感染力。揭示人物心理的描写方法很多，如内心独白、动作暗示、情景烘托等，其目的都是表现人物复杂的思想感情，让故事更加生动、形象和真实。例如，某品牌曾以"她改变的"为主题发布了一系列品牌故事文案，其中一篇文案聚焦首位执教中国女足的本土女性教练水庆霞，讲述了她坚毅执着带领女足做出改变、成功取得亚洲杯冠军的故事。故事以水庆霞的内心独白作为开头："17岁第一次踢球，别人问：做教练，水庆霞你行不行？为什么是水庆霞，她行不行？我也不知道行不行，我只是对赢还有渴望。所以应该问的是这个问题：水庆霞，你想不想？"这种写作手法表现了水庆霞面对他人对自己踢球和担任教练的质疑时的复杂心理，包括刚开始的自我怀疑，以及因对胜利的渴望而燃起直面挑战的勇气和决心，很好地展示了人物性格。但在运用这些写作手法时，文案人员需要注意场景，一般在讲述真实的创始人故事时，要有真实的材料依据，如访谈、采访等，不要为了推动故事情节的发展而编造内容。

（2）增强故事的可读性

可读性是指故事内容吸引人的程度，以及故事所具有的阅读和欣赏价值。如何将品牌故事写得生动有趣，引起受众的共鸣是大部分品牌的文案人员都在思考的问题。要想提高品牌故事的可读性，文案人员可以从以下方面入手。

- **故事的新颖度**：新颖的品牌故事文案不仅能够让人眼前一亮，给受众一种新奇感，还能让品牌故事不落俗套、充满创意。要想提高品牌故事的新颖度，文案人员应当深入了解品牌，在此基础上深入挖掘品牌背后的故事。在讲述品牌故事时，可以尝试不同的表达方式，如采用生动的语言、形象的比喻、幽默的调侃等。
- **情感的丰富性**：故事是否丰满、人物形象是否立体、矛盾是否激烈、情感叙述是否深入人心，是文案能否打动受众的关键。
- **语言通俗易懂**：品牌故事文案不能使用太专业或生僻的词汇，而是应该简洁明了、通俗易懂，让受众能够快速了解文案内容。

（3）借势热点

热点具有一定的流量和曝光量，创作品牌故事文案时也可以借势热门话题、人物或事件，如高考、节日、比赛等，扩大品牌故事文案的影响力。需要注意的是，文案人员在选用热点时要具备一定的辨别能力，不要随意、盲目地选用那些有争议、负面或有不良价值导向的热点，或故意借热门话题写作容易挑起对立、争议的品牌故事，以免影响品牌形象。

春节期间，京东发布了一则品牌故事文案《新年第一单》，文案讲述了7个买家在京东购买产品的故事，包括孩子去了北方才发现没有暖气的老家真的很冷，于是送给妈妈取暖器；小伙儿在买来的专业书中写下"我一定会靠自己的努力，在这个城市扎根"的志向；孙子送给爷爷一部手机，而爷爷经常用手机看孙子的朋友圈；等等。与其他品牌讲述故事的方式不同，该品牌故事的写作角度十分新颖、独特。该故事通过拟人的手法，以产品的视角和口吻展开（见图7-8），如"我是你买给妈妈的取暖器""我是你买给自己的专业书"等。品牌将产品看作受众身边有生命的旁观者，客观地体现出了主角收到"新年第一单"时的情感状态，很好地让受众产生了代入感，引发了受众的情感共鸣。

我是你新年下单的第一件物品

图7-8　文案截图

## （三）品牌公关文案的写作

品牌公关文案是为了帮助品牌塑造正面形象、化解品牌危机、赢得受众信任而写作的一种文案。按照内容的不同，品牌公关文案主要包括品牌新闻文案和危机公关文案两种，前者主要是针对品牌动向的即时性报道，品牌动向如品牌业绩、新品上市、发布会、展会活动等，后者通常是针对品牌负面事件或舆情危机的应对性文案，需要及时撰写和发布，以控制品牌形象的受损程度。品牌新闻文案的写作比较简单，其只需包括时间、地点、人物、事件、原因和结果等要素，文案人员可以参考项目五的相关知识进行写作。下面主要介绍危机公关文案的写作方法。

### 1. 危机公关文案的写作结构

新媒体时代，信息的传播非常迅速，品牌负面信息的传播速度更快，因此危机公关文案对品牌来说非常重要。良好的危机公关文案可以帮助品牌平息舆论，维持受众的好感和信任。一般来说，危机公关文案常按照如下结构写作。

（1）简明扼要的标题，表明回应对象。

（2）说明事件起因。

（3）承认过错并诚恳道歉。

（4）表明态度。

（5）给出解决方案。

（6）表示感谢，再次表明态度。

（7）表示诚恳接纳各方建议，并提出愿景。

（8）落款并加盖公章。

### 2. 危机公关文案的写作模板

在危机事件发生后，品牌需要及时发布危机公关文案，掌握话语权，避免被误解和谣言四散。文案人员可以参照如下写作模板来设计危机公关文案。

> ××针对××的声明
>
> 针对×××××××××××的问题（事件起因），我们高度重视，并充分意识到自己×××××××××（承认过错），对于给××带来的困扰，我们表示最真诚的歉意。
>
> ××一直高度重视××××××××××××××××××××（表明态度），对于×××指出的问题，×××××××××××××××（简单解释，给出解决方案）。最后非常感谢你们的监督与批评，我们将××××××××（再次表明态度），同时也欢迎提出建议与意见，我们将不断××××××××××，继续×××××××（提出愿景）。
>
> ××（公司）
> ××××年××月××日

要想危机公关文案取得良好效果，一是要及时响应，二是要以理服人，三是要态度诚恳。如果品牌方不存在过错，只是被卷入了危机事件当中，可按照"说明事件的原因+表达自己的态度+描述现状+提出解决措施+感谢+提出品牌愿景+落款盖章"的格式撰写文案。如果品牌方是被诬陷的，则需要及时澄清事实。

## 三、任务实训

扬凡是某退休教师开设的一家剪纸艺术工作室，设立于2017年，以"以纸为媒，传承剪纸手工艺，传播艺术与生活之美"为品牌理念，致力于设计各种剪纸创新文化产品，传承剪纸技艺。日前，该工作室在淘宝开设了名为扬凡的店铺，鉴于扬凡在网上没有太大名气，于是其决定安排文案人员王远写作品牌文案来宣传扬凡。

### 1. 实训目标

（1）掌握品牌标语文案的写作。

（2）掌握品牌故事文案的写作。

### 2. 实训要求

（1）写作一则能表达扬凡品牌理念的标语文案。

（2）写作一则能打造扬凡品牌形象的品牌故事文案。

### 3. 实训思路

要写作能表达品牌理念的标语文案，首先需要深入理解品牌的理念，然后根据品牌定位和目标受众等，确定标语的风格和表达方式，最后将品牌理念浓缩成简短的一句话。例如，扬凡的品牌理念为"以纸为媒，传承剪纸手工艺，传播艺术与生活之美"，根据产品特点可以得知，喜欢和需要剪纸工艺品的人群大致为儿童、学生、教育机构、艺术爱好者，以及具有传统民间艺术情结的人等，那么标语的风格可以是活泼或典雅的，如"扬凡剪纸，剪出花样年华""扬凡剪纸，一剪钟情"等。剪纸的发展历史非常悠久，扬凡的品牌故事文案可以从历史、传说的角度入手。文案人员可以先在网上收集和整理有关剪纸历史或传说的资料，然后再结合扬凡的品牌理念写作品牌故事文案。

## 四、任务考核

结合本任务所学的知识，填写表7-2并上交。

**表7-2　任务考核**

| 序号 | 考核内容 | 分值 | 说明 |
|---|---|---|---|
| 1 | 搜集并分析3个知名品牌的标语文案 | 50 | |
| 2 | 查看京东最新发布的品牌故事文案，并分析其写作思路 | 30 | |
| 3 | 在网上搜集海底捞发布的危机公关文案，分析其写作结构 | 20 | |

## 任务三　活动文案的写作

一场有吸引力的营销活动可以为企业或品牌带来可观的曝光量和销售量。而在开展营销活动时，往往需要写作活动文案用于介绍活动内容、传达活动信息、引导受众参与活动。

**课堂讨论**

针对下列问题展开讨论。

（1）你是否参加过新媒体平台中举办的活动？活动的哪些地方比较吸引你？

（2）你见过哪些让你印象深刻的活动文案？

# 一、任务目标

活动文案是新媒体活动的重要组成部分，文案人员不仅要学会写作活动策划方案，还需要掌握活动海报文案的写作，以满足活动需要。本任务将介绍活动策划方案和活动海报文案的写作方法，以帮助文案人员更好地撰写有吸引力的活动文案，提高活动参与度和转化率。

# 二、相关知识

## （一）活动策划方案的写作

活动策划方案是企业或品牌开展各项新媒体活动的起点，也是对活动各方面的预先设定和安排。一般来说，活动策划方案需要列出活动的主要事项，形成方案雏形，指导后续工作的展开。活动策划方案主要包括方案名称、活动背景、活动目的、活动主题、活动时间、活动对象、活动详情、活动成本预算等方面的内容。

新媒体活动策划
方案示例

### 1. 方案名称

方案名称是对活动策划方案的简要说明，应该遵循简洁、准确、具体的原则，让人一目了然，快速获取信息，如"2023年××中秋促销活动策划方案"。此外，为了更好地突出活动策划的主题或目的，还可以添加副标题或小标题。

### 2. 活动背景

活动策划需要在一定环境和背景下开展，因此活动策划方案中需要列明活动开展的背景。一般来说，活动背景包括基本情况简介、近期状况、活动开展原因等。以下为某活动策划方案中的活动背景示例。

> 随着国产品牌的崛起，受众对国产品牌的认同感普遍增强，特别是和童年回忆、历史文化有关的产品，俘获了不少受众的心。近日，本品牌上新了一批融合中国元素的T恤，中秋节临近，品牌可以利用该节日针对新品T恤开展促销活动。

### 3. 活动目的

活动目的即通过活动的开展要达到一个什么样的目标。一般来说，新媒体活动的主要目的有增加受众数量、提高受众活跃度、提高新品曝光度、提高产品销量、提升品牌的知名度和美誉度等。需要注意的是，活动目的应当简洁明了，准确具体，且需要具备可行性，如"提升新品T恤的知名度和销量，其中销量达到1000件"。

### 4. 活动主题

活动主题是根据活动目的、活动内容等提炼的一句文案，要求通俗易懂、有吸引力，如某家电品牌国庆节促销活动的主题为"欢度国庆，家电优惠"。文案人员需要对活动目标、活动内容进行提炼和总结。

### 5. 活动时间

在活动策划方案中，文案人员还需要明确活动时间，包括活动开始时间、活动结束时间、活动时长等。时间的格式一般是××××年××月××日××时，如果持续时间长，格式为××××年××月××日××时—××××年××月××日××时，如2023年5月3日09:00—2023年5月5日18:00。

### 6. 活动对象

活动对象是指活动所面向的目标受众群体。只有明确了目标受众群体，在策划与开展活动时才能做到有的放矢，也能在其他环节充分考虑目标受众群体的需求和喜好。一般来说，文案人员在确定活动对象时需要根据市场调研、目标受众群体分析结果来选定，这部分内容在前文进行了详细介绍，此处不赘述。

### 7. 活动详情

活动详情是活动策划方案的关键部分，文案人员需要对各项内容进行详细的安排，包括活动形式、活动规则、活动创意、负责人及其他人员安排、活动奖品、活动宣传等。例如，图7-9所示为某汽车品牌新媒体活动策划方案的活动详情部分。

图7-9　某汽车品牌新媒体活动策划方案的活动详情部分

### 专家指导

文案人员可以用Word、PPT或者其他形式来呈现活动策划方案，一般来说，活动策划方案不仅需要结构清晰、内容详细，还要美观。

### 8. 活动成本预算

活动的预算一般都是有限的，因此，活动策划方案中还需要根据活动的实际情况，在有限的预算下列出活动的整体成本预算表，以便领导层审阅，并确保后期开展活动时细化成本预算。这部分的内容可以参考项目三和项目四中与新媒体广告预算相关的知识，其原理类似。活动成本预算表主要包括资金项目、细分情况、预算费用等内容。

## （二）活动海报文案的写作

海报是用于展示产品、活动和品牌形象的广告，而活动海报也就是展示和宣传活动的广告，一般由图片与文字组成，主要通过视觉化的效果向受众传递重要的活动信息，并激发其了解和参与活动的欲望。

### 1. 活动海报文案的写作要素

活动海报文案主要包括主标题、副标题和描述信息，语言大多简明扼要、言简意赅。图7-10所示为某品牌发布的新媒体活动海报示例。

图7-10 活动海报示例

- **主标题：**通常突出醒目，是文案重点，多为活动主要卖点或活动主题。
- **副标题：**辅助说明活动的相关信息或其他卖点，补充主标题，进一步介绍活动。
- **描述信息：**与活动相关的其他内容或吸引受众参与活动的相关内容，如促销信息、活动时间、活动奖品、活动规则、活动补充说明、联系信息等。其中，活动时间要写明活动开始和结束的具体时间，活动规则包括活动的报名要求、活动的参与方式、活动奖励的评比方式等。

### 2. 活动海报文案的写作技巧

活动海报文案是吸引受众参与活动的重要表现形式，良好的活动海报文案能够让人快速了解活动的主题和亮点。为了让文案更具吸引力，文案人员可以使用以下写作技巧。

（1）制造参与感

在活动海报文案中为受众制造参与感，可以促使受众参与活动，文案人员可以从以下几个方面入手。

- **突出主要信息：**将能吸引受众参与的信息放在活动海报的醒目位置，如上方、中间等，并通过加粗、加大字号等方式与其他元素区分开来。
- **明确参与意义：**参与活动的意义可以是物质层面的奖励，也可以是精神层面的价值感，如为社会做贡献、帮助他人等带来的成就感，这些都可以强化受众参与活动的意愿。
- **突出可参与性：**在活动海报文案中明确写出有可供参与的活动环节，如在线投票、晒图有礼、分享有礼等，让受众感受到活动的可参与度高。
- **提供便捷的参与方式：**在活动海报文案中提供具体的参与活动的流程和规则，让受众知道如何参与活动，并感到自己可以轻松参与。

例如，图7-11所示为鸿星尔克发布的活动海报文案，其详细介绍了活动内容，重点突出了"免费送""小鸿帽领取指南""免费领取流程"等主要信息，并采用精练、简单的语言准确表明活动的规则、时间等，使整个活动一目了然，有利于激发受众参与活动的积极性。

图7-11　鸿星尔克的活动海报文案

（2）满足情感诉求

受众的情感诉求可以促使受众做出企业或品牌期望的行为，文案人员要找到能够引起受众情感共鸣的写作角度，如对某个群体的关爱，还可以强调活动情感体验，如参与公益活动的贡献感等，通过情感共鸣刺激受众参与活动。例如，某服饰品牌的周年庆活动刚好临近母亲节，该品牌发布的活动海报文案就借助母亲节的节日内涵，与受众进行情感交流，部分内容如下。

> 爱要慢慢爱 话要好好说（主标题）
> ××周年庆，把美好的时光还给妈妈（副标题）

（3）突出利益和价值

在活动海报文案中突出利益和价值可以有效地提高受众参与活动的积极性。文案人员可以在海报中表明参与活动可以获得的利益和价值，如优惠折扣、赠送礼品、学习知识等，并使用一些能吸引受众眼球的数字或文字，如"立减50元""免费送××"等。例如，图7-12所示为不同品牌发布的活动海报文案，其海报中的"下单抽空调""满300元减50元""0元体验"等文字便突出了活动可获得的利益。

### 🎓 专家指导

> 在使用突出利益和价值的写作技巧时，还要学会运用能吸引受众、提高受众参与度的短语，尤其是在促销活动海报文案中。例如，"免费送""免费品尝""第二件免费"等强调免费的短语；突出优惠金额，如"满300元减50元""花100元买200元的产品"等短语；突出优质的售后服务或产品品质保障，如"坏果包赔""7天无理由退换货""5年质保"等短语。

图7-12 突出利益和价值的活动海报文案

### 3. 活动海报文案的排版技巧

活动海报文案要想吸引受众的注意，除了文案本身，合理有序地排版文案也非常重要。创客贴、稿定设计、Photoshop等都是常用的排版工具。文案人员在排版活动海报文案时，可以合理运用以下排版技巧。

- **划分文字信息层级：** 活动海报文案包括主标题、副标题和描述信息等元素，文案人员在排版时需要突出主要信息。一般来说，主标题和副标题属于主要信息，通过字体、字号及占比等的调整应当突出主要信息，要能第一时间吸引受众注意，而描述信息属于次要信息，字号及占比等就不用太大。同时，活动海报文案的布局要分清主次，背景不能比主体突出，卖点信息应该醒目。

- **留白：** 活动海报文案的内容过多、视觉颜色过乱，都会影响受众的阅读体验。因此，排版活动海报文案时可以通过留白减轻受众的视觉负担，即在海报的主体周围留出一些空白，给受众舒适的视觉体验。

- **文字扭曲/变形：** 文案人员在排版时还可以对关键信息的文字内容进行特殊加工处理，形成一定角度的扭曲/变形效果。这可以增强活动海报文案的创意性，增强文案的视觉冲击力。

## 三、任务实训

趣玩多是一家销售积木、拼图的品牌，其产品包括传统古建筑系列、太空系列、街景系列、国潮系列和常规系列等，热销产品包括中国传统古代建筑立体拼图、航天火箭积木、拼装小夜灯摆件等。临近中秋节，品牌准备在9月20日20:00至9月24日20:00开展中秋折扣活动，全场产品8折优惠，满300元减50元。现需要设计一张中秋活动海报，用于推广活动。

### 1. 实训目标

掌握活动海报文案的写作方法。

### 2. 实训要求

（1）为品牌写作中秋活动海报文案。

（2）活动海报文案需体现中秋节元素和活动信息。

### 3. 实训思路

活动海报文案需要向受众介绍活动信息，因此可以先提炼活动主题、时间和具体优惠等信息，即中秋折扣活动、9月20日20:00至9月24日20:00、全场产品8折、满300元减50元等；然后再结合活动信息确定活动海报文案的主标题、副标题和描述信息等，如"喜迎中秋（主标题）""全场8折（副标题）""趣玩多中秋献礼，积木、拼图全场8折，活动时间为9月20日20:00至9月24日20:00，快来选购吧！（描述信息）"；最后在创客贴、稿定设计等排版工具中搜索与中秋节相关的活动海报，替换其中的文字和图片便可完成活动海报设计。

## 四、任务考核

结合本任务所学的知识，填写表7-3并上交。

表7-3　任务考核

| 序号 | 考核内容 | 分值 | 说明 |
|---|---|---|---|
| 1 | 在旺仔的官方微博中搜索其新发布的活动海报，总结其活动海报文案中的写作要素 | 30 | |
| 2 | 分析旺仔发布的活动海报文案是如何吸引受众参与活动的 | 20 | |
| 3 | 为华为手机构思一则活动海报文案，主题自拟 | 50 | |

## 任务四　营销软文的写作

营销软文是一种软广告，通过软植入的方式将产品或服务信息融入文章中，让受众在津津有味的阅读中了解相关的产品和信息，在不知不觉中接受植入的广告。软文可以潜移默化地影响受众的行为，当前许多企业和品牌都常借助软文进行营销。

**课堂讨论**

针对下列问题展开讨论。

（1）营销软文和硬广告有什么区别？

（2）你会相信并购买软文中推荐的产品吗？为什么？

## 一、任务目标

软文具有"润物细无声"的营销效果，相比于目的性更明显、指向性更强的硬广告，其更易被受众接受，让受众在获取感兴趣的内容的同时，自然而然地接受文案传达出的营销信息。本任务将对营销软文的类型、营销软文的写作要求和写作技巧等知识进行介绍，帮助文案人员全面了解营销软文并掌握其写作技巧。

## 二、相关知识

### （一）营销软文的类型

营销软文的类型多种多样，根据软文的内容，大体上可以把软文分为以下几种类型。

- **知识类软文**：知识类软文就是传播有价值的知识，同时有机结合广告信息的软文，如图7-13所示。其表现形式可以是产品测评、经验分享、知识介绍、实践指导等，有助于增长受众的见识或帮助受众解决实际问题。

- **新闻类软文**：新闻类软文通常是对企业或品牌的新闻事件进行报道的文章。新闻类软文具有很好的宣传推广作用，企业或品牌可以通过发布与自身相关的新鲜事向受众介绍最新动态、成果和产品等，其形式包括官方文章、新闻报道、媒体访谈等。

- **娱乐类软文**：娱乐类软文是以娱乐为主要目的的软文，其内容通常涉及影视、音乐、名人逸事等，能够以轻松、有趣的方式引起受众的阅读兴趣。

- **情感类软文**：情感类软文是以情感为主题，同时有机结合广告信息的文章，包括但不限于爱情、亲情、友情等主题。这类软文通常通过生动的故事情节、感人的描写和情感化的语言来讲述情感故事，引导受众进一步了解和探索情感，并引发受众的共鸣。例如，图7-14所示为某品牌与某微信公众号合作发布的情感类软文，其通过两个女生对话的方式讲述女生之间独特的友情，从而引发受众的共鸣，在最后引出了该品牌的腕表。

- **故事类软文**：故事类软文是一种把推广信息融入故事中的软文，其通过跌宕起伏的故事情节抓住受众的注意力，让受众在不知不觉中跟随故事的思路，进而看完文案，甚至对推广的产品产生兴趣，采取购买行为。

图7-13　知识类软文　　　　　　　　　图7-14　情感类软文

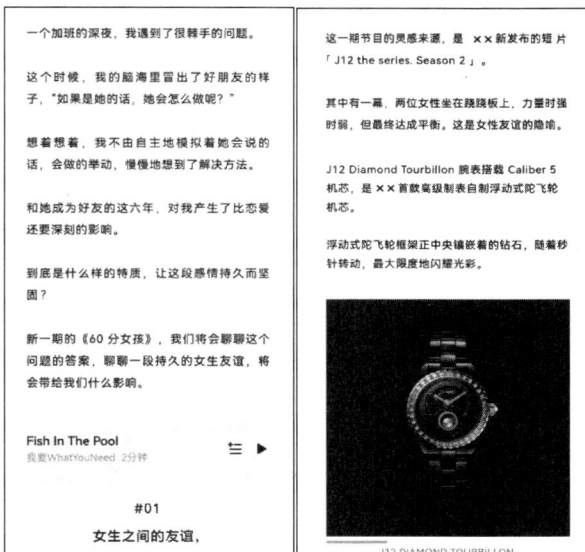

**专家指导**

新闻稿和新闻类软文有相似之处，也有差别。新闻稿一般是指一篇完整的新闻性文章，具有较强的时效性；而新闻类软文属于软文的范畴，相对于新闻稿，受主题拘束小，时效性也较弱。

### （二）营销软文的写作要求

不同于硬广告在宣传上的开门见山，营销软文通常利用一切文字资料隐藏营销信息，进而达到广告宣传的效果。通常来说，软文的写作需要满足以下要求。

- **自然融入广告：** 软文写作较难操作的部分就是把广告自然地融入内容中，同时又不引起受众的反感。一篇成功的软文要让受众在读过之后，几乎感受不到广告的存在，还感觉受益匪浅，认为软文为其提供了不少帮助。需要注意的是，要在编写内容之前就确定融入广告的方式和位置，以便自然地将广告融入软文中。

- **获取受众的信任：** 软文很多时候面对的是不了解企业或品牌的受众，因此，要想受众接受推广信息，获取受众信任是非常重要的。要获取受众的信任，可以采取的手段有很多，如树立专业形象、做出强有力的承诺、展示第三方品质证书等。

- **创意新颖：** 人们总是对新鲜的事物感兴趣，好的文案创意不仅更容易吸引受众的眼球，还能取得更好的传播效果。创意新颖包括软文布局的新颖、构思的新颖、写作角度的新颖、语言风格的新颖等。文案人员可以拓宽视野，多角度地发挥想象力，写出新颖、有趣、引人入胜的软文。

- **内容有感染力：** 软文包含长篇的软广告，如果内容空洞乏味，缺乏感染力，那么文案的可读性会较弱，就不容易打动受众。要想写出富有感染力的软文，文案人员要对事物保持敏感，能够捕捉生活中的一些闪光点，善于用文字塑造场景，使受众能代入其中，从而引导受众采取某种行为。

### （三）营销软文的写作技巧

软文的精髓在于潜移默化地让受众接受营销信息。因此文案人员通常不会直白地在文案中进行宣传推广，而是将营销信息自然地融入文案之中，以内容的价值取胜。为写作出优质的营销软文，文案人员在写作软文时可运用以下写作技巧。

#### 1. 科普知识

受众往往对实用的内容感兴趣，因此通过在软文中科普产品、品牌或服务等知识，可以满足他们的好奇心和求知欲，从而增强软文的吸引力。要写出包含科普知识的软文，首先需要确定科普知识的主题，可以从与产品或服务相关的领域中选择，也可以选择与受众兴趣和需求相关的主题；然后根据选定的主题，编写知识性内容；最后再通过引用案例、解答疑问或分享经验等方式将科普知识与软文内容相融合。例如，某品牌洗手液的推广软文就从杀菌的概念出发宣传产品，为受众科普有"卫消字"的洗手液才有抑菌效果，有"卫妆字"的属于普通洗手液，无抑菌效果，最后表明本品牌的洗手液有"卫消字"，能有效抑菌，从而达到营销推广的效果。

#### 2. 利用数据

有数据支撑的软文更能让受众信服。数据可以用量化的方式呈现信息，使内容更直观，更有说服力，并帮助受众更好地理解软文内容。尤其是在表达某种观点或展示产品卖点时，通过引用数据、分析数据或对比数据等方式可以让软文更有说服力。要在软文中应用数据，首先需要确定软文中的哪些内容需要用数据来说明，再收集与内容相关的数据，并根据软文结构和受众阅读喜好，选择合适的数据呈现方式，如表格、统计图等，最后将收集到的数据自然地融入软文中，使其与内容呼应。

### 3. 运用情感

情感是一种充满感染力的要素，是受众的精神所需，很容易就能触动受众的内心。软文中可运用的情感有很多，文案人员可以从亲情、友情、爱情、师生情等情感出发，增强受众的代入感，引起受众的共鸣，进而促使受众做出期望的行为。例如，三菱汽车的软文就以亲情为中心进行品牌的营销推广，以下为软文的部分文案。

> 爸爸的背是我关于回家最深刻的记忆。
> 每次回家，一定会经过糖厂福利社，
> 我记得那里冰棒的味道，像爸爸背上的味道。
> 他总是坚持要接我回家，
> 后来我念书放假回家，他也一定要来接我。
> 我第一次开车回家，快到家时，我看到爸爸在等我。
> 我想他是怕我忘了回家的路吧。
> 三菱汽车随时陪您回家。

### 4. 借势

借势也是软文写作的重要技巧。势的范围比较广泛，包括网络流行事物、娱乐新闻、社会事件、文化、节日等，即能够普遍吸引受众关注、引起广泛讨论的人、事、物。借势热门事件是很多企业和品牌常用的营销手段，几乎每一次社会热门事件都能引起各大企业或品牌的营销热潮，越有创意、内容价值的借势，越能产生不俗的营销效果。例如，图7-15所示为某品牌联合某微信公众号借势教师节撰写的软文，该软文表达了对教师的尊敬和祝福，还宣传推广了该品牌。

> 这个教师节，我们和×××一起，为所有老师准备了一份特别的快乐礼物，这份礼物里，有对老师咽喉健康的守护，也有对快乐心情的祝福。
>
> 为了让老师们更方便地领取到这份礼物，9月7日-8日，我们在深圳联动6家咖啡店一起为"真正快乐的教师节"预热，老师们到店就可以免费领取一杯【教师节快乐特饮】以及一份【老师快乐礼包】。
>
> 这6家咖啡店，分别是：
>
> 刻度咖啡（海月店）
> CAMPING COFFEE 天幕咖啡
> CONNO CUSTOM COFFEE
> INPASSION密谋(半岛花园店)
> IS·A Gallery x peekoo coffee(安托山店)
> PULSAR CAFE
>
> 9月9日-10日，我们在深圳 phase coffee，还为老师打造了一个快乐空间。
>
> 在这里，老师们可以参加快乐互动，为自己的快乐发声，可以喝到【教师节快乐特饮】以及领取【老师快乐大礼包】。

图7-15 借势教师节热点的软文

### 5. 善用新闻惯用词汇

在写作软文时，善于运用新闻惯用的词汇，可以增强内容的说服力，减少广告的痕迹，降低受众对广告的警惕性。新闻词汇是指通过新闻媒体，向受众传播（报道）最新发生的具有新闻价值的事件时所用的词汇，具有客观、准确、简练、朴实、通俗等特点。在软文中使用符合新闻报道要求、体现新闻特性的词汇，不仅可以削弱软文的广告性质，还可以提高软文的可读性和可信度。软文写作中可使用的新闻词汇有以下3种类型。

- **时间、地点词汇：**如"近日""昨天""正当××的时候""××月××日""在我市""××商场""家住××街的××"等，时间及地点词汇可以引导受众产生与该时间、该地点相关的联想，淡化广告信息。

- **新闻源词汇**：如"据了解""据说""据调查""笔者了解到""在采访中了解到"等，通过这些词汇，受众会认为信息是真实可信的。
- **身份词汇**：如"我""记者""笔者"等，通过这些词汇，受众会不自觉地站在作者的角度阅读软文，会更容易相信软文中的内容。

### 素养课堂

部分软文为了追求流量和热度，可能会触及某些社会敏感话题，违背社会公序良俗、道德规范等。这样的行为虽然能提高软文的讨论热度或品牌的知名度，但却会降低品牌的美誉度，损害品牌形象。文案人员应增强法律意识，并遵守职业道德规范，不哗众取宠，依法进行广告宣传。

## 三、任务实训

北盛是一个家居日用品品牌，近来推出了一款家用分类垃圾桶，如图7-16所示。产品详细信息为：内胆双桶设计，干湿分离，以区分不同垃圾；有按压式和脚踏式两种开盖方式；外观为白色，设计简约大方；桶口采用大开口设计，能有效防止垃圾洒落；内桶可自由拆卸，设计有提手，可轻松提起。

图7-16　家用分类垃圾桶

### 1. 实训目标

（1）掌握营销软文的写作要求。

（2）掌握营销软文的写作技巧。

### 2. 实训要求

（1）围绕家用分类垃圾桶写作一篇营销软文。

（2）营销软文应着重体现家用分类垃圾桶的卖点，吸引受众购买。

### 3. 实训思路

为家用分类垃圾桶写作营销软文，首先要思考软文的写作方向和主题，然后采用科普知识的写作技巧，在分享垃圾分类知识的同时融入产品信息，或借助与环保有关的热点进行写作。确定好写作主题后，就可以结合项目五中的文案写作知识进行标题、正文等的写作。例如，写作结构可以为三段式，第1段采用简练的语言介绍垃圾分类的重要性和意义，第2段介绍垃圾分类的相关知识，第3段自然引出家用分类垃圾桶，介绍家用分类垃圾桶的卖点，引导受众购买。

## 四、任务考核

除了家用分类垃圾桶，北盛还有一款环保购物袋非常受欢迎，如图7-17所示。产品详细信息为：包身长度为42厘米、包身高度为33厘米，内部空间大；设计简约，有黑、白两种颜色；图案采用印花工艺，色彩不易脱落；内有拉链式插袋，可放置小物件；帆布材料，结实耐用。结合本任务所学的知识，填写表7-4并上交。

图7-17 环保购物袋

表7-4 任务考核

| 序号 | 考核内容 | 分值 | 说明 |
|---|---|---|---|
| 1 | 采用九宫格法提炼产品卖点 | 40 | |
| 2 | 围绕产品写作一篇营销软文 | 60 | |

# 任务五 AI文案的写作

随着人工智能（Artificial Intelligence，AI）的不断发展和应用，AI文案在新媒体文案写作领域崭露头角，为新媒体文案的创作提供了更多的可能性。AI文案是指通过人工智能技术生成的文案，具有写作效率高、创意多样的特点。

**课堂讨论**

针对下列问题展开讨论。
（1）AI文案的应用领域有哪些？未来可能会应用到哪些领域？
（2）有人认为AI文案可以完全替代人类写作的文案，你对此有何看法？

## 一、任务目标

AI文案是人工智能语言模型从大量文本数据中进行学习、训练和优化后，自动生成的符合特定主题、风格和要求的文案。AI可以在短时间内生成大量高质量的文本内容，并且可以根据不同的需求和主题定制和优化文本内容。本任务将对AI文案的特点、主流的AI文案写作工具、AI文案的写作流程等知识进行介绍，帮助文案人员掌握AI文案的写作。

## 二、相关知识

### （一）AI文案的特点

AI文案是基于自然语言处理、机器学习、文本生成模型等技术发展起来的一种文案，主要有4个特点。

- **高效性：** 在传统的文案创作过程中，文案人员需要花费大量的时间和精力构思、撰写和编辑文案，而AI文案可以在短时间内生成，写作效率比较高。
- **自动化：** AI文案的生成过程是自动化的，不需要人工逐字逐句地进行撰写。用户只需要输入相关的指导原则和参数，AI模型就能根据这些信息自动生成文案，从而减轻了人力负担。
- **可定制性：** 在AI文案的写作中，用户可以根据自己的需求定制文本生成规则，从而生成个性化的文案。
- **可优化性：** AI文案生成过程中，AI模型可以结合大量的数据分析结果优化文案。AI模型可以利用机器学习算法对生成的文案进行评估和调整，从而提高文案的质量。这种数据驱动的优化能够更精准地满足用户需求，优化文案的质量，提高文案的转化率。

### （二）主流的AI文案写作工具

使用AI文案写作工具，文案人员可以快速写出各种类型的新媒体文案，满足各种营销需要。目前，市面上的AI文案写作工具有很多，主流的有以下几种。

- **ChatGPT：** ChatGPT是人工智能研究公司OpenAI近年来推出的AI工具。其是一款基于自然语言处理技术和生成模型而研发的聊天机器人，它可以理解人类语言，可以与用户进行日常对话，且对话具有极高的自然性和智能性。ChatGPT的文本生成能力非常强大，它能够根据给定的关键词、主题或者文本段落，自动生成符合要求的文本，且文本质量较高。同时，ChatGPT的语言处理能力也很强，其可用于中文、英文、法文、德文、西班牙文等多种语言的对话和文本生成，这使得几乎全球用户都可以方便地使用ChatGPT写作。
- **New Bing：** New Bing是微软公司将必应（Bing）搜索引擎与OpenAI的大型语言模型（自然语言处理的重要组成部分，是一种用于预测和生成自然语言文本的统计模型）相融合推出的聊天机器人。它结合了必应搜索引擎的功能和类似ChatGPT的功能，既可以根据用户输入的关键词搜索互联网上的网页、新闻、图片和视频等内容，又可以与用户对话，回答用户的问题，根据用户的指示信息自动生成文本。并且，New Bing不仅能生成文本，还可生成图像、视频、音频等，生成的内容更加丰富。
- **文心一言：** 文心一言是百度在2023年3月正式推出的大型语言模型、生成式AI工具，能够与用户对话、回答问题、协助创作，高效便捷地帮助用户获取信息、知识和灵感。目前，文心一言在文学创作、商业文案创作、数理推算、中文理解、多模态生成这5个使用场景中的综合实力，得到了行业的广泛认可。图7-18所示为文心一言能够提供的创作场景。

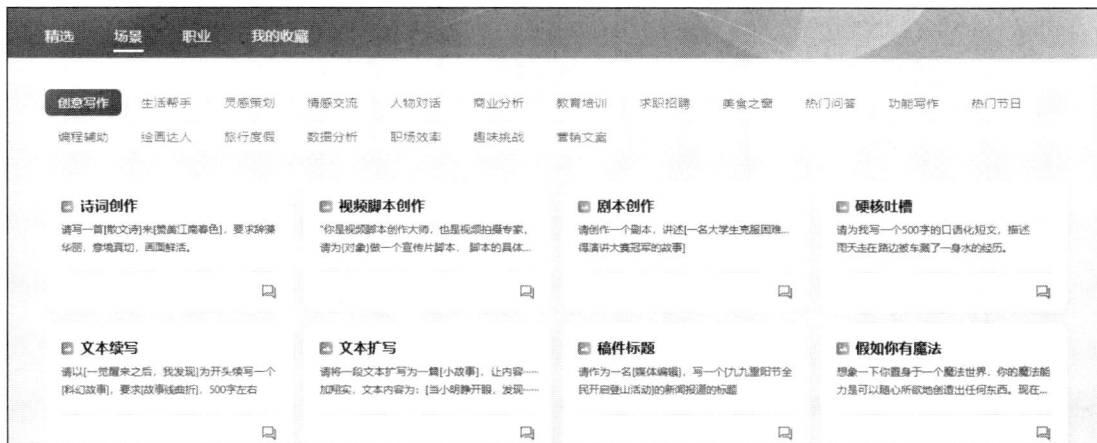

图7-18　文心一言能够提供的创作场景

- **通义千问**：通义千问是阿里云推出的一个超大规模的语言模型，功能包括多轮对话、文案创作、逻辑推理、多模态理解、多语言支持等。2023年4月7日，通义千问对外开放测试名额，现阶段主要定向邀请企业用户进行测试，用户可通过官方网站申请，符合条件的用户可参与体验。2023年4月18日，智能办公平台钉钉正式接入通义千问，在钉钉点击"/"能唤起智能服务，用户可以根据需求撰写文案、设计海报等。

## （三）AI文案的写作流程

AI文案写作工具虽然能自动生成文案，但不同的文案人员使用写作工具生成的文案可能差别很大，这与文案人员采用的方法有关。掌握AI文案的写作流程有助于文案人员生成优质的内容。

### 1. 做好写作准备

AI文案写作工具虽然是自动化的，但文案人员作为引导者和协作者，也需要具备明确的写作思路，以便后续提出写作要求。另外，如果文案人员缺少写作灵感或思路，可以利用AI文案写作工具来生成写作思路。例如，要求AI文案写作工具围绕一个写作主题提供一些备选选题，或者要求AI文案写作工具就一个写作主题提供写作大纲，帮助自己厘清写作思路等。

### 2. 提出写作要求

做好写作准备后，文案人员就可以组织语言向AI文案写作工具提出写作要求了，所提出的写作要求越清晰、准确、完整，越能够获得更高质量的文案。例如，图7-19所示为在文心一言中提出写作要求后生成的文案。对新媒体文案的创作而言，文案人员需要做好以下几点，以便AI文案写作工具生成高质量的文案。

（1）设定角色。设定一个特定的角色，让AI文案写作工具代入角色，联想相关的情境，更好地理解所提交的写作要求。这个角色可以是文案人员、特定领域的专家、创意助手等，情境则要根据文案的主题来决定。例如，要写一篇关于健身知识的科普文，可以为AI文案写作工具设定一个健身"达人"的角色，要求其提供关于健身的专业建议、饮食计划和锻炼建议。

（2）提供明确的指导。明确告知AI文案写作工具具体需要什么样的内容，如写作一篇新媒体文案，可以指定具体的主题、产品或品牌，并附上相关背景信息。

（3）提供详细的要求。详细说明新媒体文案的目标受众、需传达的信息、期望的效果等，帮助AI文案写作工具更好地理解写作需求。

（4）提供背景信息。如果有特定的市场环境、竞争对手或行业趋势等背景信息，可以提供给AI文案写作工具，帮助它更准确地写作与现实情境相关的内容。

（5）使用示例或模板。如果有类似的写作示例或者模板，可以在提问时一并提供，以便AI文案写作工具参考并基于其结构和风格进行创作。

（6）指定文案风格和语气。如果文案人员有特定的内容风格偏好（如幽默、正式、亲切等）或希望传达特定的情感（如激励、愉悦、紧迫等），也可以告知AI文案写作工具。

图7-19　在文心一言中提出写作要求后生成的文案

### 3．逐步优化

通常情况下，AI文案写作工具生成的文案初稿还有需要改进、优化的地方，此时可以直接要求AI文案写作工具重新生成文案，较为直接的方式是进行追问、澄清或提供更多信息，让AI文案写作工具进一步理解写作需求，以获得更好的文案生成结果。

### 4．审阅和修改

虽然AI文案写作工具的写作能力强大，但生成的文案可能存在一些语法、逻辑或风格上的问题。文案人员要仔细审阅文案，对错误进行修正，确保文案的质量和准确性。此外，还需要对文案进行润色修改，确保句子流畅、用词准确，以及确保文案符合品牌风格。

### 素养课堂

部分AI文案写作工具可能存在学习并复制他人的文章，或者引用他人的作品等问题，因此，使用AI文案写作工具进行写作可能引起版权纠纷。文案人员在使用AI文案写作工具时，不要照搬照抄，应当合理学习和借鉴，避免侵权。

## 三、任务实训

宇辉最近新推出了一款充电宝，充电宝的容量为20 000毫安，支持快速充电，可同时为多台设备充电，内置多重保护系统（包括过充、过放、过流和短路保护）。小宋是宇辉的文案人员，领导安排她在半天内写作一篇推广充电宝的公众号文案，由于时间紧急，小宋打算使用文心一言来快速完成文案写作。

### 1. 实训目标

（1）熟悉AI文案写作工具。

（2）掌握AI文案的具体写作。

### 2. 实训要求

使用文心一言生成一篇风格轻松活泼、生活化，字数不超过800字的公众号文案。

### 3. 实训思路

按照AI文案的写作流程来进行写作可以提高文案写作效率。写作推广充电宝的公众号文案时，可以先要求文心一言提供几个备选的写作切入点，再根据文心一言的回答选择最终的写作切入点；然后提出具体的写作要求，可以明确告知文心一言文案的写作切入点、主题、风格、字数，以及所推广的充电宝的信息，文心一言会据此写作出公众号文案；如果生成的公众号文案还需优化，就可以采取追问的方式进行改进，最后仔细审阅文案，对错误进行修正。

## 四、任务考核

结合本任务所学的知识，填写表7-5并上交。

表7-5　任务考核

| 序号 | 考核内容 | 分值 | 说明 |
|------|----------|------|------|
| 1 | 在网上查找并分析其他常见的AI文案写作工具 | 40 | |
| 2 | 利用文心一言为你的手机写作一篇营销软文 | 60 | |

## 拓展延伸

### （一）产品评价回复文案的写作

部分受众在购买产品后还会对产品进行评价，产品评价回复文案是对产品评价的回应和解释。产品评价回复文案是品牌与受众之间的重要沟通方式，对提高受众满意度、增强购买意愿、改进产品和服务，以及塑造品牌形象等都具有重要作用。一般来说，产品评价主要可以分为好评和中差评两种情况，文案人员可以针对不同情况进行写作。

### 1. 好评回复

好评回复的作用通常是感谢受众、宣传产品或推广新品等，回复格式多为以下4种。当然，文案人员也可以根据品牌或产品的特点写作个性化的好评回复。

您的喜欢和肯定就是对我们最大的支持！看到您的肯定我们心里真的很满足，希望您继续支持我们。

喜欢您来，喜欢您再来——××旗舰店。小店还为您准备了更多适合您的产品，期待您的再次光临！

感谢您的好评，我们会不断发布新品，更有红包与优惠券不定期发放，赶紧收藏小店吧！祝您生活愉快！

××××（好评感谢回复），成为××（品牌）会员享专属客服、购物积分权益，积分可兑换××（如：家电清洗服务），进入网店首页点击右下角"品牌会员"即可注册。

### 2. 中差评回复

回复中差评时首先需要展示好的态度，在回复的同时还需要平复受众心中的不满，安抚受众的情绪。其回复格式常采用以下3种。

感谢您的评价，您给的中评是我们前进的动力，说明我们还有很多需要改进的地方，我们会更加努力，为您提供更好的购物体验，希望下次得到您的好评。

亲爱的，我们了解到您对产品的质量存在顾虑，我们支持7天无理由退货，有任何问题请随时和我们沟通，我们将第一时间帮您处理，感谢您对小店的支持与信任！

亲爱的，非常抱歉这次的购物没能让您满意，今后我们会更加努力，让您拥有更好的购物体验。

## （二）品牌故事文案的常见类型

常见的品牌故事文案主要包括以下5种类型。

- **历史型：**讲述品牌的历史故事，是品牌故事文案的常见方式。历史型品牌故事主要通过展示品牌创建至今的经历，变相地展示品牌经得起时间和受众的检验。这类品牌故事一般包括如下内容：品牌从创建到走向成功所经历的困难、品牌发展过程中的感人故事、品牌每个发展阶段的关键举措、品牌所取得的成绩和获得的荣誉等。历史型品牌故事可以传达品牌坚持不懈的精神，并说明品牌有一定的历史文化积淀，值得受众信赖。

- **创业型：**讲述品牌创业过程中艰辛、努力和成功经历的故事。对品牌而言，这种故事可以展现品牌不服输、不放弃的精神，也可以体现品牌理念和品牌态度，体现品牌的独特魅力。

- **人物型：**这里的人物主要包括两种，一种是指品牌的创始人，另一种是指品牌的管理人员或者普通员工。把品牌创始人的经历写作成品牌故事，通常能带给受众正能量，表现出该创始人的奋斗精神，或者希望通过生产和改进产品改变受众生活，带给受众幸福和快乐。讲述品牌的管理人员或者普通员工的品牌故事，其目的主要是通过普通人的人生经历或闪光点来感动受众。

- **传说型：**通过讲述一个传说故事或神话故事表现品牌特征。这个故事可以是流传至今的故事，也可以是文案人员编撰加工的故事。

- **理念型**：理念型品牌故事以品牌追求的理念、品牌风格和品牌定位为主要内容。理念型品牌故事适合走差异化路线的品牌，受众只要看到某种理念，就会马上联想到这个品牌。

## 实战与提升

（1）紫砂壶是我国传统的工艺品，以独特的材质和造型深受人们喜爱。使用紫砂壶泡茶具有保温时间长、能充分浸透茶叶的优点，还能够丰富茶水的醇厚口感。六品轩是一家售卖茶叶茶具的品牌，图7-20所示为该品牌的热销款紫砂壶，其详细信息如下。请为该品牌的紫砂壶写作产品标题文案和典雅、文艺的产品详情页文案。

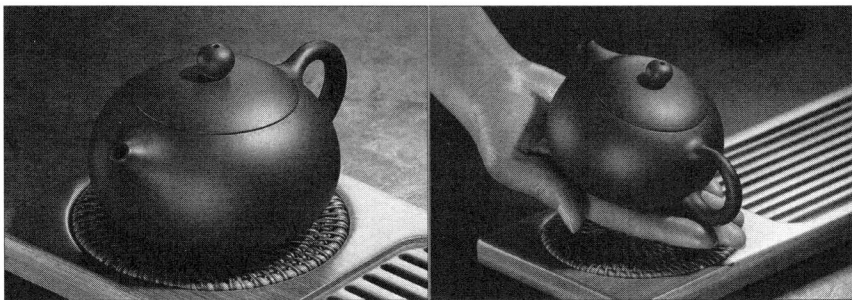

图7-20　热销款紫砂壶

- 精选原矿紫泥，砂质均匀纯净，制作而成的紫砂壶色泽纯正。
- 由经验丰富的老匠师以繁复的传统工艺制成。
- 九孔出水，孔孔圆润，壶嘴流水通畅，弧线流畅。

**提示**：典雅、文艺的产品详情页文案可以运用修辞手法，如比喻、拟人、排比等，可以增强文案的艺术性和感染力；或是结合我国的优秀传统文化进行写作，如优美的诗词。

（2）现有一款名为"慧柔"的纸巾品牌，该品牌的纸巾不仅柔韧、亲肤，还可以干湿两用，请使用展现产品核心卖点的方法为其写作品牌标语文案。

（3）"青平"是一家售卖手工灯笼的淘宝网店，2023年12月10日，网店准备开展3周年店庆活动，受众只要购满158元就立减20元。但是在活动当天，网上却有部分受众称网店故意提高价格后再开展促销活动。经调查发现这部分受众所述与实际情况不符，实际上是因为这部分受众去年首次在网店购买产品时领取了一张20元的无门槛优惠券，所以实付价格比产品价格低。请就该事件为网店写作一篇危机公关文案。

（4）扎染古称扎缬、绞缬，是我国民间传统的染色工艺。扎染的原理是让织物在染色时部分结扎起来，使之不能着色，从而呈现丰富美丽的图案。现有一款新上市的扎染T恤（见图7-21），其详细信息如下。请使用文心一言为其写作一篇营销软文。

- 采用全棉面料，精梭轻磨毛，版型挺括。
- 土法制作靛蓝泥染料，并非化学活性染料。
- 使用全棉缝纫线，明线暗线都能染上颜色。
- 单件手工染色，每一件衣服的纹理都不相同。

图7-21　扎染T恤

（5）吉向是一个剃须刀品牌，图7-22所示为品牌的热销款剃须刀，现该剃须刀将参与电子商务平台的年中促销活动，原价为199元，活动价为159元，活动时间为2023年6月17日至18日。请为该剃须刀撰写促销活动海报文案，要求文案满足受众的情感诉求。

图7-22　热销款剃须刀